GRASAS
INTELIGENTES

Si este libro le ha interesado y desea que lo mantengamos informado de nuestras publicaciones, puede escribirnos a comunicacion@editorialsirio.com, o bien suscribirse a nuestro boletín de novedades en: www.editorialsirio.com

Título original: SMART FAT: Eat More Fat. Lose More Weight. Get Healthy Now
Traducido del inglés por Pedro Ruíz de Luna González
Diseño de portada: Editorial Sirio, S.A.

©   de la edición original
     2016, doctores Jonny Bowden y Steven Masley

Publicado con autorización de HarperOne, un sello de HarperCollins Publishers.

©   de la presente edición
     EDITORIAL SIRIO, S.A.

EDITORIAL SIRIO, S.A.	NIRVANA LIBROS S.A. DE C.V.	DISTRIBUCIONES DEL FUTURO
C/ Rosa de los Vientos, 64	Camino a Minas, 501	Paseo Colón 221, piso 6
Pol. Ind. El Viso	Bodega nº 8,	C1063ACC
29006-Málaga	Col. Lomas de Becerra	Buenos Aires
España	Del.: Alvaro Obregón	(Argentina)
	México D.F., 01280	

www.editorialsirio.com
sirio@editorialsirio.com

I.S.B.N.: 978-84-16579-98-3
Depósito Legal: MA-147-2017
Impreso en Imagraf Impresores, S. A.
c/ Nabucco, 14 D - Pol. Alameda
29006 - Málaga

Impreso en España

Puedes seguirnos en Facebook, Twitter, YouTube e Instagram.

Dr. STEVEN MASLEY & Dr. JONNY BOWDEN

GRASAS INTELIGENTES

Come más grasa.
Pierde más peso.
Mantente más sano.

EDITORIAL
SIRIO

Este libro está dedicado a mis muchos pacientes
por haber compartido sus luchas: sus triunfos
son mi inspiración y sus ánimos mi motivación.

—Steven Masley

En memoria de Elliot y Vivienne Bowden.

—Jonny Bowden

LA MANERA MÁS INTELIGENTE DE
VIVIR EL RESTO DE TU VIDA

Existe una manera de comer que cambiará tu vida para siempre.
Perderás peso y no lo recuperarás.
Te sentirás mejor y tendrás mejor aspecto que nunca.
Recuperarás y mantendrás la salud.

Estamos seguros de que nunca has intentado comer así, porque hasta ahora los consejos sobre qué comer (y qué evitar) han sido difíciles de seguir. ¿Debe uno ingerir pocos carbohidratos?, ¿pocas grasas?, ¿seguir la paleodieta?, ¿tomar alimentos crudos?, ¿alimentos ricos en proteínas?, y ¿qué tal comer mucha fibra?

Todas estas estrategias dietéticas tienen sus legiones de seguidores irreductibles y de partidarios fieles, desde profesionales respetados de la medicina y de la ciencia y gurús de la buena forma física hasta aquellos que publicitan sus fotos de «antes y después». Hay muchísimos libros superventas sobre todos esos temas y grandes cantidades de información y de investigaciones constantemente cambiantes, además de incontables recursos *online*, a los que cualquiera de nosotros puede acceder en todo momento.

Toda esta información provoca una gran confusión y en definitiva no responde a tu pregunta: ¿qué debo comer para perder peso y estar sano?

Uno de nosotros (Jonny), nutricionista, escritor de prestigio, además de reconocido experto en bienestar y pérdida de peso, ha ayudado a que miles de personas alcancen sus objetivos y recuperen la salud. El otro (Steven), respetado médico, nutricionista, escritor y profesor, ha dedicado gran parte de su carrera profesional al estudio del envejecimiento y de las enfermedades cardíacas, y ha publicado sus investigaciones al respecto en las revistas médicas más importantes.

Los dos llegamos de manera independiente a las mismas conclusiones acerca de por qué fracasa tanta gente, una y otra vez, a la hora de perder peso y de recuperar y mantener la salud. Completaremos el resto de este relato en los capítulos que siguen, pero esa es la idea. A pesar de la opinión popular del momento, las grasas son componentes decisivos de la salud. Perdimos sus considerables beneficios cuando decidimos expulsarlas de nuestras dietas.

De hecho, consumir *más grasas* es la mejor manera de conseguir una salud óptima, alcanzar la longevidad y asegurarse una pérdida de peso permanente.

No obstante, antes de que te entusiasmes demasiado y empieces a atracarte de mantequilla y aceite, pongamos el mensaje muy claro. La dieta rica en grasas que recomendamos te hará estar sano y delgado de por vida, pero solamente si cumples dos premisas: la primera es que tienes que consumir montones de lo que nosotros llamamos «grasas inteligentes». La segunda es que tienes que consumir las grasas inteligentes con las cantidades correctas de fibra y de proteínas, aderezado todo con sabores estupendos. El sabor es fundamental para mantener fácilmente un hábito alimentario, y los condimentos y especias que te proponemos, además de garantizar un sabor delicioso, aportan importantes beneficios para la salud.

En caso de que te preguntes qué clase de alimentos y qué cantidad consumir, quédate tranquilo, más adelante te lo diremos; pero antes hablemos de las grasas. El problema de nuestras dietas no reside en la cantidad de grasas, como se nos ha hecho creer durante mucho tiempo, sino en la calidad; el problema es que en nombre de la buena salud hemos eliminado erróneamente de nuestras comidas, de nuestras cocinas, de nuestros restaurantes y de nuestras tiendas de alimentación las beneficiosas grasas inteligentes: grasas dietéticas sanas y naturales procedentes de fuentes limpias y beneficiosas. Las hemos reemplazado por alimentos «saludables» bajos en grasas (y sin grasas), que resulta que son cualquier cosa *menos* saludable. No solo es que esos productos parecidos a los alimentos sean pobres en grasas benéficas, sino que además son ricos en carbohidratos y azúcares procesados, *muy* perjudiciales para nuestro cerebro, nuestro corazón y nuestra cintura.

Y lo que es peor, cuando hemos fomentado el consumo de ciertas grasas, resulta que hemos promocionado las grasas equivocadas. Esas grasas no tan inteligentes (adelante, llámalas *grasas tontas*) que se encuentran en los alimentos preparados y procesados y en los productos animales producidos en granjas-fábrica atestadas, son precisamente las peores para la salud (y para perder peso), pero se han infiltrado en nuestras dietas porque nosotros mismos las hemos invitado y siguen haciendo muchísimo daño hoy día.

Después de muchos años de investigación y de extensos estudios, ahora sabemos que las grasas dietéticas sanas *no* deben evitarse y que, de hecho, deberíamos comer *más* grasas inteligentes. En las páginas que siguen vamos a mostrarte cómo hacer justamente eso, y de la manera correcta.

No estamos solos a la hora de afirmar que las grasas son esenciales para la salud y el bienestar. Desde el año 2010 se han multiplicado los estudios que demuestran que las grasas —incluidas las saturadas— no guardan una relación directa con las enfermedades cardíacas; pero, desgraciadamente, cuando la noticia «está bien comer grasas» saltó desde las revistas médicas a las publicaciones de información general y empezó a ser *vox populi*, una pregunta clave quedó en el aire: ¿qué clase de grasas deberíamos incorporar a nuestras dietas?

Esa es una de las preguntas importantes sobre la salud que en este libro respondemos para ti.

Hemos estado tan preocupados con eso de «grasas saturadas contra insaturadas», y «grasa animal contra grasa vegetal» que hemos perdido de vista una diferencia muchísimo más importante: *grasas tóxicas contra grasas no tóxicas*, o, como nosotros las llamamos, grasas tontas contra grasas inteligentes. Existen razones de peso para hacer esta distinción, y en los capítulos que siguen las iremos exponiendo y justificando.

Así que no te equivoques, lo que nos confirman los últimos hallazgos científicos sobre las bondades de las grasas no tiene nada que ver con comer una hamburguesa con queso y patatas fritas, rebañar un plato de fetuchini Alfredo, matar el hambre con un *donut* o tragarse una cerveza de jengibre con helado. Estamos aquí para aclarar la confusión sobre qué clase de grasas comer, y también para proporcionarte un plan: la FÓRMULA DE LAS GRASAS INTELIGENTES.

Hemos encontrado un camino hacia una pérdida de peso saludable y una vida entera de bienestar, y es sorprendentemente sencillo de seguir. Tu reto es adoptar la decisión de *tomar* este camino, pensar de manera un poco diferente sobre tu dieta diaria y aceptar que esta nueva forma de comer transformará tu vida para mejor.

Resumiendo: si quieres los mismos resultados, sigue haciendo lo mismo que estés haciendo ahora. Continúa comiendo de la misma manera, sigue viviendo de la misma forma. Y, ¿sabes?, es probable que consigas más de lo mismo. No perderás nada de peso, e incluso puede que ganes más. No te sentirás mejor y no tendrás más energía. De hecho, ¿por qué ibas a tenerla? Comer de la manera en que lo haces no ha funcionado hasta ahora, así que, ¿por qué ibas a lograr de repente estar más sano, más feliz y en mejor forma?

Sabemos que esto suena a reprimenda, porque lo es; pero sin la verdad no puedes hacer nada para mejorar las cosas. Y nosotros queremos mostrarte *cómo* mejorar las cosas.

Estás a punto de *desaprender* todo lo que sabes sobre las grasas, y haciéndolo encontrarás el plan ideal, que puedes seguir durante toda tu vida, para perder peso y mantener una salud radiante. Se trata de la «*Fórmula de las grasas inteligentes*». Te encantará cómo te vas a sentir (y el aspecto que vas a tener), y disfrutarás preparando y comiendo platos deliciosos repletos de ingredientes saludables. Y predecimos que te preguntarás por qué no has encarado nunca tu alimentación de esta forma, sobre todo si has ido saltando de dieta en dieta sin éxito.

Si *verdaderamente* buscas un cambio auténtico y duradero en cómo te ves y cómo te sientes —si quieres resultados diferentes y *mejores*—, es hora de hacer las cosas de otra forma.

En las páginas siguientes encontrarás información que te convencerá para siempre del papel vital que juegan las grasas nutricionales inteligentes en nuestro bienestar y nuestra longevidad. Encontrarás también información sobre lo que la mayor parte de la gente considera incorrectamente como grasas «buenas».

La *fórmula de las grasas inteligentes* es sólida médicamente, tiene una base científica y —lo mejor de todo— es fácil de aplicar. Se ha concebido de manera que puedas seguirla el resto de tu vida. Una vez empieces, conseguirás:

- Perder el peso que no desees sin que vuelva y rebajar tu grasa corporal.
- Sentirte con más energía y más sano que nunca.
- Controlar mejor el estrés.
- Mejorar la función cerebral.
- Reducir espectacularmente el envejecimiento del cuerpo y del cerebro.
- Prevenir, e incluso revertir, las enfermedades cardíacas y la diabetes tipo 2.
- Disminuir el riesgo de cáncer y de otras enfermedades potencialmente mortales.
- Atenuar tu propensión genética a esas dolencias crónicas que tanto te agobian.

Es hora de ser inteligente con respecto a las grasas y todo aquello que suponga sentirse lo mejor posible.

JONNY Y STEVEN

PRIMERA PARTE

Evidencias inteligentes sobre las grasas inteligentes

Capítulo 1

GRASAS EN TU PLATO, NO EN TU CUERPO

No hace mucho tiempo, los dos defendíamos dietas concretas para la pérdida de peso y para el bienestar. No solamente éramos defensores de esos planes, sino que edificamos nuestras vidas profesionales en torno a esas dos filosofías nutricionales, aparentemente contradictorias.

Como nutricionista en ejercicio, Jonny abogaba por la dieta Atkins, muy pobre en carbohidratos. Atkins, conocido por recomendar una ingesta rica en proteínas y por su estrategia de choque, hacía que la gente adelgazara rápidamente, sobre todo aquellas personas que tenían que perder muchos kilos; pero, a pesar del éxito a corto plazo de la dieta, Jonny tenía problemas con su estrategia, a veces excesivamente restrictiva, así como con algunos de los productos altamente procesados de la lista de alimentos recomendados –sobre todo los fiambres, que se permitían generosamente.

Su instinto le dictaba añadir más variedad e incluir fuentes vegetales de fibra, como las legumbres, que también son estupendas fuentes de proteínas, así como frutas bajas en azúcar, como las frutas del bosque. Jonny prefería la proteína «limpia» en lugar de las que provenían de productos animales procesados, como la carne procedente de unidades ganaderas de engorde y los quesos manufacturados, ya que todo ello puede estar contaminado por aditivos, hormonas y pesticidas; pero esas modificaciones no siempre se correspondían con los parámetros de la dieta Atkins.

Entretanto, Steven –médico, nutricionista, chef experto y miembro de varias organizaciones médicas de prestigio– ocupaba el cargo de director médico del Centro de Longevidad Pritikin, donde supervisaba diferentes aspectos de determinadas dietas saludables, como la ultrabaja en grasas. Por lo general, quienes acudían al centro padecían afecciones graves, como las enfermedades cardíacas y la diabetes. Tras su estancia en Pritikin –con su dieta cuidadosamente reglada de alimentos integrales y sin procesar, ricos en fibra y en carbohidratos complejos–, perdían peso rápidamente, dejaban algunos de los medicamentos que tomaban y salían del centro en un estado físico excelente.

Pero Steven se dio cuenta de una pauta preocupante: una vez que salían del entorno controlado del Centro Pritikin, regresaban con frecuencia a sus viejas costumbres. No podían seguir el programa por sí mismos. Steven, que se ha pasado años investigando la salud del corazón y observando a miles de pacientes, sabía que la dieta Pritikin carecía de las proteínas saludables y de las grasas importantes que habrían podido redondear una dieta verdaderamente nutritiva, una dieta eficaz que una persona pudiese seguir toda la vida. Pero igual que le sucedía a Jonny con la dieta Atkins, Steven con el plan Pritikin tenía que ajustarse a un estricto protocolo dietético que no permitía ni la más mínima modificación, por saludable que esta fuese.

Separados por miles de kilómetros, en diferentes costas de los Estados Unidos, llegamos de manera independiente a la misma conclusión: tanto la dieta Atkins como la Pritikin –y las demás incontables dietas que siguen millones de norteamericanos– carecían de los componentes esenciales para un éxito a largo plazo. Eran difíciles de mantener y resultaba casi imposible adoptarlas como dietas diarias. Sí prometían resultados impresionantes a corto plazo, pero ninguna de ellas ofrecía resultados sostenibles a largo plazo. Nos dimos cuenta de que ni la Atkins ni la Pritikin constituían la dieta adecuada para que la gente perdiese peso, no lo recuperase y siguiese sana el resto de sus vidas.

La dieta Atkins, por ejemplo, permitía alimentos con grandes cantidades de proteínas y de grasas, mientras limitaba aquellos a base de carbohidratos refinados de cara a mantener bajo el nivel de carga glucémica (más adelante explicaremos por qué es esencial para el éxito identificar adecuadamente los carbohidratos refinados y conocer su *carga* glucémica). La dieta era deficiente en fibra y en ciertos nutrientes, por ejemplo los pigmentos vegetales antienvejecimiento, como los carotenoides y flavonoides, y en minerales y vitaminas, que nos ayudan a luchar contra las enfermedades, como las vitaminas C y K, así como el magnesio y el potasio. Todos estos son elementos necesarios para disfrutar de una salud óptima. La dieta Atkins incluía también alimentos elaborados con carne y productos lácteos procedentes de la ganadería intensiva, posiblemente contaminados con hormonas, pesticidas y otros productos químicos tóxicos.

Aunque ninguna de estas dietas era la ideal, significaron sin embargo enormes mejoras en la manera en que la mayoría de los norteamericanos comían en la década de los setenta del pasado siglo. Por entonces les echábamos la culpa a las grasas de todos nuestros problemas de salud, desde las enfermedades cardíacas hasta el cáncer. Las dietas Atkins y Pritikin, así como muchos otros programas conocidos de pérdida de peso, estaban encontrando un gran público entre el número creciente de personas que estaban desesperadas por adelgazar y por recuperar su salud. Aunque las «fórmulas» dietéticas variaban espectacularmente, había un único culpable: la dieta estándar norteamericana, que quedó establecida después de que expulsásemos a las saludables grasas inteligentes de nuestras vidas.

En realidad, esta dieta estándar presentaba lo peor de la dieta Atkins (proteínas procesadas) y lo peor de la Pritikin (insuficientes grasas saludables y proteínas), mezclado con una gran cantidad de carbohidratos refinados y de alimentos procesados y precocinados, preparados con los así llamados aceites «vegetales» saludables para el corazón y las mortales «grasas trans» (hidrogenadas) artificiales, utilizadas para hacer que los alimentos precocinados y la comida rápida duren más en las estanterías de las tiendas. El menú de un día podía incluir cereales azucarados, tostadas abundantemente untadas con margarina repleta de grasas trans y un zumo para el desayuno; un bocadillo de fiambres procesados para el almuerzo (además de patatas fritas, y un paquete de galletas como postre), y carne procesada para la cena (o palitos de pescado congelado), y quizá, pero solamente quizá, una pequeña ración de verduras, entre las que se incluía el kétchup.

Otro de los componentes estelares de esta dieta, además de las carnes procesadas y de las grasas tontas, era el azúcar. Montones y montones de azúcar, de muchas formas distintas y de orígenes muy diferentes: sobre todo en los sospechosos habituales, como los caramelos, las bebidas gaseosas y las edulcoradas artificialmente, las galletas, las galletas saladas, los panecillos *pretzel*, las patatas fritas de bolsa, las magdalenas y demás artículos horneados manufacturados comercialmente, muchos de ellos elaborados con sirope de maíz alto en fructosa. Pero eso eran solamente los casos evidentes: la base auténtica de la dieta estándar norteamericana eran grandes cantidades de carbohidratos ricos en almidón, que en el cuerpo se *convierten* rápidamente en azúcar –alimentos como la pasta, el arroz y el pan blancos y productos «saludables» como el yogur desnatado azucarado y las barritas de cereales–. Desde el punto de vista de tu cuerpo, es como si te hubieses tragado el tarro completo del azúcar.

Hoy día, tras muchos años de buscar infructuosamente una panacea que pudiésemos utilizar para evitar estar cada vez más enfermos y más obesos, esto es lo que hemos encontrado:

- Las enfermedades cardíacas siguen siendo la causa número uno de muertes en los Estados Unidos, responsables de más de seiscientas mil vidas al año en este país.
- Cada año, un 59% de los norteamericanos intenta perder peso de forma activa, pero solamente un 5 o un 10% consigue que no vuelva. Más de la tercera parte de la población es obesa.

- La diabetes y sus muchas complicaciones han arruinado las vidas de millones de personas, incluso niños.
- El síndrome metabólico, o prediabetes –una combinación mortal de factores de riesgo para las enfermedades cardíacas y la diabetes (lo examinaremos con detalle en el capítulo 4)–, está en vías de convertirse en la peste negra del siglo XXI. Una de cada tres personas lo sufre.
- Las tasas de alzhéimer están subiendo, y no solamente porque ahora se pueda diagnosticar mejor. El alzhéimer comparte raíces metabólicas profundas con las tres enfermedades crónicas más importantes relacionadas con la dieta: la diabetes, las enfermedades cardíacas y la obesidad.

Seguimos el consejo de los expertos y eliminamos las grasas, creyendo que adelgazaríamos y que nuestra salud mejoraría; pero cuando reemplazamos los alimentos buenos por los malos dimos un giro a peor. Así que, ¿cómo podemos llegar a estar sanos y mantenernos sanos? Tras muchos años de trabajar con dos dietas muy conocidas y de observar muy de cerca lo que funcionaba en ellas –y, aún más importante, lo que no funcionaba–, hemos encontrado la respuesta.

El plan de comidas óptimo –hemos llegado a esa conclusión los dos– presenta altos niveles de grasas *y* de fibras beneficiosas y la cantidad correcta de proteínas saludables para la pérdida de peso; todo ello unido a sabores deliciosos y a una amplia variedad de nutrientes. Esa es la *fórmula de las grasas inteligentes*.

GRASAS

El tipo de grasas que defendemos –las grasas inteligentes– tiene dos propiedades asombrosas, que contribuyen a la pérdida eficaz de peso y a una buena salud a largo plazo. La primera es que *ajustan tu equilibrio hormonal*, de manera que te sientes más energético y menos hambriento mientras quemas más calorías. Y la segunda es que hacen *bajar tus niveles de inflamación*, y eso es beneficioso para prácticamente todos los aspectos de tu salud.

En los próximos capítulos explicaremos estos dos conceptos con mayor detalle, pero por ahora queremos que sepas que si eliges grasas inteligentes y las mezclas con fibra, proteínas y sabor, tendrás una herramienta poderosa que podrás utilizar toda tu vida para el control del peso. Como resultado de ello, te sentirás sano y energético.

PROTEÍNAS

La dieta ideal tiene que tener exactamente la cantidad correcta de proteínas. Eso es cierto, sobre todo, cuando intentas adelgazar, porque las proteínas te ayudan a sentirte lleno y a que tu cuerpo queme calorías más eficazmente. Antes de que te hablemos de cantidades, es decir, de cuántas proteínas deberías consumir, queremos hacer hincapié en la *calidad* de las proteínas.

Con respecto a las proteínas, la calidad es más importante que la cantidad. No perderás peso alguno (ni estarás verdaderamente sano) a menos que elijas las proteínas limpias. Hablamos de proteínas vegetales –tales como la soja o las las alubias (procedentes, por supuesto, de la agricultura ecológica)– y los polvos proteínicos, así como de proteínas procedentes de animales cazados en libertad o criados biológicamente, alimentados con pastos. Todas ellas opciones bajas en ácidos grasos omega-6, que son altamente inflamatorios. Esas fuentes de proteínas limpias son estupendas para la salud, a diferencia de las fuentes de proteínas «sucias», que en el caso de los animales significa alimentados con cereales y criados en granjas-fábrica. Las proteínas sucias llevan a la inflamación, que nos enferma y nos engorda, precisamente lo contrario de lo que provocan en nosotros las proteínas limpias. Recuerda esta clave: elige siempre proteínas *limpias*, no *sucias* (y después de que te expliquemos por qué, te enseñaremos cómo hacerlo).

FIBRA

La fibra te hace sentir lleno y satisfecho, y eso es de gran ayuda cuando se desea perder peso. Come fibra para perder kilos, para bajar tu nivel de azúcar en sangre y tu tensión arterial y para mejorar tu perfil de colesterol. Cuando mezcles la fibra con las grasas inteligentes

Medida inteligente: empieza a aplicar cuanto antes la *fórmula de las grasas inteligentes*

Por ahora basta con que recuerdes los elementos clave de la fórmula de las grasas inteligentes: grasas, proteínas, fibra y sabor. No es necesario que incluyas los cuatro en cada comida, pero intenta que no falte ninguno en tu dieta diaria.

Digamos que estás preparando el almuerzo. Toma un aguacate maduro (grasa inteligente), empáréjalo con algo de pollo biológico de corral (proteína limpia), añade garbanzos, tomates y pepinos (fibra) y aderézalo todo con un toquecito de vinagreta de aceite de oliva (grasa inteligente y sabor). ¡Ahí tienes tu comida saludable!

Quizá no tengas un aguacate maduro, o no te apetezca uno en ese momento. El salmón pescado en río (proteína limpia) en lugar del pollo combina muy bien con la ensalada de garbanzos, y como el salmón contiene ácidos grasos omega-3 –una de las grasas más inteligentes que puedas consumir– en una misma comida estarás mezclando una grasa inteligente y una proteína limpia. O bien, ¿qué tal algo de carne de un animal alimentado con pasto –carne que además de ser una proteína limpia también contiene omega-3– mezclada con unas sabrosas alubias y salvia fresca con ajo?

¿Buscas un tentempié saludable? Prueba con varias almendras y un poco de chocolate negro y tendrás un puñado de nutrientes lleno de sabor, fibra y grasa inteligente.

Según vayas avanzando a través de este libro, irás aprendiendo cómo preparar comidas y tentempiés teniendo presente este principio: grasas, proteínas, fibra y sabor. Aprenderás también a mezclar ingredientes para conseguir el equilibrio y el perfil de sabor que más te apetezca. Es fácil y, lo mejor de todo, es delicioso. Una vez empieces, querrás hacer inteligentes todas tus comidas, ¡y toda tu vida!

y las proteínas limpias, alcanzarás tus objetivos de pérdida de peso y disminuirás el riesgo de que se desarrollen múltiples enfermedades.

Sabor

Lo creas o no, los alimentos sabrosos y la pérdida de peso no se excluyen entre sí. Es más probable que mantengas unos hábitos alimentarios si te gusta lo que comes: los alimentos apetecibles, y a la vez nutritivos, son la clave del éxito de una dieta de adelgazamiento.

Las hierbas aromáticas, las especias y otros condimentos componen un completo botiquín natural. Sus fitoquímicos están cargados de propiedades antiinflamatorias y antienvejecimiento. El sabor depende en gran parte del modo de preparación. Marinar, asar a la parrilla y otras técnicas sencillas de cocina (como explicaremos después) no solamente realzan el sabor de nuestras comidas, sino que además protegen sus valores nutricionales.

MEZCLÁNDOLO TODO: CÓMO UTILIZAR ESTE LIBRO

La *fórmula de las grasas inteligentes* pondrá a prueba tus creencias sobre las grasas en la dieta. De hecho, es posible que cambie tu postura hacia las dietas y los alimentos en general. Te daremos una guía acerca de qué comer y cómo hacerlo —con listas de grasas, fibra y alimentos proteínicos, planes de comidas, recetas y mucho más— pero antes de llegar a los detalles queremos que entiendas por qué deberías comer siguiendo esta fórmula.

En el capítulo siguiente te contaremos mucho más acerca de las grasas inteligentes: por qué son fundamentales para la buena salud y la pérdida de peso, dónde encontrarlas y por qué es necesario añadirles fibra, proteínas limpias y sabor. Te diremos también cómo empezar a incorporarlas a tu dieta diaria y qué alimentos comer y de cuáles debes alejarte, y por qué. También aprenderás a seleccionar con criterio la a veces confusa información nutricional sobre las grasas, los carbohidratos y las proteínas.

Después de haberte dado el fundamento de cómo y por qué funcionan las grasas inteligentes, llegaremos a los detalles con nuestras reglas generales sobre grasa-fibra-proteína, listas de alimentos y de ingredientes, un plan de comidas en dos fases de treinta días y más de cincuenta recetas a las que recurrir. Por el camino te daremos consejos sobre el tamaño de las raciones, orientaciones para comprar y cocinar y una gran cantidad de información práctica para que te mantengas en la línea de las grasas inteligentes durante y después del plan de treinta días. Y lo mejor de todo es que verás lo sencillo que resulta seguir este tipo de alimentación, tanto en tus comidas diarias en casa como en restaurantes, en cenas familiares, en los banquetes de las fiestas tradicionales o cuando te llevas el almuerzo al trabajo.

No tendrás que andar contando calorías, ni gramos ni porcentajes, aunque suministramos esos datos para quien quiera conocerlos (vas a sentirte mejor que nunca y vas a tener un aspecto estupendo, así que tu familia y amigos querrán saber tu secreto). Una vez que hayas aprendido cómo alimentarte el resto de tu vida con grasas inteligentes, ni siquiera necesitarás recetas, porque aplicaras la fórmula instintivamente. Por último, iremos más allá de la dieta y te ayudaremos a hacer los ajustes necesarios en tu estilo de vida —ejercicio, control del estrés, dormir mejor— importantísimos también para una pérdida de peso duradera y para mantener una salud excelente.

Capítulo 2

UNA FÓRMULA PARA MANTENERSE SANO Y DELGADO

Las grasas, la fibra y la proteína, servidas con sabor, son una receta infalible para la pérdida de peso y para el bienestar general. Ahora vamos a analizar uno a uno estos cuatro elementos, de manera que puedas conocer mejor qué papel juega cada uno de ellos en la fórmula de las grasas inteligentes. Esa fórmula maravillosa que te ayuda a controlar tu peso y a mantenerte sano, y que incluso puede salvar tu vida.

FUNCIONAMIENTO DE LAS GRASAS INTELIGENTES

Las grasas te ayudan a adelgazar, y si controlas tu peso te mantendrás sano. Tras esta sencilla verdad subyacen ciertas realidades bioquímicas complejas, pero no te preocupes, estamos aquí para hacerlas comprensibles.

Si no necesitas eliminar exceso alguno de peso, te felicitamos; aun así conseguirás muchos beneficios si aplicas la *fórmula de las grasas inteligentes*, incluyendo la reducción del riesgo frente a varias enfermedades. Como mínimo te ayudará a retrasar el reloj en el proceso de envejecimiento. Sean cuales sean tus objetivos, existen dos grandes razones por las que añadir grasas inteligentes a tu dieta producirá los resultados que deseas:

1. *Las grasas inteligentes disminuyen la inflamación.* La inflamación es la base de prácticamente todas las enfermedades y constituye un enorme obstáculo para la pérdida permanente de peso.
2. *Las grasas inteligentes favorecen el equilibrio hormonal.* Si tus hormonas están fuera de control, es casi imposible perder peso o estar verdaderamente sano.

LAS GRASAS INTELIGENTES ROMPEN LA CADENA DE LA INFLAMACIÓN

Cuando consumimos las beneficiosas grasas inteligentes ponemos en marcha una reacción bioquímica que disminuye la inflamación, la cual promueve la obesidad y provoca enfermedades. No subestimes el daño que puede ocasionar la inflamación crónica.

Cuando la mayoría de nosotros piensa en «inflamación» (del latín *inflammato*, que significa «encendido»), nos imaginamos una erupción de aspecto irritado, o una hinchazón alrededor de una articulación. ¿Tienes un absceso en una muela o diente?, ¿una erupción en la piel? ¿Te duele la espalda? Todo eso es inflamación.

La inflamación es la respuesta que tiene el cuerpo a las lesiones (ese tobillo torcido que palpita y se hincha como un globo) o a las infecciones (la piel hinchada y la picazón alrededor de tu rodilla rasguñada). Tu cuerpo percibe correctamente que se ha visto sometido a un ataque, y en un intento de controlar los daños el sistema inmunitario prepara un contraataque. Si tienes una astilla clavada, envía fluidos al área afectada y la rodea con glóbulos blancos para evitar que los microbios puedan invadirla y comenzar una infección. El tejido vascular vecino entra en acción rápidamente e intenta proteger el cuerpo expulsando al enemigo: todo, desde las bacterias hasta las células dañadas.

A esta clase concreta de inflamación se la conoce como inflamación *aguda*. Todos conocemos la inflamación aguda, porque es irritantemente dolorosa e imposible de ignorar; pero la clase de inflamación de la que hablamos es muy diferente. Esta clase de inflamación, potencialmente mortal, que provoca o estimula todas y cada una de las enfermedades degenerativas conocidas por los seres humanos, es de una especie totalmente distinta. A esta clase de inflamación, mucho más peligrosa, se la conoce como inflamación *crónica*, y aunque provoca daños incalculables a nuestro organismo a lo largo de toda nuestra vida, es una dolencia «silenciosa» que casi siempre se da por debajo de nuestro umbral de dolor.

Como ocurre con la hipertensión y la diabetes, la inflamación crónica no tiene síntomas visibles (aunque puede medirse por medio de un examen de laboratorio conocido como proteína C-reactiva de alta sensibilidad). Daña el sistema vascular, los órganos –incluido el cerebro– y los tejidos corporales; erosiona lentamente la salud, superando poco a poco a las defensas antiinflamatorias del cuerpo; provoca enfermedades cardíacas y origina deterioro cognitivo y pérdidas de memoria. Incluso la obesidad y la diabetes están relacionadas con la inflamación, porque las células grasas son verdaderas fábricas de sustancias químicas inflamatorias. De hecho, es probable que la inflamación sea el eslabón entre la obesidad y todas las enfermedades que uno se arriesga a desarrollar con ella.

Cuando tus articulaciones sufren inflamación crónica, las enfermedades degenerativas como la artrosis están a la vuelta de la esquina. Los pulmones inflamados provocan el asma y las demás afecciones respiratorias. La inflamación del cerebro está ligada al alzhéimer y a las demás enfermedades neurológicas, incluso a la confusión mental y a los pequeños lapsus diarios de memoria que erróneamente achacamos al envejecimiento normal –*no* son en absoluto una consecuencia inevitable del envejecimiento, sino una consecuencia inevitable de la inflamación–. Esos momentos de «no me acuerdo de dónde he aparcado el coche» llegan prematuramente y se dan con mayor frecuencia.

Las arterias inflamadas pueden ser señal del inicio de una enfermedad cardíaca. A la inflamación crónica se la relaciona también con varias formas de cáncer, ya que desencadena cambios dañinos a nivel molecular que tienen como resultado el crecimiento de células cancerosas. La inflamación es un factor tan determinante en el proceso de envejecimiento y en el colapso a nivel celular que algunos especialistas han acuñado el término «inflavejecimiento» para referirse a este fenómeno de envejecimiento prematuro debido a la inflamación.

La inflamación crónica, además de enfermarnos, puede hacer que la pérdida de peso sea terriblemente difícil. Las células grasas siguen produciendo en masa proteínas inflamatorias llamadas *citoquinas*, lo que estimula aún más la inflamación. A su vez, la inflamación impide que las estructuras productoras de energía en las células, llamadas *mitocondrias*, hagan su trabajo de manera eficaz; del mismo modo en que una ola de calor afectaría a la productividad de una fábrica que carece de aire acondicionado. Una de las tareas de las mitocondrias es quemar las grasas; la inflamación interfiere en dicha función, haciendo que quemar grasas sea más difícil y que la pérdida de peso resulte casi imposible.

Aunque alguien que intente adelgazar pueda tener éxito inicialmente, después de cierto tiempo el número que muestra la báscula permanece inamovible. Esa «meseta» sobre la que tanto se debate es frecuentemente el resultado de este ciclo de inflamación y de almacenamiento de grasas. Y seguir perdiendo peso se transforma en una empresa mucho más difícil, aunque se haga más ejercicio y se ingieran menos calorías. ¿Por qué? Porque la inflamación disminuye nuestra capacidad normal de quemar calorías (te hablaremos más sobre los demás factores que contribuyen a esa meseta —y cómo puede ayudarte la *fórmula de las grasas inteligentes* a trascenderlos— en la segunda parte de este libro).

Recuerda: *cierta* inflamación es buena, porque forma parte de la respuesta curativa del cuerpo y nos ayuda a recuperarnos de las enfermedades, las heridas y las lesiones; pero cuando la inflamación se descontrola y se mantiene durante un tiempo prolongado —esa es la definición de la inflamación crónica—, ¡ten cuidado!

Así pues, ¿cómo podemos detener la inflamación de modo que no dañe nuestra salud y haga que la pérdida permanente de peso sea imposible? Muy sencillo: *fortaleciendo el ejército antiinflamatorio de nuestro cuerpo*. Y eso comienza por el consumo de alimentos antiinflamatorios, y en concreto de las grasas inteligentes.

LAS GRASAS INTELIGENTES CONTRAATACAN

Sabemos que ciertas grasas tienen propiedades antiinflamatorias capaces de romper el frustrante ciclo de la inflamación. Esas grasas inteligentes son antiinflamatorios poderosos como los ácidos grasos omega-3, que se encuentran fundamentalmente en el pescado y el aceite de pescado, así como en el aceite de oliva, los frutos secos, el chocolate negro y los aguacates.

Sin embargo, reducir la inflamación no es tan sencillo como atiborrarse de ácidos omega-3, aunque indudablemente eso es un primer paso. Consiste también en consumir *menos* alimentos inflamatorios. Eso es lógico, pero no siempre fácil de hacer. Esto ocurre porque algunas de las grasas «saludables para el corazón» que nos han enseñado a consumir son los peores delincuentes, sobre todo los aceites «vegetales» poliinsaturados que los dictadores de la dieta han venido promocionando desde el nacimiento de la dieta baja en grasas.

Estas grasas poliinsaturadas se conocen también como ácidos grasos omega-6. Son muy comunes en la comida basura (casi toda ella está elaborada con varias formas de los llamados aceites vegetales), pero también se encuentran en algunos alimentos «saludables». Sin embargo, no importa mucho de dónde vengan, *los ácidos grasos omega-6 son proinflamatorios*. Esto significa que consumir muchas grasas omega-6 es un problema. (Nota: los omega-6 no son en sí mismos perjudiciales y necesitamos incluir cierta cantidad en nuestra dieta. El problema es que consumimos *demasiado* omega-6, al tiempo que *demasiado poco* omega-3).

Esta es la solución: para que los omega-3 contrarresten de la manera más eficaz la inflamación, deben consumirse en la relación correcta con los omega-6 (la proporción ideal sería de aproximadamente 1:1).

Pero no es eso lo que hacemos. Las investigaciones indican que nuestro consumo actual de grasas omega-6 es unas dieciséis veces mayor que nuestro consumo de omega-3, una proporción de aproximadamente 16:1. Eso quiere decir que le estamos dando un 1.600% más «combustible» al ejército *inflamatorio* de nuestro cuerpo que al *antiinflamatorio*.

Como verás, conseguir que esta proporción sea la adecuada es de importancia vital. Nuestra salud –incluso nuestra vida– depende de ello. Aunque la proporción 1:1 es la ideal, creemos que una proporción de entre 1:1 y 4:1 puede ser adecuada; pero ¿16:1?, ¡eso es demasiado!

Una vez equilibres la proporción, las grasas inteligentes podrán empezar a funcionar en tu cuerpo y deshacer el ciclo de la inflamación para ayudarte a perder peso, a luchar contra las enfermedades y a detener el proceso acelerado de envejecimiento.

LAS GRASAS INTELIGENTES AYUDAN A MANTENER EL EQUILIBRIO HORMONAL

Nuestras hormonas lo controlan todo, por dentro y por fuera: desde nuestra apariencia hasta nuestra conducta. Determinan cuántas calorías quemamos mientras trabajamos en nuestro despacho, y también nuestro apetito cuando nos sentamos a comer. Esto es cierto a cualquier edad, y para los dos sexos. Conforme proseguimos nuestro ciclo de vida, ciertas hormonas están más activas que otras, sin duda, pero las reacciones químicas constantes que las hormonas producen en nuestro cuerpo son inevitables.

¿Qué ocurre, por tanto, cuando algo altera el equilibrio de nuestra función hormonal? Cuando las hormonas están desequilibradas, se suceden toda clase de problemas de salud, problemas que van de leves a muy graves. En este libro nos enfocaremos en cómo afectan hormonas concretas al aumento de peso, a su pérdida y a la salud en conjunto, *y* por qué son clave las grasas inteligentes para mantener el equilibrio hormonal. Por el cuerpo circulan docenas y docenas de hormonas, pero hay tres en concreto que reaccionan a las grasas

Las tres categorías de grasas: las beneficiosas, las perjudiciales y las neutras

No se puede sobrevivir sin grasas. Así de sencillo. Para poder sobrevivir, tu cuerpo *necesita grasas*.

A estas alturas es probable que comprendas que no todas las grasas son iguales. Grasas diferentes funcionan de forma diferente en nuestro cuerpo; así que no salgas corriendo y empieces a pedir hamburguesas y patatas fritas seguidas de un cremoso batido de leche. Que necesites grasas no significa que te pongas a consumirlas de manera indiscriminada; debes adoptar una actitud inteligente con respecto a ellas.

Para empezar, veamos una rápida lección de química elemental y algo de terminología que debes conocer. Los científicos sitúan las grasas en categorías basándose en su estructura química, en concreto en la presencia de lo que los químicos denominan *enlaces dobles*. A aquellas que *no* tienen enlaces dobles se las denomina grasas «saturadas», a las que cuentan con un enlace doble se las llama «*monoinsaturadas*» y las que constan de más de un enlace doble son las grasas «*poliinsaturadas*». Las grasas poliinsaturadas se dividen además en omega-6 y omega-3, llamadas así únicamente por la posición que ocupa su primer enlace doble en la molécula.

Las grasas mejores (más inteligentes) son aquellas que producen beneficios claros para la salud, como la pérdida de peso. Algunas grasas son pura basura, y las peores de entre ellas son mortales. Ciertas grasas añadirán sabor y textura a tu dieta diaria, pero no tendrán mucho efecto sobre tu salud. Consideramos a esas grasas «neutrales», y en la práctica tienen entrada libre. A diferencia de las grasas inteligentes, no tienes que hacer un esfuerzo especial para añadirlas a tu dieta, pero tampoco tienes que hacer ningún esfuerzo especial para evitarlas.

En este libro nos oirás referirnos a las grasas como beneficiosas (inteligentes), perjudiciales (tontas) o neutras. Veamos algunos ejemplos de cada una de ellas.

Grasas buenas (inteligentes)
- Aceitunas, aceite de oliva, aguacates, la mayoría de los frutos secos (almendras, nueces pacanas, pistachos, nueces, avellanas y nueces de macadamia) y semillas (de chía, de lino y de calabaza).
- Pescados grasos y aceites de pescado.
- Chocolate negro.

- Coco, aceite de coco y aceite de triglicéridos de cadena media (MCT, por sus siglas en inglés).*

Grasas perjudiciales (tontas)

- Grasas trans que se encuentran en la comida rápida y en los alimentos empaquetados. Se las conoce también como aceites hidrogenados o parcialmente hidrogenados. Las grasas trans son similares bioquímicamente al plástico líquido, y actúan en los tejidos fundamentalmente como fluido de embalsamar. Es posible que las grasas trans alarguen la vida de los alimentos en las tiendas, pero acortarán la tuya.
- Aceites «vegetales» que han sido altamente refinados y alterados químicamente por medio de procedimientos industriales; son grasas estropeadas, procesadas a alta temperatura y obtenidas por medio de peligrosas sustancias químicas.
- Grasas de animales a los que se les han inyectado sustancias químicas, hormonas y pesticidas. Piensa que esos animales son tóxicos, y que su grasa también lo es.
- Grasas ricas en omega-6, sobre todo si se utilizan en alimentos que no ofrecen ningún beneficio.

Grasas neutras

- Algunas grasas saturadas (limpias), como el aceite de palma, o las grasas que se encuentran de manera natural en las proteínas de animales criados de modo biológico y alimentados con pasto, como la carne de vaca, la manteca de cerdo, la mantequilla, el yogur, la leche, la nata y el queso. Por lo general, las grasas neutras no mejoran necesariamente la salud, pero desde luego no causarán daño alguno. Durante años se han presentado las grasas saturadas como demonios, pero resulta que no tienen nada que ver con lo que nos está matando. De hecho, te irá mucho mejor comiendo un filete de un animal criado de forma biológica que consumiendo arroz blanco, pan blanco y patatas (en el próximo capítulo te diremos lo que verdaderamente causa los daños).

Hemos situado las grasas en estas tres categorías por cómo se comportan bioquímicamente una vez han sido ingeridas y empiezan a funcionar en nuestro cuerpo. Te hablaremos más acerca de esto en el capítulo 4,

---

* El aceite MCT está disponible comercialmente y normalmente se extrae de los aceites de coco y de palma. Ver nuestro debate sobre el aceite de coco en el capítulo 5.

cuando estudiemos las grasas más en profundidad, y te daremos muchos más ejemplos de alimentos de las tres categorías.

¿A que te ha sorprendido nuestra clasificación? Seguro que los alimentos que más te gusta comer están compuestos de grasas que se sitúan en las categorías beneficiosa y neutra. Si piensas en comer grasas inteligentes teniendo presente esto, se te hará cada vez más fácil planear excelentes comidas y escoger tentempiés satisfactorios.

inteligentes –y a las tontas–. Aunque cada una se origina en una fuente diferente, estas tres hormonas –insulina, leptina y cortisol– guardan una estrecha relación.

Insulina: la hormona policía de tráfico

En lo que se refiere al peso corporal, la hormona que se lleva toda la gloria –o las culpas, según cómo se mire– es la insulina. La insulina tiene dos apodos, que expresan con claridad su íntima relación con la línea de tu cintura: uno es la «hormona del hambre» y el otro es la «hormona de almacenamiento de grasas».

Como probablemente sabes, después de haber comido *cualquier cosa*, tanto si es coliflor como si son caramelos, el nivel de azúcar en sangre se eleva de forma natural. Como respuesta a ello, el páncreas segrega insulina, que actúa como una especie de policía de tráfico para el azúcar dirigiéndola hacia las células, donde, o bien se utiliza como energía, o bien se almacena como grasa.

Esta es la versión abreviada. Hay un buen número de factores implicados en este proceso, y también algunas otras hormonas. El *tipo* de comida que se ingiere es uno de los más importantes. Algunos alimentos tienen solamente un efecto menor sobre los niveles de azúcar en sangre, mientras que otros envían esos niveles a las nubes. (Y recuerda: cuanto más suba el nivel de azúcar en tu sangre, más insulina tendrá que segregar el páncreas para controlarla y más probable será que almacenes grasa en lugar de quemarla y que padezcas de envejecimiento acelerado y de enfermedades como la diabetes).

Los carbohidratos, las proteínas y las grasas influyen en el nivel de azúcar en sangre de diversas maneras. También tienen efectos diferentes sobre la cantidad de insulina que segrega tu páncreas, sobre la tasa en que se libera esta hormona y sobre el destino del exceso de azúcar en sangre (glucosa):* ¿se almacenará como grasa o se quemará como combustible?

Los carbohidratos refinados que se descomponen rápidamente en azúcares son los que mayor efecto ejercen sobre la insulina, estimulando el almacenamiento de grasas. El efecto ejercido por las proteínas es mucho menor y en ese caso, el almacenamiento de grasas es mínimo. ¿Y qué efecto ejercen las propias grasas sobre la insulina? Pues ningún efecto en absoluto.

Esto último es importante. La grasa *no ejerce una influencia sustancial* sobre los niveles de azúcar en sangre, ni sobre la secreción de insulina, ni sobre la transformación del azúcar en grasa corporal o en combustible. Piénsalo un momento. La clase de alimentos que nos aconsejaron consumir en grandes cantidades (carbohidratos) durante los últimos cuarenta años tiene un efecto importante (¡y negativo!) sobre la insulina, la misma hormona que hace que engordemos, mientras que aquellos alimentos que se nos ha dicho que *evitemos* (grasas) prácticamente *no* tienen efecto alguno. Las dietas bajas en grasa y ricas en carbohidratos altamente refinados, que se nos ha animado a seguir durante muchos años, en realidad contribuyen a la mala salud y al aumento de peso, *debido* a la alteración que provocan en los niveles de insulina. Y cuando el exceso de insulina se cronifica —esto es lo que ocurre cuando seguimos haciendo que se eleven los niveles de glucosa en sangre consumiendo alimentos incorrectos—, las células dejan de «escucharla», lo que conduce a una enfermedad conocida como *resistencia a la insulina*.

La resistencia a la insulina se presenta sobre todo en casos de obesidad y de diabetes tipo 2 (antes conocida como diabetes «del

---

* En este contexto utilizamos los términos *azúcar en sangre* y *glucosa en sangre* indistintamente. La glucosa se refiere a la cantidad de azúcar que se puede medir en el torrente sanguíneo; es el azúcar que produce nuestro cuerpo después de consumir alimentos.

adulto». Ya no, ¡porque ahora la vemos en niños de doce años!). En circunstancias normales, la insulina les dice a las células musculares que almacenen energía y glucógeno, la forma de almacenamiento de la glucosa. El glucógeno sirve de combustible para que lo utilicen los músculos en el siguiente esfuerzo físico, lo mismo que el depósito de combustible de tu automóvil mantiene su nivel para tu siguiente viaje.

Pero cuando eres resistente a la insulina, esas señales no llegan. Y las primeras células que dejan de responder a la insulina son las musculares. Sobre todo si eres sedentario: tu dieta sigue haciendo elevarse los niveles de azúcar en sangre y de insulina, pero tus células musculares necesitan cada vez menos glucógeno, ¡porque te pasas el día sentado frente al ordenador! Y como tu cuerpo no quemará toda esa grasa, cada vez engordarás más. Y las malas noticias no se acaban ahí, porque la resistencia a la insulina no solamente afecta a tus almacenes de grasa: tiene asimismo un efecto importantísimo en tu cerebro.

Veamos, la insulina también es vital para el normal funcionamiento del cerebro. Tu cerebro necesita glucosa —o alguna forma de energía— lo mismo que la necesitan tus músculos; pero cuando las células cerebrales dejan de «escuchar» a la insulina, las llamadas de esta a las puertas de las células cerebrales quedan sin respuesta: tu nivel de azúcar en sangre asciende, la insulina intenta entregar el azúcar como energía, pero a pesar de eso las células no abren sus puertas y el azúcar no puede entrar. Eso es resistencia a la insulina en el cerebro. La función cognitiva empieza a sufrir, lo mismo que la memoria. Si tu azúcar en sangre sigue estando alto, al final tu cerebro resultará dañado, e incluso comenzará a atrofiarse. Por eso, investigadores como Suzanne de La Monte se refieren al alzhéimer como «diabetes tipo 3».

La resistencia a la insulina —desencadenada por consumir una elevada cantidad de carbohidratos dietéticos— hace que tu cuerpo almacene demasiada grasa, a la vez que interfiere en la habilidad que tiene el cerebro para utilizar la glucosa. Los carbohidratos procedentes de alimentos azucarados y ricos en almidón, como las patatas, el maíz y el arroz, incrementan tanto los niveles de insulina que las células dejan de oír su mensaje. Sería como acostumbrarse a un ambiente muy ruidoso: poco después dejas de notarlo. (Hablaremos más sobre la resistencia a la insulina y la enfermedad conocida como síndrome metabólico en el capítulo 4). La idea es que la insulina afecta sobremanera al control del peso corporal, a la salud cerebral y al bienestar general. Consumir los alimentos inadecuados envía tus niveles de insulina en la dirección errónea.

Si quieres mantener tus niveles de insulina en equilibrio –y de esa manera reducir los riesgos de obesidad, de diabetes, de enfermedades cardíacas, de cáncer, de alzhéimer y muchos más–, consume más grasas: un macronutriente que no ejerce ningún efecto negativo sobre esta importante hormona.

Las grasas neutras no afectan a la actividad de la insulina de manera alguna, las tontas empeoran la resistencia a la insulina y las inteligentes la *reducen*. Ayudan a que tus tejidos sean más sensibles a la insulina, que es exactamente lo que quieres que ocurra.

Leptina: la hormona que mide el combustible

La leptina es como el indicador de combustible de tu automóvil. Cuando conduces en nivel «bajo», acercándote peligrosamente a «vacío», el indicador te avisa de que es hora de llenar el depósito. Cuando tienes suficiente combustible en el depósito, puedes conducir normalmente hasta que el indicador te señale que es hora de buscar una gasolinera y conseguir más combustible. Si este indicador se rompe, estás metido en un problema.

En tu cuerpo la leptina funciona de manera semejante, al menos mientras funcione como debe. Esta hormona deja que tu cerebro sepa cuánto te queda en el depósito (cuánta energía tienes almacenada en tus células grasas) y cuándo necesitas hacer una parada técnica (¡come algo!). La leptina es liberada por las células grasas en proporción a lo llenas que estén y, cuando funciona adecuadamente, te permite controlar de manera natural tu ingesta de alimentos. Cuando está alta, es como un interruptor «apagado» de tu apetito: le dice a tu cerebro que estás lleno y que debes dejar de comer. Cuando está baja, ocurre lo contrario: el cerebro percibe la señal de que tienes hambre y entonces ansías comida.

Es un sistema bastante eficiente, es decir, cuando funciona. Cuando no funciona es como conducir un automóvil con el indicador de gasolina roto: no tienes ni idea de cuándo te quedarás sin combustible. En ese caso, si eres inteligente, vas a la estación de servicio y llenas el depósito, «por si acaso» (¿y quién no lo haría?).

Ahora imagina qué ocurriría si tu «indicador» de leptina funcionase mal. No sabrías cuándo comer, *ni* cuándo dejar el tenedor. Posiblemente querrías comer el equivalente a «llenar el tanque» en cada parada, «por si acaso». Por tanto, si la función de la leptina está «rota», acabarás comiendo de más. Tu cerebro ya no percibe el mensaje de que estás lleno, y de hecho podrías estar hambriento todo el tiempo. No sabrías cuándo parar. Engordarás.

(Nota: si eliges una dieta de choque, esto también afectará a la función de tu leptina. Cuando comes voluntariamente de menos, le estás diciendo a tu metabolismo que «frene un poco», lo que significa que tu cuerpo ahora tendrá que funcionar con menos calorías. Cuando al final *vuelvas* a tu forma «normal» de comer —porque no puedes estar haciendo siempre una dieta de choque—, tus células grasas se quedarán con lo que ahora perciben como un «excedente» de calorías y empezarás a almacenar grasa corporal, con lo que volverás a recuperar todo el peso que creías haber perdido para siempre).

De manera que los niveles de leptina están por las nubes, pero las células permanecen sordas al mensaje de la hormona. Es como si la leptina se viera atrapada tras una puerta de cristal insonorizado y gritándole al cerebro: *«¡Estás lleno, estás lleno!»*, pero el cerebro no pudiera oír nada. Es lo que se llama *resistencia a la leptina*. Y si esta imagen te parece familiar es porque ocurre casi exactamente lo mismo con la resistencia a la insulina: las células dejan de «escuchar» a la insulina. La resistencia a la insulina y la resistencia a la leptina suelen viajar juntas, de modo que si tienes una de ellas, lo más probable es que tengas las dos.

Y eso es un problema muy grave.

Tanto la resistencia a la insulina como a la leptina pueden desencadenarse por consumir cantidades excesivas de carbohidratos refinados. Los carbohidratos basura —a través de una larga secuencia de acontecimientos— acaban por hacerte almacenar cantidades crecientes de grasa en tus células adiposas, que liberarán entonces más leptina en un intento de enviar a tu cerebro un mensaje que podría sonar a algo así:

> Estimado Cerebro:
> Esto es otro recordatorio de que ya tenemos comida suficiente por ahora, muchas gracias. Sabemos que te gustan hasta los agujeros de los *donuts*, pero no los necesitamos. Como decimos una y otra vez, estamos llenos. ¿La leptina no te ha llevado el mensaje? ¿Sabes algo de ella?, ¿es que está haciendo mal su trabajo? Volveremos a enviarla, por si acaso.
>
> —Tus amigas, las células grasas.

Recuerda que, cuando el sistema funciona como debe, los niveles equilibrados de leptina te indicarán que dejes de comer porque estás lleno; pero lo diremos de nuevo: como ocurre con la resistencia a la insulina, cuando el sistema no funciona el mensaje hormonal no llega. En este caso, es el cerebro el que no recibe la señal, porque sus receptores de leptina están abrumados:

> Hola, Cerebro:
> ¡HOLA! Seguimos enviando a Leptina para que te diga que cierres la trampilla, ya has comido suficiente, pero está claro que no recibes nuestros mensajes. Por el amor de Dios, ¿vas a dejar de enviarnos todos esos *donuts*? Seguimos diciéndote que no los queremos, y que verdaderamente no los necesitamos… pero mientras estén aquí, ¡mmmm!, nos apetece otra media docena… En serio, ¡ninguno más después de este! Por favor, Cerebro, ¡dinos si recibes alguno de nuestros mensajes, parece que vayan directamente a la carpeta de correo no deseado! Intentaremos enviar a Leptina otra vez. ¡Nos van a estallar los pantalones!
>
> —Impacientemente tuyas
> (y creciendo día a día), las Células Grasas

Llegados a este punto, cabe preguntarse: ¿cómo mantener el indicador de leptina en perfecto funcionamiento? Llenando el depósito con el combustible adecuado: las grasas inteligentes. Las grasas inteligentes y las proteínas limpias —sobre todo cuando se combinan con una dieta rica en fibra y baja en azúcar y almidón— harán que tus niveles de leptina suban de manera natural (imagina la aguja del indicador de gasolina después de llenar el depósito). Te sentirás satisfecho y dejarás de comer cuando debas hacerlo. Si consumes grasas perjudiciales, sobre todo mezcladas con carbohidratos llenos de azúcar y almidón (acuérdate de los *donuts*), estás azucarando tu depósito de gasolina e interrumpiendo todo el sistema de mensajes de la leptina. Las grasas inteligentes enderezarán las cosas y tu cerebro no se perderá un solo mensaje nunca más.

Cortisol: la hormona de la lucha o la huida

El cortisol es la hormona del estrés más importante del cuerpo. Igual que la adrenalina, se produce en las glándulas adrenales en respuesta al estrés, tanto si ese estrés viene de que te persiga un oso grizzly como de que estés atrapado en un atasco (y llegas tarde al trabajo, donde tu jefe espera). Como ocurre con la insulina y la leptina, la liberación del cortisol dispara una reacción en cadena que puede dañar el cerebro y el resto del cuerpo si los niveles de esta hormona son demasiado altos durante períodos de tiempo mantenidos, y por lo tanto se vuelven incontrolables.

Volvamos a ese oso grizzly (o al atasco de tráfico y tu jefe que, cuando mira impaciente el reloj, viene a ser como un grizzly del siglo XXI; tu cuerpo no conoce la diferencia). En ambos casos, estás bajo presión. Tus glándulas adrenales liberan cierta cantidad de cortisol, también conocida como la hormona de «la lucha o la huida»—, porque prepara a tu cuerpo para una acción defensiva, como agarrar una estaca para hacer huir al oso, o correr como un loco al árbol más cercano. Por eso el cortisol, en las cantidades adecuadas, es *absolutamente necesario* para la supervivencia.

Lo primero que hace el cortisol es elevar tu nivel de azúcar en sangre; en definitiva, vas a necesitar energía, y ahora mismo esa es la preocupación principal de tu cuerpo. Al cortisol le es indiferente de dónde venga ese azúcar; solamente debe asegurarse de que haya en cantidad suficiente. Tampoco le importa demasiado lo que ocurra con todo el azúcar sobrante que queda por ahí en tu torrente sanguíneo después de que hayas huido con éxito del ataque del oso grizzly (o del despacho de tu jefe). Es como un bombero apagando con millones de litros de agua un fuego peligroso; el cortisol solo quiere hacer su trabajo: en este caso, asegurarse de que haya la suficiente cantidad de azúcar disponible para tus células de manera que puedas sobrevivir a la emergencia.

Si comes muchos carbohidratos pobres en nutrientes —tales como pan blanco, arroz blanco y azúcar— y grasas perjudiciales, y al mismo tiempo *no* consumes las suficientes proteínas limpias, grasas inteligentes y fibra saludable, la maquinaria de tu cortisol se deteriora por completo. Cualquier forma de estrés —ya sea un oso, un jefe, una discusión familiar o una dieta deficiente— desencadena la liberación del cortisol. Y, en definitiva, eso conduce a niveles mayores de azúcar en sangre *y* al exceso de glucosa, la cual se convertirá inevitablemente en grasa, como ya sabes.

Y peor aún, si tus niveles de estrés están altos continuamente, debido a factores relacionados con tu estilo de vida, que no te es posible evitar o controlar fácilmente (tales como una situación laboral precaria o una relación amorosa difícil), tus glándulas adrenales están destinadas a trabajar horas extra. Imagina que tus niveles de cortisol ya están altos porque te estés enfrentando con algo estresante, como cuidar de un padre o una madre enfermos mientras intentas satisfacer las exigencias de tu trabajo y de tu vida personal. Tu cortisol sigue alto simplemente por tu papel de cuidador las veinticuatro horas del día. Desgraciadamente, cuanto más estrés tengas, más cortisol vas a producir y mayor será la amenaza a tu peso y a tu salud.

Además de provocar un desequilibrio en el azúcar en sangre, los niveles altos de cortisol aparecen en los cuadros de los siguientes trastornos:

- Aumento de la grasa abdominal (marcador del síndrome metabólico, o prediabetes).
- Disminución de la densidad ósea y la masa muscular.
- Mal funcionamiento del sistema inmunitario.
- Incremento del apetito.
- Aumento de la depresión y la ansiedad.
- Merma de la función cognitiva (el centro de memoria de tu cerebro se encogerá, literalmente).
- Crecimiento de la placa arterial y mayor riesgo de enfermedades cardíacas.

Vamos a ser realistas. Después de un día horrible y estresante, ¿tienes ganas de comer «algo saludable», y ya no digamos de cocinarlo? No. (¡Existe un motivo para que el helado, las galletas, el alcohol y las patatas fritas se llamen «caprichos»!). De manera que el estrés es dañino no solamente para la fisiología, sino que *también* hace difícil que tomes buenas decisiones. Por eso es prácticamente imposible perder peso y disfrutar de una buena salud sin aprender primero a manejar el estrés. El estrés *no* está todo en tu cabeza. Afecta poderosamente a tus hormonas, que a su vez afectan negativamente a tu cintura, a tu cerebro y a tu salud general. Por eso hemos dedicado el capítulo 9 a la gestión óptima del estrés y demás factores de tu estilo de vida que pueden influir sobre el equilibrio hormonal.

Por ahora digamos simplemente que una buena dieta puede hacer maravillas a la hora de normalizar esas tres hormonas fundamentales. Cuando consumes una dieta rica en grasas inteligentes, proteínas limpias y fibra —a la vez que evitas muchos de los carbohidratos industriales pobres en nutrientes y las grasas tontas—, estás preparado para enfrentarte a todos esos factores estresantes, grandes o pequeños, que desencadenan la producción anormal de cortisol.

EL PODER DE LA FIBRA

Si solo fueses a hacer un cambio en tu dieta, probablemente te recomendaríamos este: *consume más fibra*. La fibra es asombrosa pero está bastante minusvalorada (esto se debe posiblemente a lo poco glamurosa que es una de sus propiedades más conocidas... esa que tiene que ver con la «regularidad»). Entre sus innumerables beneficios destacan:

- Suprime el apetito, con lo que te ayuda a sentirte lleno (de manera que comes menos).
- Disminuye la subida de los niveles de azúcar en sangre y de insulina tras una comida.
- Reduce la inflamación.
- Baja la presión sanguínea.
- Mejora el perfil de colesterol.
- Contribuye a eliminar toxinas.
- Alimenta las bacterias sanas de los intestinos (la microbiota).

La fibra es también una aliada excelente para reducir el riesgo de desarrollar enfermedades cardíacas y diabetes, y puede ralentizar el proceso de envejecimiento. Además, es un potente aliado en la pérdida de peso, *sobre todo* cuando forma parte de una dieta de grasas inteligentes. Ah, y es verdad que te ayuda a mantener la regularidad.

POR QUÉ DEBERÍA LA FIBRA SER PARTE DE TU DIETA DIARIA

Creemos que prácticamente todas las formas de fibra provenientes de fuentes ricas en nutrientes –como las verduras frescas, los frutos secos, las semillas y las legumbres, algunos tipos de almidón y los suplementos de fibra, como las semillas de lino o de chía molidas– son beneficiosas para la salud. Los científicos etiquetan la fibra como *soluble* (lo que quiere decir que se disuelve en el agua) o *insoluble*. Por ahora no nos preocupan mucho esas etiquetas, que se aplican más bien al comportamiento de la fibra en un entorno de laboratorio. Lo que nos interesa es cómo actúa la fibra *en el cuerpo*, en especial como elemento de la *fórmula de las grasas inteligentes*. La fibra, tanto si es soluble como insoluble, se incluye en nuestros platos, por las razones que se exponen a continuación.

Grasas beneficiosas y buen sexo: ¿estás satisfecho?

Te hemos hablado sobre las tres hormonas –insulina, leptina y cortisol– que tienen un efecto importante sobre el control del peso corporal y la salud en general, y te hemos explicado por qué las grasas inteligentes ayudan a mantener el equilibrio y a regular el azúcar en sangre. Pero existen otras hormonas que desempeñan también importantes papeles a la hora de establecer tu peso y tu bienestar: la testosterona, el estrógeno y la progesterona, conocidos colectivamente como hormonas sexuales.

La testosterona, la hormona sexual masculina, se sintetiza de manera natural a partir del colesterol, como ocurre con las hormonas femeninas progesterona y estrógeno. Cuando rebajamos nuestros niveles de colesterol reduciendo drásticamente las grasas inteligentes (o cuando nos recetan fármacos reductores del colesterol, como las estatinas), un efecto secundario del que raramente se habla es que con frecuencia disminuimos sin darnos cuenta nuestro nivel de testosterona, y también de nuestra libido. Desgraciadamente, el cuerpo solo puede fabricar una cierta cantidad de testosterona. Comer más alimentos ricos en grasas no hará que esta hormona se eleve; si fuera así de fácil..., pero no lo es. Y si rebajamos nuestro colesterol de manera espectacular, puesto que ya no producimos la cantidad suficiente de hormonas sexuales decisivas, probablemente estemos disminuyendo también nuestra tasa de fertilidad.

Se ha demostrado que las estatinas rebajan la testosterona en los hombres entre cincuenta y setenta puntos. Se puede tomar una pastilla para la disfunción eréctil, claro, y si estás intentando crear una familia (tanto si eres hombre como si eres mujer), la medicina moderna cuenta con una gran variedad de tratamientos de fertilidad, pero en muchos casos, podría bastar con no privarse de las grasas inteligentes adecuadas.

También funciona en el sentido opuesto. Si consumes una dieta rica en grasas tontas –como las grasas trans y las de productos de origen animal llenos de hormonas y pesticidas–, estás dañando a tu salud sexual y reproductiva. La obesidad está ligada a la disfunción hormonal y a la baja fertilidad en hombres y mujeres. Además el sobrepeso a menudo genera timidez y baja autoestima, factores que desde luego no ayudan mucho a la hora de entablar una relación íntima. Eso sin olvidar que consumir demasiadas grasas trans aumenta tu resistencia a hacer ejercicio y eso va en contra de tu forma física y tu bienestar general.

Ya sea debido a demasiadas grasas tontas o a demasiado pocas grasas inteligentes, se ha disparado el mismo mecanismo: tu dieta está provocando un desastre con tus hormonas sexuales. Es posible que te sientas inactivo dentro y fuera del dormitorio, pero tus células grasas no han parado, porque están muy ocupadas convirtiendo la testosterona en estrógeno, tanto en hombres como en mujeres.

Para los hombres, eso significa pérdida de testosterona. Para las mujeres, un exceso de estrógeno en relación con la progesterona, lo que constituye una receta infalible para alterar muchas etapas del proceso reproductivo, desde la fertilidad hasta la menopausia, con menstruaciones irregulares, subida de peso corporal, cambios de humor y graves consecuencias para la salud. El exceso de estrógeno en relación con la progesterona —síndrome conocido como dominio del estrógeno— es considerado un factor de riesgo en lo que se refiere al cáncer de útero.

Tanto si eres hombre como si eres mujer, joven o anciano, ten presente que lo que comas en cualquier fase de tu vida afecta al equilibrio de tus hormonas sexuales. Una vida sexual sana y satisfactoria empieza con una dieta sana y satisfactoria, es decir, una dieta rica en grasas inteligentes.

La fibra ayuda a perder peso

La fibra llena, literalmente. Si desayunas un tazón de avena cortada,* con una medida de proteína en polvo y cubierto con frutas del bosque y almendras, no estarás hambriento cuando te dirijas a esa reunión de última hora de la mañana. En lugar de eso, te sentirás satisfecho y tendrás el depósito con combustible de sobra. (Si no has mezclado nunca proteína en polvo con avena, es tan fácil como suena —ver «Elige tu proteína en polvo», en el capítulo 5 para más información–). De manera similar, si en el almuerzo le añades garbanzos a la ensalada, gracias a la fibra y la proteína extras podemos garantizar que una hora después no tendrás hambre. Consume en la cena espárragos asados y redondearás tu comida, no tu abdomen.

Los alimentos sólidos ricos en fibra son más difíciles de masticar, lo que permite que tu cuerpo envíe la señal a tu cerebro de que

---

* *Steel-cut oat meal.* Traducida en el ámbito nutricionista como avena cortada o avena irlandesa. Su aspecto es similar a los copos de avena pero es mucho más natural y mucho más sabrosa. En realidad, se trata del interior del grano cortado en pequeñas piezas.

tu hambre se está saciando y que no hay necesidad de comer de más. Debido a su volumen, también cuesta más digerir y absorber los alimentos ricos en fibra que otras posibilidades alimenticias más ligeras, lo que te deja satisfecho durante más tiempo. Una manzana y un puñado de frutos secos saciarán tu hambre; una bolsa grande de patatas fritas no lo hará, aunque las patatas tengan más calorías (y muchísimos menos nutrientes). Con los alimentos ricos en fibra tendrás menos apetito, más energía y será menos probable que comas de más en la siguiente comida, o peor aún, que escojas un mal aperitivo para aguantar hasta esa comida siguiente.

La fibra te ayuda a ser «regular» en más de un sentido

Como hemos visto, los picos del azúcar en sangre envían a tus hormonas en busca de refugio o directamente a la batalla, pero los alimentos ricos en fibra te ayudan realmente a bajar y normalizar el nivel de glucosa, lo que permite que tus hormonas se estabilicen y funcionen normalmente. Esto es decisivo. Ya sabes lo que sucede cuando el azúcar en sangre sube demasiado aprisa y permanece alto demasiado tiempo. Todo ese azúcar extra en tu sangre va buscando amor en los lugares equivocados, como tus células grasas (esos michelines en las caderas); pero cuando consumes alimentos ricos en fibra, como una ración de arándanos o un tazón de avena cortada, eso no ocurre, porque la fibra actúa como una especie de freno. Con ella, tu cuerpo libera insulina más despacio que cuando consumes carbohidratos basura, incluso aquellos que los fabricantes afirman que contienen fibra, como las galletas saladas «integrales». Come un bizcochito o un panecillo y sentirás una explosión temporal de energía, pero será como dicen que ocurre con la comida china: una hora después estarás hambriento. Mientras tanto, tendrás cierta glucosa extra que irá directamente a tus células grasas, que estarán muy contentas de abrir sus puertas de par en par. Come más fibra y eso no sucederá. Dispondrás de energía duradera y además te sentirás mejor y tendrás un aspecto estupendo.

La fibra es garantía de salud a largo plazo

La fibra puede ayudarte a *adelgazar* y *permanecer delgado*. Recientemente escribimos una reseña que se presentó en una reunión del Instituto Norteamericano para la Nutrición, en noviembre de 2015. Abordábamos los cambios en el estilo de vida que repercuten sobre la pérdida de peso. ¿Quieres saber qué hábito defendimos como el más importante para conseguir una pérdida de peso de larga duración? La ingesta de fibra. Comer fibra te ayuda a perder peso de manera definitiva. El segundo en el *ranking* de hábitos efectivos sería añadir más minutos de ejercicio por semana. Así que, si solamente estás dispuesto a hacer un cambio para perder peso y mantenerlo a raya, ¡come más fibra!

La fibra puede ayudarte asimismo a vivir una vida más larga y más feliz. Reduce tu presión sanguínea, mejora el perfil de tu colesterol y reduce la inflamación. Las sustancias que se encuentran en los alimentos repletos de fibra —como las *antocianinas* (el pigmento azul/púrpura brillante de los arándanos y las cerezas), el *licopeno* (el pigmento rojo de los tomates y la sandía), la *luteína* (en la col rizada) y el *beta-caroteno* (en la calabaza)— son potentes compuestos antioxidantes que protegen también tu corazón. Estos compuestos disminuyen el endurecimiento de las arterias que se da con la edad, rebajan la presión sanguínea y evitan que se forme la placa arterial.

Los alimentos fibrosos, como las legumbres, impiden que el colesterol se absorba en el torrente sanguíneo. De hecho, las legumbres son el alimento más eficaz de todos los que se han estudiado para impedir la oxidación de los tejidos. (Imagina la oxidación como una especie de «herrumbre» interna que contribuye a la inflamación y al envejecimiento acelerado. Los alimentos vegetales fibrosos como las verduras, las frutas, las legumbres y los frutos secos también contienen potentes antiinflamatorios que ayudan a luchar contra las enfermedades degenerativas, incluso el cáncer y la disminución de la memoria asociada a la edad).

Una breve reflexión sobre los carbohidratos

Todos los alimentos ricos en fibra se clasifican como carbohidratos, pero no todos los carbohidratos son ricos en fibra. Nada de eso. Aunque algunas veces van unidos, una cosa son los carbohidratos y otra cosa es la fibra, y sus efectos en el cuerpo son muy diferentes.

Ciertos carbohidratos –como los panes, las galletas saladas y los cereales para desayuno llamados «integrales»– contienen una pequeña cantidad de fibra, pero muy probablemente menos de lo que crees.

En nuestra opinión, deberías expulsar de tu dieta todos los alimentos elaborados con carbohidratos procesados. Y punto. Los falsos alimentos saludables, como esos panecillos «multicereales» manufacturados comercialmente, no merecen la pena. Están repletos de carbohidratos de liberación muy rápida que provocan caos en tu azúcar en sangre y activan anomalías metabólicas. Hablaremos más de este tipo de carbohidratos en los capítulos siguientes, pero por ahora piensa en ellos de esta manera: si mueles un cereal hasta hacer harina, simplemente funcionará como el azúcar.

Come más legumbres, frutos secos y semillas, verduras y frutas bajas en azúcar y unos cuantos cereales selectos en raciones pequeñas, como la avena, el arroz salvaje y la quinoa (técnicamente hablando, la quinoa es una semilla, pero parece, se cocina y sabe como un cereal; además tiene la ventaja añadida de estar libre de gluten). Todos estos alimentos se consideran carbohidratos, pero indudablemente son carbohidratos beneficiosos y una gran fuente de fibra. Sigue atento el debate sobre carbohidratos buenos contra malos en el capítulo 4, donde te diremos también por qué algunas frutas te convienen más que otras. Nos encanta la fruta fresca, pero las frutas del bosque, por ejemplo, son una elección más adecuada que una banana madura, y sabrás el por qué cuando hayas comprendido que la carga glucémica de un alimento (y no su índice glucémico) es el indicador determinante de su idoneidad.

Los alimentos ricos en fibra hacen un trabajo doble (y hasta triple)

Los frutos secos, las semillas y el aguacate no son solamente una fuente excelente de fibra, sino que también entran en la categoría de grasas inteligentes. Las legumbres –nuestra primera elección para la fibra– proporcionan *también* proteínas. Siempre puedes encontrar un alimento rico en fibra que funcione para el desayuno, el almuerzo y la cena, o como tentempié.

Muchas dietas populares para la pérdida de peso se desvían sin darse cuenta de los alimentos ricos en fibra y se concentran más en los ricos en proteína. Estas dietas te aconsejan que comas menos carbohidratos, lo que sería una buena idea si limitaran el consumo de carbohidratos refinados y mantuviesen la fibra, pero eso no es lo que sucede. La gente que sigue estas dietas acaba frecuentemente por excluir muchos alimentos ricos en fibra y repletos de nutrientes, como la verdura fresca, los frutos secos y las legumbres. La mayoría de sus calorías, si no todas ellas, proviene de la proteína y de la grasa.

Sin embargo, con la *fórmula de las grasas inteligentes* comerás una selección de grasas, proteínas y fibra sin tener que contar calorías. No nos cansaremos de insistir en los beneficios para toda la vida de ingerir fibra vegetal de alta calidad y en la creencia de que seguir una dieta que elimina alimentos ricos en fibra es un gran error.

Proteína limpia (para un cuerpo esbelto)

No existe un ingrediente mágico en lo que se refiere a la pérdida de peso, pero las proteínas se acercan muchísimo a esa categoría. Cuando mezclas proteínas con grasas inteligentes y con fibra, ya estás en el camino de perder más peso del que podrías haber imaginado nunca. También estás en el camino de hacer tu cuerpo más esbelto, más fuerte y más sano, porque las proteínas aumentan tu metabolismo y te convierten en un quemador de calorías más eficaz, incluso cuando estás sentado a la mesa de tu despacho. Y todavía mejor: las proteínas te hacen sentir satisfecho, de manera que no sucumbas a los deseos de alimentos basura. Y además ayudan a reparar casi todas las células de tu cuerpo.

Aunque no se precisan tantas proteínas como alguna gente cree, *sí* se necesitan entre 80 y 120 g al día, dependiendo de tu edad, sexo, nivel de actividad y composición corporal. Es una buena idea empezar la jornada acelerando tu metabolismo con proteínas, sobre todo si te interesa perder peso.

Sabor, el salvavidas

A cada momento hay gente que abandona su dieta por múltiples razones: tal vez sea demasiado limitada o los alimentos demasiado difíciles de encontrar y de preparar. O puede ser demasiado difícil comer bien durante un día normal de trabajo. Los fines de semana son una trampa gigante de tentempiés y excesos. Todo esto ambientado con la banda sonora de «volveré a empezar el lunes», y acompañado de un enorme sentimiento de culpa, que, por cierto, es una buena excusa para una ración de aros de cebolla (perfectos para levantar el ánimo).

Sin embargo, nosotros creemos que el motivo principal de que la gente abandone la dieta es *que no le gusta lo que come*.

Afrontémoslo: una cena a base de pollo asado sin más y brécol hervido puede que no suscite culpas pero tampoco suscita *ganas*. ¿Quién estaría impaciente por comerse eso? Incluso la comida de los hospitales es más apetecible que lo que encuentras en los menús de algunas dietas. Y la placentera sorpresa es esta: esos mismos «pollo y brécol» habrían incluido muchísimos más nutrientes, habrían sido mejores para tu salud y habrían tenido un sabor delicioso si se hubiesen aderezado con los condimentos adecuados. Si nosotros elegimos pollo y brécol para la cena, por ejemplo, preparamos un suculento pollo asado con hierbas aromáticas mediterráneas y brécol con una salsa «inteligente» de limón y mantequilla (puedes encontrarlos en las recetas del capítulo 10).

Comer es un placer y creemos que todo lo que comas debería tener un gran sabor. Debes saber que uno de nosotros —Steven— ¡se formó como chef en el hotel Four Seasons de Seattle! Todos los alimentos que recomendamos en la *fórmula de las grasas inteligentes*, desde los ingredientes básicos hasta comidas completas, además de todas nuestras recetas, se han concebido para dar placer a nuestras papilas gustativas, porque sabemos bien que si no te gusta lo que comes no vas a serle fiel. Lo mejor de todo esto es que las mismas hierbas aromáticas y las especias que hacen que los platos tengan un sabor asombroso están cargadas de nutrientes que mejorarán tu salud y te ayudarán a perder peso. ¡Eso sí es un acierto doble!

Prometemos que tanto la planificación de las comidas como su preparación serán sencillas. La *fórmula de las grasas inteligentes* ofrece alimentos deliciosos y fáciles de elaborar. ¡La clave está en su gran sabor!

LA CURA ESTÁ EN LA REPISA DE LAS ESPECIAS, NO EN EL ARMARITO DE LAS MEDICINAS

Las hierbas aromáticas y las especias, frescas o secas, no solamente aumentan el sabor, sino que también estimulan la salud y luchan contra el envejecimiento acelerado. Pueden frenar la *oxidación*, un proceso químico dañino que altera y destruye la estructura celular. Un ejemplo perfecto de la oxidación, o del daño oxidante, es la formación de herrumbre cuando el oxígeno interactúa con el metal. La misma clase de daños se da en nuestro organismo. De hecho, la «teoría del envejecimiento debido a los radicales libres» sostiene que el envejecimiento es fundamentalmente una forma de «herrumbrarse» internamente. Y cuando el daño oxidante va acompañado de inflamación, ¡cuidado! Esa combinación mortal acelera el proceso de envejecimiento y provoca enfermedades potencialmente mortales.

La mayoría de las especias y las hierbas aromáticas, además de aportar un sabor delicioso a tus alimentos, son enormemente ricas en antioxidantes y antiinflamatorios. En la guerra contra las enfermedades crónicas podrían ser armas potentísimas, pero por desgracia, a menudo se las subestima o directamente se las ignora.

Decir que durante los últimos siglos la alimentación global se ha empobrecido en lo que a valor nutricional se refiere es quedarse corto. Vivimos en la época de las granjas-fábrica, de los pesticidas, de los aditivos químicos, de los alimentos transgénicos y de los invernaderos hidropónicos mayores que el estado de Delaware, que producen millones de insípidos tomates en enero. Nuestros bisabuelos no reconocerían la mayoría de los alimentos que hoy encontramos en un supermercado típico, incluso algunos artículos del pasillo de las verduras frescas, como el maíz superdulce.

Pero una constante en nuestra forma de comer no ha cambiado mucho desde que los primeros amantes de la buena comida descubrieron que un trozo de carne sabe muchísimo mejor si se *adereza* antes de ponerlo al fuego. Hablamos del uso de las especias.

Las civilizaciones antiguas empleaban condimentos como el cardamomo (para facilitar la digestión), la salvia (hierba ayurvédica «purificadora» en la medicina tradicional india), el perejil (para desintoxicar y desodorizar) y el comino (para rebajar los síntomas de la alergia). A ciertas especias y no pocas hierbas se les atribuyen propiedades legendarias; algunas pueden ser solo cuentos (como el poder del ajo para repeler a los vampiros), pero no hay duda de que incluso en la era de los alimentos procesados, su composición no resulta fácilmente adulterable. Es una lástima desaprovechar su potencial en la prevención de enfermedades y sus beneficios para el bienestar general .

A continuación te presentamos algunos de nuestros sabores preferidos. Te animamos a que los uses generosamente para dar vida a tus platos de grasa inteligente, fibra y proteína.

Ajo

El ajo es uno de los mayores alimentos medicinales de todos los tiempos y sin duda está en lo más alto de nuestra lista. Tiene la notable capacidad de rebajar la presión sanguínea, de evitar los coágulos de la sangre y de mejorar el perfil de colesterol.

La *alicina* es el compuesto que proporciona sus propiedades medicinales a este bulbo, que estimula el sistema inmunitario e incluso se ha demostrado que combate los síntomas del resfriado común. La alicina es responsable también del intenso aroma del ajo (ese que aparentemente no les gusta a los vampiros). Para conseguir la mayor cantidad de alicina, asegúrate de machacar o trocear los dientes para liberar y activar esta sustancia, que solamente es beneficiosa cuando se mezcla con el oxígeno; así que no te servirá de nada tragarte un diente de ajo entero (te lo advertimos por si se te había pasado por la cabeza). Cuando cocines, evita calentarlo mucho, porque no solo amargarás su delicioso sabor, sino que también destruirás sus propiedades

medicinales. Si te gusta la comida asiática, latina o mediterránea, añade algún diente de ajo a los platos rehogados, los aliños para ensalada
y las sopas y hazlo tan a menudo como puedas.

Hierbas aromáticas

Es sorprendente lo sencillo que es conseguir hierbas aromáticas
frescas y de cultivo biológico a lo largo de todo el año. Son fáciles de
cultivar en casa, en el alféizar de una ventana orientada al sur, incluso
en pleno invierno, o en macetas en un balcón o un patio si lo tuyo no
es la jardinería a gran escala. Cultivar tus propias hierbas aromáticas
es una manera económica de asegurarse un suministro constante. Si
no puedes hacerlo, las variedades frescas o secas compradas en el supermercado funcionan maravillosamente.

Masticar un ramito de **perejil** no solamente te refresca el aliento,
sino que purifica y rejuvenece todo tu organismo debido a los altos niveles de clorofila que contiene. Los estudios han ligado la clorofila con innumerables beneficios: desde detener el crecimiento bacteriano hasta
contrarrestar la inflamación o rebajar el azúcar en sangre, por ejemplo.

El **romero** favorece la memoria y la función cerebral debido a
que contiene sustancias que contribuyen a proteger la *acetilcolina*, un
neurotransmisor vital. El fármaco donepezil (se vende bajo la marca
comercial Aricept), que se utiliza para tratar el alzhéimer, funciona
exactamente de la misma manera: deteniendo la descomposición de
la acetilcolina. El romero es también un potente compuesto antiinflamatorio, y a menudo se utiliza para tratar la artritis.

La **salvia** rebaja la tensión sanguínea y tiene efectos antibióticos
en los animales. Estos beneficios aún deben confirmarse en los seres
humanos, pero sabemos que la salvia contiene sustancias antiinflamatorias y antioxidantes. Durante siglos se ha utilizado en la medicina
ayurvédica como hierba purificadora, debido a sus propiedades antibacterianas y antivíricas.

El **tomillo**, que contiene un aceite llamado *timol*, presenta propiedades antiinflamatorias, antioxidantes y antisépticas, y también ayuda
a la digestión.

El **orégano** también contiene timol y es la hierba aromática con mayor actividad antioxidante (cuatro veces más por gramo que la de los arándanos). Además de timol, el orégano contiene *carvacrol* (otro aceite), con propiedades antifúngicas, antibacterianas y antiparasitarias. En conjunto, todos sus compuestos antiinflamatorios hacen del orégano una de las hierbas aromáticas más beneficiosas que puedas añadir a tu dieta.

No olvides las demás hierbas, como la menta, el cebollino, la albahaca, el eneldo y el cilantro, por nombrar solo unas pocas. Mézclalas y emparéjalas para encontrar los sabores que complazcan a tu paladar y que contribuyan a tu salud.

Las sabrosas especias

A los seres humanos nos atraen bioquímicamente ciertos sabores, como a las abejas el néctar. Y la sabia naturaleza tiene muy buenas razones para hacer que sintamos dicha atracción. A diferencia de la mayoría de los animales, nosotros, los seres humanos, no podemos fabricar nuestra propia vitamina C, y muchos investigadores defienden la teoría de que nuestra atracción por el azúcar es realmente la forma que tiene la naturaleza de hacernos comer alimentos ricos en esta vitamina, como las frutas de sabor dulce. También estamos predispuestos de forma natural a que nos encanten la mayoría de las especias. Quizá la naturaleza les dio sus atractivos aromas para que las ingiriésemos y disfrutásemos de sus benéficas propiedades. Después de todo, en proporción a su peso, las especias son las sustancias con mayor densidad de nutrientes.

Las que detallamos a continuación favorecen específicamente el buen funcionamiento de los procesos metabólicos:

El **cardamomo**, una especia antigua que encontrarás en la cocina india, se utiliza frecuentemente como digestivo y para refrescar el aliento; también estimula el flujo de la bilis, lo que mejora la salud del hígado y favorece el metabolismo de las grasas.

La **canela** contiene fitoquímicos que aumentan el metabolismo de la glucosa en las células (cuando se metaboliza la glucosa, esta no se almacena como grasa). También puede ayudar a reducir el azúcar en sangre, la presión sanguínea y los niveles de triglicéridos y de colesterol «malo» (lipoproteína de baja densidad, o LDL por sus siglas en inglés).

El **jengibre** ayuda a controlar las náuseas, pero también hace disminuir la adherencia de la sangre –lo que contribuye a evitar los coágulos sanguíneos– y rebaja la inflamación. En estudios con animales, se ha demostrado que disminuye el colesterol y lentifica el desarrollo de la aterosclerosis.

La **cúrcuma** contiene *curcumina*, uno de los compuestos más potentes del reino vegetal. La curcumina se ha utilizado en el Centro para el Cáncer MD Anderson, de la Universidad de Texas, en pruebas experimentales contra el cáncer y se ha estudiado en investigaciones sobre pérdidas de memoria en el Centro Médico de la Universidad de Columbia (se ha demostrado que ralentiza la pérdida de memoria en animales de laboratorio) y en la Universidad de California. Es sumamente saludable para el hígado, el «kilómetro cero» de la desintoxicación. Se ha demostrado también que la curcumina mejora los síntomas de la artritis, lo que no es una sorpresa a la luz de su enorme potencial antiinflamatorio (también se puede tomar en forma de suplemento; veremos más sobre este tema en el capítulo 8).

Las investigaciones sobre los beneficios de las hierbas aromáticas y de las especias continúa, pero no hay duda de que dar sabor a los platos con estas sustancias puede elevar el nivel de salubridad de nuestros alimentos. Y lo que es más importante: significa que seguiremos siendo fieles a la mejor dieta posible durante toda la vida. No te limites a estos sabores; nosotros solamente queríamos señalarte algunos de los que combinan mejor con la *fórmula de las grasas inteligentes*. Con total libertad, juega con ellos; tu cuerpo y tu mente te lo agradecerán.

Las grasas inteligentes, las proteínas limpias y la fibra, todas ellas envueltas en un estupendo sabor que te animará a comer siempre de esta manera: estos son los ingredientes clave que te ayudarán a estar más esbelto y saludable. Las grasas inteligentes son la piedra angular, ya que combaten la inflamación y ayudan a que tus hormonas funcionen correctamente. La fibra es una central eléctrica nutricional que retrasará el reloj del envejecimiento, ya que reduce el riesgo de que desarrolles ciertas enfermedades. Las proteínas limpias te convierten en un formidable quemador de calorías. Y el sabor evitará que te apartes del buen camino, porque comer será todo un placer. Hasta aquí los alimentos salvavidas que deberíamos consumir todos los días. Y ahora vamos a ver lo que deberíamos evitar y por qué.

Capítulo 3

QUÉ *NO* COMER

Cuando sigues la *fórmula de las grasas inteligentes*, nunca te quedas sin opciones. Siempre es posible comer algo apetecible y saludable. No es estrictamente necesario que combines grasa, fibra, proteína y sabor en cada comida o tentempié, aunque con el tiempo lo irás aprendiendo e incluirás los cuatro elementos con toda naturalidad. Y los resultados saltarán a la vista. Enseguida te habituarás a preparar comidas y tentempiés adecuados sin tener que romperte la cabeza para aplicar la fórmula. Tampoco tendrás que preocuparte por el tamaño de las raciones, ni medir gramos o contar calorías. La variedad y la facilidad de comidas deliciosas a tu disposición te liberarán de una vez por todas del temible ciclo de hacer dieta, volver a subir de peso y tener que hacer dieta de nuevo.

Sin embargo, antes de que lleguemos al *cómo* hacer (y al importantísimo *cuánto* hacer), vamos a considerar el *qué no hacer*: lo que no debes poner en tu plato ni en tu boca. Ciertos alimentos que aparecen en nuestra lista de lo que no debes comer, como las artificiales grasas trans, no te sorprenderán, pero seguro que te llevas alguna que otra sorpresa.

Siempre hemos creído que la información es poder. Por eso es importante que conozcas las razones por las que queremos que evites ciertos alimentos. Estamos convencidos de que si comprendes por qué es tan importante que lo hagas –de hecho, tu vida puede depender de ello–, estarás mucho más dispuesto a realizar los cambios de alimentación que se hallan en el núcleo de la *fórmula de las grasas inteligentes*.

LA GRASA NEUTRA PUEDE TRANSFORMARSE EN PERJUDICIAL

A pesar de todo lo que puedas haber oído, las grasas saturadas, por sí mismas, no van a matarte, aunque no necesariamente mejoren tu salud. Sin embargo, existe una gran excepción: la grasa tóxica que se encuentra en productos animales procesados que, tristemente, constituyen la mayor parte de lo que verás en las secciones de carne y lácteos de la mayoría de los supermercados y en los restaurantes.

Cómo se transforma la grasa «neutra» en grasa «perjudicial»

Los pesticidas, las hormonas y otras sustancias químicas se están introduciendo en nuestra cadena alimentaria sin ningún tipo de control, y los animales que se han criado con semillas repletas de esas sustancias no son los únicos que padecen los efectos de una dieta tan antinatural. Todos esos compuestos tóxicos se almacenan en los tejidos grasos de las vacas, cerdos, corderos, pollos y cualquier otro animal producido en granjas-fábrica... y entran en nuestro cuerpo cuando comemos esos animales. El problema no reside únicamente en las sustancias químicas añadidas sino también en el cereal mismo. Como verás, una dieta permanente de cereales, da como resultado una carne y unos lácteos plagados de inflamatorios ácidos grasos omega-6. Lo que hace que aumente el desequilibrio entre los inflamatorios omega-6 y los antiinflamatorios omega-3, ese desequilibrio que nos hace enfermar y que evita que podamos perder peso. Dos son las razones principales para dejar de comer carne y lácteos procedentes de animales alimentados con cereales:

1. Toxinas en nuestra cadena alimentaria (y en nuestros cuerpos)

Nuestra cadena alimentaria es sencilla y directa. Como suele decirse, «somos lo que comemos»; pero, tristemente, lo que comemos no siempre es saludable. Considera los cereales, por ejemplo. Incluso antes de que ciertos cereales concretos se les den a los animales como alimento, están tratados con pesticidas como parte del proceso de elaboración de piensos. Los compuestos conocidos como *dioxinas* son productos químicos secundarios de los procesos industriales. Pues bien, las dioxinas figuran entre los carcinógenos más potentes de la Tierra, y están en nuestra cadena alimentaria. Por ejemplo, la carne de vaca contiene las concentraciones más altas de esas dioxinas mortales, pero también se la encuentra en las aves de corral y en los productos lácteos, así como en el pescado de piscifactoría.

Además de eso, se añaden hormonas de crecimiento al forraje, que consiste mayoritariamente en maíz y soja modificados (todos repletos de pesticidas), cargados de antibióticos, en un intento de conseguir más kilos de carne para el mercado. Las hormonas aumentan también la producción de leche en las vacas lecheras; pero se ha demostrado que los pesticidas y ciertas hormonas de crecimiento provocan cáncer en animales de laboratorio. Estas sustancias carcinogénicas, muchas de las cuales están prohibidas en la Unión Europea, en Japón y en otros países desarrollados, se utilizan habitualmente en los Estados Unidos.

¿Provocan cáncer en los seres humanos estos aditivos? Veamos un ejemplo. No existen estudios de laboratorio que examinen la relación entre la hormona del crecimiento bovino (rBGH, por sus siglas en inglés), que se utiliza para aumentar la producción de leche, y el desarrollo de células cancerosas en los seres humanos. Sí sabemos que los animales de laboratorio expuestos a la rBGH presentan niveles elevados de la hormona IGF-1 (factor-1 de crecimiento, similar a la insulina). En los seres humanos, un alto IGF-1 se liga frecuentemente a los cánceres de mama y de colon. Por fortuna, se ha producido un rechazo a la rBGH por parte del consumidor, lo suficiente como para hacer que algunos productores de leche de los

Estados Unidos reduzcan, y eliminen en muchos casos, su uso en sus procesos de producción. Pero existen muchas otras hormonas, pesticidas y sustancias químicas potencialmente peligrosas no tan bien conocidas como la rBGH que siguen encontrando su camino hacia nuestros alimentos.

Los antibióticos forman también parte de esta mezcla tóxica. Se añaden a los alimentos del ganado y las aves para que permanezcan «sanos» y engorden más rápidamente, en un entorno de hacinamiento, donde es inevitable que se dé un cierto nivel de enfermedad. Como estamos ante un sistema de producción masiva, sería complicado separar a los animales enfermos o en riesgo, así que se corta por lo sano y los antibióticos se suministran indiscriminadamente a *todos ellos*. El uso excesivo de antibióticos, en los animales y en los seres humanos, da como resultado el desarrollo de cepas de bacterias peligrosas resistentes a los medicamentos. Imagina que estás gravemente enfermo por una infección bacteriana, pero que no hay ningún tratamiento eficaz disponible porque la «superbacteria» que te está atacando es resistente a los antibióticos. Esto no es el guion de una película de ciencia ficción, es la realidad.

Toma nota de que los residuos tóxicos no se limitan a la carne. Los productos lácteos están contaminados de manera semejante con pesticidas y otras sustancias químicas. La manera más fácil de protegerse de las toxinas dañinas es comprar productos biológicos, como la carne y los lácteos que provienen de animales criados en pastos.

2. Animales alimentados con cereales = grasas inflamatorias en los seres humanos.

En la ganadería intensiva, los animales alimentados con cereales consumen por lo general un forraje cuyos ingredientes base son el maíz y la soja, que están repletos de omega-6. Los cereales son una dieta barata que engorda rápidamente a los animales encerrados; pero esa dieta es completamente contra natura. La naturaleza no manipulada dicta que las vacas, los cerdos, los corderos y los demás animales se alimenten con pasto en espacios abiertos. Cuando consumimos carne, leche, huevos, mantequilla, yogur, queso y demás productos de animales alimentados con cereales, estamos añadiendo inflamatorios ácidos grasos omega-6 en nuestros platos. Según un estudio, la carne de vaca alimentada con cereales contiene de promedio una proporción entre omega-6 y omega-3 de 7,7:1.

Por el contrario, las gallinas, pavos y otras aves criadas en libertad comen todo aquello que aparezca en su territorio: semillas, insectos, babosas, hierba, sobras, frutos secos, gusanos... (sí, también algunos cereales, pero son una parte minúscula de una dieta variada y saludable). A diferencia de la carne de animales alimentados con cereales, la carne de animales alimentados con pasto tiene una proporción casi perfecta entre omega-6 y omega-3 de 1,5:1. Para reducir el riesgo de inflamación y de incontables problemas de salud y de peso corporal, elige carne y productos lácteos que provengan de animales alimentados biológicamente. Solo así te puedes asegurar la ausencia de toxinas y una proporción aceptable entre ácidos omega-6 y omega-3.

Este libro no trata de la ética de la producción industrial de carne y productos lácteos ni del impacto medioambiental de las operaciones de las granjas-fábrica que se están extendiendo por todo el mundo (a modo de ejemplo, el consumo de carne ha ascendido espectacularmente en China conforme los salarios han aumentado, lo que ha dado como resultado la creación de enormes complejos dedicados a la cría de cerdos y pollos y una popularización cada vez mayor de las carnes rojas). Tampoco trata del maltrato de los animales en nuestra cadena alimentaria, aunque creemos firmemente que puede y debe hacerse mucho más para mejorar las condiciones bajo las que se crían los animales destinados al mercado alimentario.

En este libro se trata de comer más inteligentemente y mejor. De manera que es imposible ignorar el hecho de que la creciente demanda de carne y de productos lácteos baratos y de gran disponibilidad es lo que promueve el proceso rápido y fácil de alimentar a los animales destinados al consumo humano con cereales, por no mencionar la bajada de nivel de las grasas inteligentes. Cuando las grasas pasan de ser neutras a perjudiciales, lo pagamos muy caro (aunque los precios del supermercado o los del restaurante sean más bajos). Eso son las malas noticias. La buena es que tenemos la posibilidad de elegir.

MEDIDA INTELIGENTE: COME LIMPIO

Si quieres evitar ingerir hormonas, pesticidas y demás toxinas, así como altos niveles de grasas inflamatorias omega-6, elige carne y productos lácteos procedentes de animales biológicos criados en libertad. Deja de comer *mal* –grasas sucias– y escoge comer *limpio*. Es así de sencillo. No dejes que las típicas excusas que a continuación detallamos compliquen esta importante elección.

«Es difícil de encontrar»

Cada vez es menos cierto que las alternativas saludables sean difíciles de encontrar. A no ser que vivas en mitad de ninguna parte (y, gracias a Internet, ya nadie vive *allí*), es probable que estés cerca de un supermercado que tenga una selección de carnes, lácteos y demás proteínas procedentes de animales alimentados biológicamente. Si el supermercado de tu barrio no ofrece esas posibilidades, habla con el gerente: es posible que no seas el único cliente que busque alternativas saludables. También puedes investigar cuándo y dónde se instala el mercadillo más cercano de los granjeros de la zona y pasarte por allí o hacer pedidos *online*.

«Es demasiado caro»

Sí, a veces las alternativas más sanas son más caras, aunque eso también están cambiando (un número cada vez mayor de supermercados convencionales vende productos biológicos a precios competitivos, y los mercadillos organizados por agricultores locales son un recurso excelente también). ¿Recuerdas lo caros que eran las pantallas planas y los teléfonos móviles? Una vez que se conoció la demanda de los consumidores, el suministro subió y el precio bajó. Funciona igual con un kilo de cerdo criado en pastos.

El coste depende también de los alimentos que elijas. El salmón salvaje que se trae fresco por avión es mucho más caro que el mismo salmón enlatado, y las verduras congeladas son normalmente más baratas que las frescas, aunque tienen el mismo valor nutricional. Si tienes que ajustarte a un presupuesto, elige productos como el salmón salvaje en lata y frutas y verduras congeladas.

Piensa en cuánto gastas en comestibles ahora y haz un cálculo realista de cuánto más gastarías si cambiases a alimentos de una calidad mayor. Eso es algo que puedes hacer fácilmente. El coste puede ser menor de lo que crees, y ahora que ya conoces los hechos sobre los efectos que tiene la carne alimentada con cereales en tu salud, esperamos que estés de acuerdo en que merece la pena hacer el cambio. El precio de la terapia contra el cáncer en los Estados Unidos puede oscilar entre los cincuenta mil dólares y los cinco millones, y *eso* sí que es caro.

«Yo no como mucha carne ni lácteos... ¿Por qué tendría que preocuparme?»

¿Harán que te pongas enfermo dos o tres raciones a la semana de carne criada convencionalmente? ¿O hacen falta cuatro, o más? No lo sabemos, nadie lo sabe. El problema es que una vez que ingieres las toxinas de las grasas de este tipo de carne, esos venenos se irán acumulando en tu propia grasa durante años, a veces décadas. Antes de que te des cuenta, «solo un poquito» de carne tóxica por semana durante diez años fácilmente podría dar como resultado una enorme cantidad de toxinas en tu organismo.

Lo que *sí* sabemos es que nuestros alimentos se producen con sustancias que provocan cáncer en animales y que han sido prohibidas en las demás naciones desarrolladas. Sabemos también que las grasas omega-6 provocan inflamación, que es la base de las enfermedades y de los problemas de peso. ¿Por qué arriesgarte a comer como lo estabas haciendo hasta ahora si tienes una alternativa? Si estás preparado para hacer un cambio en tu aspecto y en cómo te sientes, haz un cambio en tu manera de comprar alimentos.

... Y SI NO PUEDES COMER LIMPIO, COME MAGRO

Somos realistas. Te encontrarás con situaciones en las que no podrás comer limpio: a lo mejor estás de viaje y tienes que depender de restaurantes, o tu proveedor local no está disponible. Pero tienes que comer. Ese es el momento de elegir proteínas animales *magras*, tales como pechuga de pollo o de pavo, lomo de cerdo o solomillo de vaca. Al comer magro evitarás la mayor parte de la grasa animal –esa es la caja fuerte donde se guardan las toxinas–. Evita los trozos de carne roja que tengan mucha grasa y toda la carne picada, que suele incluir huesos molidos. O también puedes evitar la carne completamente y hacer una comida vegetariana, o irte de pesca para la cena, o escoger algo de marisco. Nuestro enfoque ha consistido en animales terrestres, pero el marisco es una fuente excelente de los poderosos ácidos grasos omega-3. Como ocurre con las proteínas, escoge siempre marisco capturado en estado salvaje.

GRASAS PERJUDICIALES QUE NO SERÁN NUNCA NEUTRAS NI BENEFICIOSAS

Hemos hablado de grasas beneficiosas, neutras y perjudiciales. Queremos que quede claro que las grasas perjudiciales deben figurar *siempre* en tu lista de «qué no debes comer».

Grasas trans

Las grasas trans, que bloquean las arterias y a las que podemos comparar con el líquido de embalsamar, que transforma nuestros tejidos en plástico, son, pura y simplemente, unas asesinas. Se elaboran mezclando aceite normal con productos químicos y metales dañinos; se bombea hidrógeno para hacerlas sólidas; de ahí el término *hidrogenadas* o *parcialmente hidrogenadas*. Este procedimiento crea una grasa que alarga la duración de los productos, cualidad deseable para los fabricantes de comidas preparadas y empaquetadas. Son estupendas para su tiempo de vida *en los estantes* del supermercado, pero no para *tu vida*.

Qué hacer y qué no hacer con los huevos y los lácteos

Se está haciendo cada vez más fácil encontrar carne claramente etiquetada como «alimentado con pasto» y «alimentado en pastos», pero ¿qué sucede con los huevos?, ¿y con la mantequilla, la leche, el yogur y el queso?
Huevos: a la hora de escribir esto, la disponibilidad de huevos de gallinas auténticamente criadas en libertad no está tan extendida como la de la carne criada en pastos. A menos que se compren huevos frescos de granja directamente a una fuente local o que se críen las gallinas propias, es posible tener problemas a la hora de encontrar huevos de gallinas criadas biológicamente.

A las gallinas verdaderamente criadas en libertad en granjas pequeñas se les permite que vivan y deambulen fuera, al aire libre, rebuscando su comida, al contrario de las que viven y se alimentan en jaulas. En realidad, los productores industriales de huevos pueden utilizar la etiqueta «en libertad» o «sin jaulas», pero eso puede significar simplemente que los pollos y las gallinas no están en jaulas, pero pueden vivir en el interior de una nave, hacinadas y sometidas a una dieta de cereales bajo luz artificial. En los Estados Unidos, a diferencia de la etiqueta USDA Certified Organic (Certificado biológico USDA, del Departamento de Agricultura), no existen en vigor reglas generales para la denominación «en libertad» con objeto de regular y garantizar la homogeneidad.

Los huevos de gallinas en libertad alimentadas con productos biológicos son mucho más sanos que los convencionales —estos últimos proceden de gallinas que viven en jaulas minúsculas entre la suciedad y a las que se administra sustancias químicas para mantenerlas con vida—. Si no puedes encontrar huevos de gallinas criadas con pasto y alimentadas biológicamente, la variedad sin jaulas y alimentadas biológicamente del supermercado puede ser una concesión aceptable.

¿Y por qué no comer simplemente huevos convencionales? Porque las sustancias químicas y las hormonas se acumulan en la yema, donde se concentra la grasa, de la misma manera que las hormonas, pesticidas y demás toxinas acaban en la grasa de la carne procedente de la agricultura intensiva. Como mínimo, te recomendamos que compres huevos biológicos, de gallinas en libertad y enriquecidos con omega-3. Si no puedes conseguirlos, debes evitar comer la yema, que contiene las sustancias químicas concentradas en la grasa. Aún obtendrás los beneficios de la proteína, que se concentra en la clara, mientras evitas las toxinas. Los huevos frescos de granja y criados en libertad son los mejores en relación con la nutrición y el sabor. Con esta clase de huevos no tóxicos puedes comerte las yemas sin ningún problema.

Mantequilla, leche, yogur y queso: cada día es más común encontrar estos productos de animales alimentados con pasto. Si intentas perder peso con la *fórmula de las grasas inteligentes*, no te recomendamos las versiones desnatadas o semidesnatadas de los productos lácteos si se les han añadido aditivos artificiales para compensar la grasa eliminada. Deberías buscar productos de animales criados en pastos.

Como ocurre con la carne y los huevos, las toxinas se concentran en la grasa; para evitarlas escoge productos bio siempre que te sea posible.

La invención de las grasas hidrogenadas y parcialmente hidrogenadas revolucionó la industria alimentaria, sobre todo la de alimentos basura, y nos dio pasillos y más pasillos de paquetes de galletas, panes, mezclas para tartas (y las latas de glaseado para untar que las acompañan), galletas saladas, patatas fritas, platos preparados «instantáneos» como sopas y guarniciones, alimentos congelados, cremas sin lácteos, productos para el microondas y mucho más. A las cadenas de comida rápida y de restaurantes les encanta utilizar las grasas trans, sobre todo para freír, porque son rápidas y duran para siempre.

Hubo una época en la que culpábamos a las grasas saturadas por los altos niveles de colesterol LDL, el «malo»; pero ahora sabemos que son las grasas trans las que elevan verdaderamente los niveles de colesterol LDL, ¡mientras que rebajan los niveles del saludable HDL (lipoproteínas de alta densidad, por sus siglas en inglés)! Las grasas trans elevan también tus niveles de azúcar en sangre y de insulina y provocan endurecimiento de las arterias, asociado con la tensión sanguínea alta y la formación de placas arteriales, que conduce a enfermedades cardiovasculares mortales. Dicho de otra manera: las grasas trans harán que tu corazón se pare. La cantidad segura para las artificiales grasas trans en la dieta humana es *cero*. ¡No las comas nunca!

Ácidos grasos omega-6

Como hemos visto, reducir los niveles de los inflamatorios ácidos grasos omega-6 en relación con los omega-3 es decisivo para la salud. Los productos de animales alimentados con cereales son una fuente enorme de omega-6, pero también muchos aceites vegetales. Nos referimos a los mismos aceites que desde hace tiempo se comercializan para los consumidores como alternativas «sanas para el corazón» a las grasas animales. El aceite de maíz, el de colza, el de cacahuete, el de girasol, el de alazor: dominan prácticamente los estantes de aceites para la cocina de los supermercados. Otros, como el de semillas de algodón y de soja, aparecen en muchas comidas preparadas. Y durante muchos años nos han dicho que esas eran las grasas «beneficiosas», las grasas que deberíamos consumir, permaneciendo alejados de las grasas «perjudiciales», como las saturadas.

Fue un mal consejo.

En 2012, C. E. Ramsden y sus colegas analizaron datos del Estudio del Corazón y la Dieta de Sidney, en el que se dividió en dos grupos a cuatrocientos cincuenta y ocho hombres que habían sufrido recientemente un ataque cardíaco. El grupo de control no recibió ninguna indicación dietética específica, pero el grupo de «intervención» reemplazó en sus dietas la grasa saturada por los aceites vegetales. Un nuevo análisis de los datos, además otro análisis adicional de los datos que faltaban anteriormente, provocó que se llegase a la inesperada conclusión de que sustituir la grasa saturada por los llamados aceites vegetales aumentaba en realidad el riesgo de muerte por cualquier causa, incluyendo las enfermedades coronarias y las cardiovasculares. Los investigadores escribieron: «Estos hallazgos podrían tener consecuencias importantes para los consejos dietéticos mundiales de que se sustituya el ácido linoleico (omega-6), o todas las grasas poliinsaturadas en general, por grasas saturadas».

Existen alternativas mejores para los inflamatorios aceites vegetales industriales, causantes de enfermedades. No tengas en cuenta las frases propagandísticas como «sano para el corazón» que aparecen en los envases de estos aceites genéricos y procesados, plagados de omega-6, porque son cualquier cosa menos eso.

Aceites «sucios» procesados químicamente

Muchos de los aceites ricos en omega-6 proceden de cultivos de granjas-fábrica sometidos a pesticidas y luego procesados con sustancias químicas tóxicas y calor extremo, lo que da como resultado un producto altamente refinado sin valor nutricional alguno, y que desde luego no puede clasificarse como «natural». Los aceites sucios son grasas dañadas y envenenadas, y también son especialmente ricos en ácido linoleico, un ácido graso inflamatorio omega-6.

El ácido linoleico es un ácido graso «esencial». Lo de esencial quiere decir que debemos conseguirlo de la dieta, ya que nuestro organismo es incapaz de fabricarlo. Nuestro cuerpo necesita ácido linoleico para funcionar, pero no en grandes cantidades. Desgraciadamente, la mayoría de los omega-6 que consumimos provienen de esos aceites industriales de semillas químicamente procesados, más que de las beneficiosas fuentes de alimentos integrales como los frutos secos y los aceites biológicos elaborados por presión en frío.

El ácido linoleico que se encuentra en estos aceites sucios contribuye a la oxidación de partículas pequeñas y densas de LDL, las partículas «malas» de colesterol que son las más peligrosas porque están implicadas en la formación de las placas arteriales. Una proporción alta de ácido linoleico (omega-6) en relación con el omega-3 contribuye a las enfermedades cardíacas, sobre todo cuando el omega-6 se estropea durante el proceso químico. Como mínimo, contribuye definitivamente a la inflamación.

Hemos mencionado anteriormente que esos aceites perjudiciales se producen utilizando temperaturas muy altas. ¿Qué importancia tiene esto? Cuando los alimentos que contienen ácido linoleico (omega-6) se exponen a un fuerte calor (durante el proceso de fabricación o al calentar la comida misma durante su preparación en la cocina), se producen unos desagradables derivados llamados OXLAM (metabolitos del ácido linoleico oxidado, por sus siglas en inglés). Los

OXLAM se encuentran en el LDL oxidado y en las placas arteriales, y están directamente relacionados con las enfermedades cardíacas. Además, altos niveles de OXLAM se han encontrado en personas que padecen alzhéimer, dolores crónicos y esteatohepatitis no alcohólica (NASH, por sus siglas en inglés). La NASH es una enfermedad en la que la grasa y el tejido cicatricial se acumulan en el hígado; es como una forma avanzada de la cada vez más común enfermedad del hígado graso no alcohólico.

Una dieta *rica* en ácido linoleico proveniente de esos aceites refinados y *pobre* en los benéficos ácidos grasos omega-3, como el ácido eicosapentaenoico y el ácido docosahexaenoico, contribuye al ciclo de la inflamación, así como al inicio de las enfermedades cardíacas y otras igualmente mortales. El resultado final: no existen beneficios nutricionales en comer alimentos preparados con aceites sucios químicamente procesados y altamente refinados. De hecho, no hay beneficios en absoluto, pero sí muchísimos riesgos.

MEDIDA INTELIGENTE: CAMBIA TUS GRASAS TONTAS POR GRASAS INTELIGENTES

Elimina todas las grasas trans

Si quieres perder peso, proteger tu salud y probablemente alargar tu vida, eliminar las grasas trans de tu dieta debería ser tu máxima prioridad. No es difícil de conseguir. Las grasas trans son fáciles de evitar cuando se sabe dónde mirar: comidas rápidas fritas y otros alimentos de restaurantes, bolsas y cajas de alimentos precocinados y preparados, artículos horneados empaquetados y prácticamente cualquier producto elaborado con grasas hidrogenadas o parcialmente hidrogenadas. Pero, más allá de evitar los lugares obvios desde los que nos acechan, hay que descubrir esas otras grasas tóxicas que esperan agazapadas donde menos te lo esperas.

En los últimos años, a medida que los consumidores se han ido informando más, y mejor, acerca de los peligros de las grasas trans, los productores las han ido eliminando de muchos de sus artículos (pero solo porque las patatas se fríen con «aceite puro de girasol» en lugar de con «aceite vegetal parcialmente hidrogenado» no se convierten en una buena elección). La Administración de Alimentos y Medicamentos de los Estados Unidos ha ordenado que se eliminen de la cadena alimentaria en 2018, y ciudades como Nueva York y Filadelfia (¡por no decir todo el estado de California!) ya han implementado leyes que obligan a los restaurantes a desterrar la mayoría de las grasas trans de sus cocinas. Es de todos conocido que McDonald's dejó de freír sus patatas en grasas trans hace años (aunque, como sucede con las patatas fritas de bolsa, eso no las convierte en un alimento saludable).

Pero los fabricantes de alimentos son muy listos. Debido a un vacío en la reglamentación, actualmente se les permite decir «cero grasas trans» si el producto en cuestión tiene menos de 0,5 g de esas grasas por ración. Al hacer las raciones pequeñas –nada realistas– pueden proclamar que su producto contiene «cero grasas trans». Mientras tanto, tú, el consumidor, puedes llegar a consumir fácilmente un par de gramos en una ración real de su producto. Multiplica eso por unos pocos productos al día, y antes de que te des cuenta estarás consumiendo grasas trans en gramos expresados con dos cifras.

Recuerda que la cantidad diaria ideal de grasas trans en la dieta humana es cero.

Existe una manera –y solamente una– de saber si un artículo comprado en una tienda tiene grasas trans: *lee la etiqueta*, más concretamente la letra pequeña de la lista de ingredientes. Si ves las palabras «parcialmente hidrogenado» o «hidrogenado» en la lista, eso significa que contiene grasas trans. Déjalo donde estaba y márchate. Acabas de mejorar tu salud.

Los restaurantes son un desafío mayor. Incluso en el puñado de ciudades que han prohibido las grasas trans, la prohibición es en gran parte todavía parcial, y no se puede estar seguro al 100% a menos que uno se pase por la cocina y observe cómo se elaboran las comidas, o que se conozca al propietario *muy* bien. Pregunta si preparan las comidas con aceites hidrogenados. Si te contestan afirmativamente, agradece que hayan sido sinceros contigo y luego pídeles que preparen tu comida con aceite de oliva. Si lo hacen (y tú los crees), disfruta de tu comida. Si no hacen el cambio, no lo pidas; no merece la pena (es hora de buscarse otro restaurante).

Cambia el aceite

Uno de nosotros, Jonny, estudió con el famoso nutricionista, ya fallecido, Robert Crayhon, que declaró en una ocasión: «Si alguna vez quisiera cometer un asesinato y salir indemne, todo lo que tendría que hacer es colarme en la cocina de esa persona y llenársela de aceites de girasol, de alazor, de semillas de algodón, de soja y de maíz».

Si por costumbre has estado comprando y utilizando el tipo de aceites vegetales inflamatorios y refinados de mala calidad, ricos en omega-6, que hemos mencionado, es hora de que limpies la despensa (no hay nada de «vegetal» en los «aceites vegetales; son aceites extraídos de cereales, como el maíz, y de semillas, como el de alazor). En la sección de aceites de cocina de la mayoría de los supermercados no verás más que una botella de plástico tras otra de aceites de semillas y cereales de bajo precio y producidos en masa industrialmente, y quizá una pequeña selección de aceites diferentes en los que no has reparado nunca. Es hora de empezar a observar esas estanterías más de cerca y de vigilar lo que comes (y, de pasada, elige botellas de cristal cuando compres aceite para evitar las sustancias químicas tóxicas que se filtran desde el plástico).

Esta es una breve lista de los aceites que debes tener presentes cuando vayas de compras. Dependiendo de qué vayas a cocinar o a hornear, o de si vas a preparar un aliño para ensalada, te vendrá bien elegir ciertos aceites de nuestras categorías «luz verde» y «luz amarilla». Por ejemplo, con respecto al de oliva, el virgen extra humea a fuego medio-alto y cambia su composición y su sabor, así que es mejor (y más económico) guardarlo para aliños de ensalada y para otros usos en crudo. En lugar de ese aceite, utiliza el virgen corriente para cocinar a fuego medio-alto (en el capítulo 10 encontrarás más información sobre los puntos de humeo y los aceites para cocinar).

Aceites con luz verde (llévalos a casa): de oliva, de frutos secos (almendra, nuez, pistacho, nuez de macadamia y nuez pacana), de aguacate, de sésamo, de coco y rojo de palma (si cocinas con ellos, asegúrate de que escoges el aceite adecuado para cada temperatura; ver el capítulo 10).

Aceites con luz amarilla (ve más despacio y mira): de cacahuete y de colza (compra *solo* el biológico, prensado en frío y en envase de vidrio).

Aceites con luz roja (¡detente!, no los compres): la mayoría de los que se venden baratos en grandes botellas de plástico, como el de maíz, la «mezcla de aceites vegetales» y el de soja. Si solo necesitas algo de grasa para cocinar, o buscas un sabor concreto, considera utilizar las grasas tradicionales (animales), pero solamente de fuentes limpias. Por ejemplo, la mantequilla bio, la manteca de vacas criadas en pastos (que está logrando un regreso espectacular entre los chefs serios y preocupados por la salud) o la grasa de patos criados en pastos. En algunos mercados también puedes comprar mantequilla clarificada biológica.

AZÚCAR: LA VERDAD SIN EDULCORAR

Ya sabes que desayunar un bol de cereales con sabor a frutas del bosque que colorean la leche de rosa o tragarse un refresco de cola de un litro son ideas verdaderamente horribles. Pero si eres de los que se creen lo que dicen las etiquetas, probablemente habrás caído en el engaño de esa barrita de cereales repleta de azúcar: una barra de caramelo disfrazada de alimento sano para adultos. Si has estado siguiendo lo que decimos, habrás unido los puntos entre comer alimentos azucarados, y los picos en el azúcar en sangre, la resistencia a la insulina, la conversión de la glucosa, las células grasas, la inflamación, la enfermedad y, claro, la muerte.

De manera que no te haremos perder tiempo presentándote la lista de alimentos basura azucarados que deberías evitar (una pista: si te deja un dulce residuo pringoso en los dedos y lo has comprado en el mismo sitio donde has llenado el depósito de combustible, no lo comas). Esos son los evidentes carbohidratos procesados que no deberían formar parte de una dieta de grasas inteligentes, o de *cualquier* dieta a menos que sea la «dieta ponte enfermo y muérete pronto».

En lugar de eso, volvamos a los chicos malos no tan evidentes. Hay quien cree que un panecillo de pasas y canela para el desayuno es mejor que un bollito de canela glaseado. Bueno, es posible, pero eso es como afirmar que un tornado es mejor que un huracán (enseguida entenderás por qué).

Bienvenido a la «tormenta de azúcar».

El verdadero diablo en nuestra dieta

Cuando empezamos a trabajar en este libro sabíamos que tendríamos que desplegar todas nuestras dotes de persuasión para convencer a gran parte de nuestros lectores. No es fácil cambiar las creencias cuando estas han sido inoculadas por los profesionales sanitarios, las agencias gubernamentales y las asociaciones, como la Asociación Dietética Norteamericana y la Asociación Norteamericana del Corazón (de la que es miembro Steven), durante años. Todos ellos habían insistido en la conveniencia de evitar las grasas y en su lugar consumir principalmente «carbohidratos complejos». Que os dijésemos que consumieseis grasas como forma de conseguir estar delgados y sanos y manteneros así, sobre todo después de muchos años de oír la propaganda «antigrasas», iba contra la «sabiduría» dietética de los últimos decenios; pero nos metimos en esto sabiendo que las grasas –es decir, las grasas inteligentes– no eran los malos de la película. Y actualmente lo mejor de la ciencia médica nos respalda.

Esta es la verdad: le hemos echado la culpa de nuestra tasa de obesidad epidémica, de nuestras enfermedades cardíacas, de nuestra diabetes y demás padecimientos que son, en muchos casos, perfectamente evitables, al *sospechoso* equivocado. El culpable no era el mayordomo... y tampoco la grasa. Era –y es– el *azúcar* y todas las demás formas ocultas de *carbohidratos refinados*.

En nuestro empeño por rebajar las grasas eliminamos de nuestras dietas la saludable y natural grasa inteligente; y lo que es peor, además la sustituimos por carbohidratos refinados. Sí, logramos evitar en gran parte la grasa, pero llenamos ese vacío con alimentos que, según se ha visto después, eran muchísimo peores, alimentos elaborados a base de carbohidratos refinados que, fundamentalmente, se comportan en nuestro cuerpo como cucharadas de azúcar blanco de mesa y no son mucho más nutritivos. Y para colmo, sustituimos la grasa por aceites «vegetales» altamente inflamatorios, complicando el problema aún más. Sospechamos que a estas alturas ya te hemos convencido de que te olvides de los *donuts*, pero vamos a estudiar otras dos fuentes de alimentos que disparan los niveles de glucosa, algunos de los cuales se nos presentan como alternativas saludables.

1. Alimentos preparados con harina

Panes, pasta, bollitos, galletas saladas y cereales: todos elaborados con harina. Son, técnicamente hablando, bajos en grasa y rara vez tienen azúcar añadido (excepto muchos cereales para el desayuno); pero todas las harinas son carbohidratos refinados y altamente procesados. Tanto si la harina es integral como si es blanca, genera picos en los niveles de glucosa en sangre y de insulina de la misma manera que lo hace el azúcar: se ponen en marcha desórdenes metabólicos que nos hacen enfermar y engordar.

Ciertas personas eliminan todos los alimentos que contengan trigo porque padecen de una enfermedad conocida como *enfermedad celíaca* (celiaquía). Estas personas tienen reacciones terribles a una proteína de los cereales conocida como *gluten*. Pero no hace falta ser un celíaco en toda regla para sufrir estas reacciones. A otras les importa menos el gluten, simplemente quieren reducir los carbohidratos refinados, entre ellos los productos que se preparan con harina, por muchos de los motivos de los que acabamos de hablar.

En lo que concierne a este tipo de productos, nosotros te lo ponemos fácil: evítalos siempre que te sea posible. Arruinarán tu metabolismo, tu cintura, tus arterias, tu cerebro y tu salud. Te preguntarás: ¿no es la harina integral mejor para la salud que la blanca? La harina integral tiene un valor nutricional ligeramente superior, pero sus efectos sobre los niveles de azúcar en sangre, el metabolismo y las hormonas –incluyendo el aumento de peso que ello conlleva– son razones más que suficientes para excluirla de nuestra lista.

2. Alimentos con azúcar añadido (sea cual sea el nombre)

No te hablaremos de los motivos para eliminar los refrescos gaseosos y similares, ya que sabemos que los sitúas en la misma categoría que los *donuts*; pero queremos señalar que el azúcar añadido figura en muchos alimentos que se presentan frecuentemente como alternativas sanas. Afrontémoslo: «jugo de caña biológico», «sirope de arce» y «miel» suenan mucho mejor que azúcar, pero siguen siendo azúcar, y si aparecen en la composición de tu yogur biológico, sería lo mismo que si compreses un yogur normal y le echases unas cuantas cucharadas de esa sustancia blanca. A los fabricantes de alimentos se les exige que indiquen la lista de ingredientes en orden de predominio –en primer lugar aparece el que se usa en mayor cantidad–, pero saben que descartarás su producto si el «azúcar» figura el primero de la lista. Para soslayarlo, mencionan un par de fuentes de azúcar con otros nombres. Estos son algunos de los que deberían hacer sonar las alarmas, porque te garantizamos que si consumes alimentos que contengan esas sustancias en gran cantidad, tu metabolismo se resentirá de inmediato: glucosa, fructosa, sirope de maíz alto en fructosa (por supuesto) y cualquier otro tipo de sirope (incluso los de arce y de arroz), almidón de maíz, almidón de patata, productos de la caña de azúcar, zumos de frutas, miel, sacarosa y dextrosa.

El azúcar, oculto tras estos disfraces, puede aparecer en los lugares más insospechados, como las salsas para la pasta, sabrosas, saladas y repletas de hierbas aromáticas, y los aliños a base de vinagre, incluso en los de alta calidad elaborados con ingredientes biológicos. Seamos realistas: es prácticamente imposible mantener cada molécula de azúcar añadido fuera de tu dieta, pero ya que se cuela en ella más de lo que debiera, lee atentamente los ingredientes. Si te preguntas si los edulcorantes artificiales, o los naturales como el sirope de agave, son mejores que el viejo y conocido azúcar de mesa, te daremos una respuesta corta: en realidad, no (en el caso del agave es realmente mucho peor: ver «Sirope de agave ¿es bombo publicitario o es sano?», en la página 79; en el capítulo 7 encontrarás más información sobre los edulcorantes alternativos).

Quizá ya conocías todas esas palabras aparte de «azúcar» que indican... eso, azúcar. Si es así, estás entre esos consumidores perspicaces que son bastante sensatos ante lo insalubres que pueden ser realmente los alimentos «saludables»; pero a pesar de que contamos con una información cada vez más exhaustiva y fidedigna sobre nuestra cadena alimentaria, los productores de la industria alimentaria siguen intentando convencernos de que se han puesto al día con alternativas saludables y, así, vendernos productos edulcorados, ligeramente edulcorados o artificialmente edulcorados.

La avalancha de nuevos productos que han invadido los mercados en los últimos años obedece a la necesidad de cubrir la demanda de alternativas bajas en grasas y en calorías. Estamos hablando de bebidas como las deportivas edulcoradas, las «bebidas a base de zumos», las aguas de sabor dulce, incluso la leche chocolateada baja en grasas y enriquecida con omega-3. Los pasillos de los supermercados están atiborrados de *saludables* «barritas de frutas» cargadas de azúcares ocultos tras la promesa de la vitamina C, yogures bajos en grasa que llevan una cubierta de cereales y que no son más que caramelos, cereales biológicos para el desayuno que contienen tanto azúcar como los cereales coloreados para los niños, paquetes de galletas de 100 calorías (paquetes de 100 calorías de cualquier cosa) y demás diluvios de esta «tormenta de azúcar».

No pienses que algunos de estos alimentos efectistas como el yogur con sabor a chicle se crearon solo para engatusar a los niños; también los adultos compran y consumen esos artículos (los Centros para el Control y Prevención de las Enfermedades aseguran que son los hombres de entre veinte y cincuenta y nueve años, y no los niños, los que se sitúan entre los mayores consumidores de azúcar). Y tanto si aparece la palabra *azúcar* en la etiqueta como si no, esos alimentos y esas bebidas tienen todos algo en común: pueden echar a perder tu metabolismo y tu vida.

Sirope de agave ¿es bombo publicitario o es sano?

El sirope de agave es fundamentalmente sirope de maíz alto en fructosa disfrazado de alimento saludable. Este líquido de color ámbar se vierte más fácilmente que la miel y es considerablemente más dulce que el azúcar. Su reputación como alimento saludable se basa en el hecho de que está libre de gluten, de que encaja en la dieta vegana y, muy especialmente, de que es de **bajo índice glucémico**, lo que quiere decir que supuestamente su consumo tiene un efecto muy bajo sobre los niveles de azúcar en sangre. Por esta razón el sirope de agave se comercializa como «apto para diabéticos». ¿Qué podría no gustarnos de él?

Según parece, bastante.

El sirope de agave se considera de bajo índice glucémico solamente por una razón: se elabora en gran parte con fructosa, el azúcar que se encuentra de manera natural en las frutas. La fructosa es perfecta cuando la obtienes de alimentos completos como las manzanas (que son fructosa en un 7%, aproximadamente); consumida así, te llevas en el mismo *paquete* multitud de vitaminas, antioxidantes y fibra; pero cuando se extrae comercialmente de la fruta, se concentra y se transforma en un edulcorante, la fructosa supone un precio metabólico considerable. Es posible que se la clasifique como de «bajo índice glucémico», pero ahora sabemos que puede ser una forma muy dañina de azúcar. El sirope de agave tiene mayor contenido en fructosa que cualquier edulcorante comercial (con excepción de la fructosa pura líquida).

Todo azúcar –desde el azúcar de mesa hasta el sirope de maíz alto en fructosa (HFCS, por sus siglas en inglés) y la miel– contiene cierta mezcla de fructosa y de glucosa. En el azúcar de mesa, esa proporción es 50/50, en el HFCS es 55/45; pero el sirope de agave contiene un enorme 90% de fructosa, casi el doble que el HFCS.

Las investigaciones muestran que la fructosa contenida en los edulcorantes provoca resistencia a la insulina y eleva significativamente los triglicéridos (que son un factor de riesgo para las enfermedades cardíacas). También aumenta la grasa en la zona media del cuerpo, lo que a su vez aumenta el riesgo de que se desarrollen la diabetes, las enfermedades cardíacas y el síndrome metabólico. Se la ha relacionado con la enfermedad del hígado graso no alcohólico. Las ratas de laboratorio a las que se les han proporcionado dietas ricas en fructosa han desarrollado numerosas anomalías metabólicas indeseables, como triglicéridos elevados, incremento de peso y grasa abdominal de más.

En la planta de agave, la mayor parte del dulzor proviene de una clase particular de fructosa llamada **inulina**, que tiene ciertos beneficios para la salud; se la considera fibra, para empezar. Pero en el sirope no queda mucha inulina. En el proceso de fabricación se le añaden enzimas para descomponerla en azúcar digestible (fructosa), lo que da como resultado un sirope que tiene, en el mejor de los casos, un contenido en fructosa del 57%, aunque lo habitual es que llegue al 90%.

El sirope de agave es un triunfo del *márketing* sobre la ciencia (es cierto que es «de bajo índice glucémico», pero también lo es la gasolina, y eso no significa que siente bien). Si buscas un edulcorante alternativo, echa un vistazo a los sustitutos del azúcar que te mostramos en el capítulo 7. El agave no es la respuesta.

EL PROBLEMA DE ESA MAGDALENA

¿Qué daño puede hacerte una magdalena, sobre todo si la compraste en la panadería *bio* de moda? ¿Qué hay de malo en una cucharada de dulce helado elaborado con leche de vacas criadas en pastos? Bueno, la verdad es que matarte no te va a matar, siempre y cuando consideres estos alimentos como caprichos eventuales.

Existen algunas buenas razones para aproximarse a ciertos alimentos con precaución, incluso a ese postre con ingredientes tan saludables. En concreto, ten cuidado con estas dos combinaciones: por un lado, azúcar y proteína, y por otro, azúcar y grasa.

La combinación dietética de azúcar y proteína es un desastre: el azúcar es pegajoso (como el algodón de azúcar); sin embargo, las proteínas son suaves y resbaladizas, como pequeños renacuajos. Esa cualidad de resbaladizas es exactamente lo que hace que las proteínas se deslicen alrededor de las células y cumplan eficazmente sus numerosas funciones. Pero cuando el exceso de azúcar se tropieza constantemente con las proteínas, es como echar algodón de azúcar en el depósito de gasolina. El azúcar se apelmaza y crea proteínas pegajosas demasiado grandes para atravesar los vasos sanguíneos y los capilares (por eso los diabéticos tienen tantos problemas en los ojos, los pies y los riñones, donde se acumulan muchos de esos diminutos vasos sanguíneos). Al final, las proteínas cubiertas de azúcar se vuelven tóxicas, dañan el cuerpo y agotan el sistema inmunitario. También son un factor importante en el envejecimiento.

Respecto al azúcar y la grasa, la combinación de los dos es más mortal que cada uno de ellos por separado. Ahora ya sabes que el azúcar aumenta la inflamación, y que esa inflamación es un trastorno asociado a prácticamente todas las enfermedades modernas. De manera que si te comes ese helado artesanal, incluso si está endulzado con azúcar biológico de caña, habrás consumido azúcar, y además de eso lo habrás consumido con grasa.

Insistimos: no importa realmente si ese helado salió de una vaca muy saludable y alimentada en pastos. Cuando mezclas el helado (grasa) con azúcar, se dispara un pico de inflamación. Es posible que la nata biológica sea una grasa neutra, pero cuando sus moléculas chocan con el azúcar, las tasas de inflamación aumentan exponencialmente. Hablando bioquímicamente, es como una bomba que explotase en tu cuerpo. Si eso te parece malo, imagínate lo que ocurre con los alimentos elaborados con carbohidratos refinados como los *donuts*: una combinación mortal de grasa verdaderamente tonta y montones de azúcar refinado. Bienvenido al país de la inflamación.

Otros ejemplos de las potencialmente peligrosas mezclas de azúcar y grasa son los bocadillos de carne o embutidos, la carne con patatas, el queso acompañado de galletas saladas y la *pizza* compuesta de queso, salchicha y harina blanca (si crees que las patatas no son azúcar, te equivocas: se convierten en glucosa muy rápidamente). Si de vez en cuando te das el capricho de un trozo de tarta de cumpleaños —mantequilla y harina blanca con azúcar—, no es el fin del mundo (¿quién querría vivir en un mundo en el que uno no pueda comerse ocasionalmente un cuenco de helado de calidad?). Pero si consumes estos alimentos diariamente, ¡ten cuidado! Puedes evitar el problema disfrutando de un filete procedente de animales alimentados con pasto sin el pan ni las patatas (es estupendo con una ensalada fresca) o un trozo de queso biológico sin las galletas saladas (cámbialas por unas exquisitas rodajas de pera). Estas inteligentes alternativas son mucho mejores para tu salud.

Somos conscientes de que estamos pidiendo demasiado. Te hemos dado un montón de razones para no comer ciertos alimentos, alimentos que quizá hayan estado en tu lista de preferidos de siempre. ¿Quiere eso decir que no podrás tomarte una porción de tarta de cumpleaños con una cucharada de helado nunca más? Por supuesto que no.

No somos la policía de los alimentos, y tampoco los dictadores de la dieta (los verdaderos dictadores de la dieta son aquellos que nos han metido en este embrollo). No obstante, estamos aquí para informarte de lo que sabemos sobre nutrición y salud. Sabemos sin ningún género de dudas que ciertos alimentos van a sabotear tu salud –y a acortar tu vida– y es nuestra responsabilidad hacerte ver esa realidad y mostrarte que las grasas inteligentes pueden ser la solución.

Pero somos realistas. Todos tenemos nuestras vidas; a todos nos gustan las celebraciones con familiares y amigos, y frecuentemente la comida forma parte de ellas. Todos tenemos parientes que insisten en «preparar» la comida del Día de Acción de Gracias (con las peores guarniciones) y una abuela de noventa años que todavía nos envía paquetitos cariñosos con galletas repletas de azúcar. En unas vacaciones de ensueño elegimos un destino famoso por su gastronomía. Tu hijo ha vuelto por fin de la universidad y para celebrarlo pide acudir en familia a su hamburguesería favorita. Tu mejor amigo celebra en su casa la fiesta anual de la Super Bowl (o los Oscar, el Día de los caídos...) con un atracón, y la mesa del comedor está cubierta de alitas de pollo, costillas, ensalada de patata, fritos y crema para untar, refrescos, cerveza y bizcochos de chocolate.

Te toca a ti decidir si esas celebraciones merecen la pena o no. ¿La boda de tu hermana?, eso es especial. ¿El almuerzo a media semana con tu compañero de trabajo al que le gustan las *pizzas* con el borde relleno?, eso no es tan especial (pero ve de todas formas y aprovecha la oportunidad para practicar tus habilidades para convertir un almuerzo basura en un almuerzo inteligente). No vamos a estar allí contigo cuando tengas que tomar una decisión sobre qué comer y qué no; pero estamos contigo ahora mismo para darte información práctica y científica, que incluso puede salvarte la vida.

Capítulo 4

DESAPRENDE TODO LO QUE SABES
SOBRE LOS ALIMENTOS

Entre nosotros dos conocemos a muchos miles de personas que pueden recitar de un tirón la cantidad de calorías de cientos de alimentos. Se saben también qué porcentaje de dichas calorías procede de las grasas: se han aprendido de memoria la cantidad total de proteínas, grasas saturadas y carbohidratos y pueden recitar esas cifras en menos de lo que tarda un fanático del fútbol en enumerar los resultados de la jornada. Algunas incluso pueden decirte exactamente la cantidad de potasio que hay en una patata. En un mundo en el que millones de personas tienen acceso a Internet, la información sobre los alimentos es fácil de conseguir.

No hace tanto tiempo, cada «dietero» concienzudo tenía en su cocina un libro en rústica muy hojeado donde figuraba la lista de calorías de todo lo imaginable. Luego, las listas se hicieron más específicas: había libros diferentes para aquellos que querían contar carbohidratos y para aquellos que querían calcular las proteínas. Otros te indicaban cómo evitar las grasas en tu dieta. Luego llegaron libros que incluían listas del índice glucémico de los alimentos. Y poco después los libros mismos fueron reemplazados por incontables páginas web y aplicaciones para seguir y analizar cada bocado o cada trago. Mientras tanto, las listas de ingredientes que aparecen en las etiquetas cada vez son más largas, y eso no es un buen augurio para el consumidor.

Tenemos al alcance de la mano mucha información acerca de lo que comemos y lo que bebemos, más que en cualquier otra época de la historia; pero ¿nos ha ayudado realmente esta información? Seguimos luchando por mantener nuestro peso y nuestra salud, la diabetes está desenfrenada, estamos en mitad de una epidemia de obesidad y, según las estadísticas actualizadas de la Asociación Norteamericana del Corazón, las enfermedades cardíacas matan a casi ochocientas mil personas al año solo en los Estados Unidos.

¿Por qué ocurre todo esto?

Nosotros tenemos una respuesta. Es posible que no sea la única —ya que la salud es, en definitiva, un asunto complejo y multideterminado— pero indudablemente es *parte* de la respuesta.

Creemos que el motivo de nuestra disfunción nutricional, y sus graves consecuencias sanitarias, es que hemos aprendido las lecciones equivocadas en lo que a alimentación se refiere. Hemos extraído conclusiones incorrectas o incompletas; hemos comprendido mal lo que la ciencia nos dictaba (debido a que los medios de comunicación frecuentemente no han sido rigurosos, han publicitado en exceso o han simplificado demasiado), y hemos escuchado información errónea acerca de las dietas y de los gurús de la salud, que nos han conducido a creer cosas que, simplemente, no son verdad. A veces la desinformación es deliberada (datos que provienen de los departamentos de *márketing* de las empresas químicas), y a veces es inocente (consejos de médicos bienintencionados que, sencillamente, no saben mucho de nutrición).

En cualquier caso, gran parte de la información que nos han transmitido ha resultado ser peligrosa para nuestro bienestar. En concreto, hemos aprendido cosas equivocadas sobre los macronutrientes que forman parte de nuestra dieta diaria: carbohidratos, proteínas y grasas. Ahora es el momento de desaprender todo lo que sabes sobre la relación entre estas tres categorías de alimentos y sustituirlo por un conocimiento real que funcione y que puedas utilizar de manera práctica para que te ayude a alcanzar tus objetivos. La *fórmula de las grasas inteligentes* funcionará para ti —toda la vida— y una vez que tengas a tu disposición todas las *evidencias inteligentes*, entenderás por qué.

CARGA DE CARBOHIDRATOS

Como ya sabes a estas alturas, los distintos tipos de carbohidratos se comportan de manera diferente en el cuerpo. Los refinados, como la harina y el arroz blancos, tienen prácticamente los mismos efectos sobre la glucosa en sangre que el azúcar blanco de mesa —es decir, envían tu nivel de glucosa en sangre a una montaña rusa terrible y como consecuencia se desencadena un torrente de anomalías hormonales y metabólicas—. Sin embargo, los carbohidratos ricos en fibra, como los que proceden de las verduras frescas y las frutas bajas en azúcar, son algo totalmente diferente. Estos carbohidratos, que son los que habrías arrancado o recolectado si fueras un hombre de Neanderthal, son una bendición para la gente que quiere perder peso. Son igualmente válidos para quien quiera luchar contra la inflamación, el promotor silencioso de casi todas las enfermedades degenerativas del mundo.

Si sabemos que los carbohidratos basura provocan un descarrilamiento metabólico, ¿cómo hemos llegado al punto en el que constituyen más del 50% de nuestra dieta? Para responder a esta pregunta tenemos que hablar un poco de la historia de los Estados Unidos, de la parte que solamente conocemos los nutricionistas empollones como nosotros.

BREVE HISTORIA DE LOS DESASTRES DIETÉTICOS

La década de 1970 tuvo sus momentos bajos. Aunque no faltan candidatos para ocupar el puesto de «error»más grande de la década» —el asunto Watergate y el AMC Gremlin* vienen enseguida a la memoria—, uno de ellos tiene que ser , sin duda, el primer grupo de guías dietéticas elaborado por el gobierno de los Estados Unidos. Los «Objetivos dietéticos para los Estados Unidos», redactados por el Comité

---

* El AMC Gremlin fue un automóvil compacto de turismo fabricado por American Motors

de Selección sobre Nutrición y Necesidades Humanas, dejaba muy clara su recomendación de que los norteamericanos «aumentasen el consumo de carbohidratos hasta el 55 o 60% del total de la ingesta energética [calorías]». Esta defensa de los carbohidratos coincidió en el tiempo con la demonización sistemática de la grasa en todas sus formas dietéticas.

En realidad la campaña antigrasas había comenzado mucho antes, cuando las enfermedades cardíacas pasaron a ser rápidamente la causa principal de muerte en los Estados Unidos. Un notable y ambicioso fisiólogo llamado Ancel Keys tuvo la corazonada de que esta epidemia emergente estaba relacionada de algún modo con la dieta (resulta que tenía razón, pero no de la manera que él creía).

Keys visitaba Italia frecuentemente, y se percató de la robusta salud de los habitantes de las regiones mediterráneas, así como de su extraordinariamente baja tasa de enfermedades cardíacas. Creyó que el motivo de esto era que los italianos consumían cantidades relativamente bajas de grasas saturadas. Para apoyar esta hipótesis, reunió datos sobre la dieta y las enfermedades cardíacas de hombres residentes en seis países diferentes —Japón, Italia, Reino Unido, Canadá, Australia y los Estados Unidos— durante el período de un año (1948-1949). Como era de esperar, fue capaz de demostrar en una gráfica que cuando los hombres comían un porcentaje mayor de calorías procedente de las grasas, era más probable que muriesen de enfermedades cardíacas. En los años cincuenta presentó sus datos a la Organización Mundial de la Salud, que los recibió con un cierto escepticismo —algo que en realidad resultó estar bien fundamentado.

Uno de los muchos problemas del gráfico inicial de Keys era que los datos no provenían de un estudio científico concreto, sino que eran una selección cuidadosamente escogida de datos de varias procedencias. Existían datos de veintiséis países, pero él eligió solo seis para la gráfica. Como respuesta a la falta de entusiasmo ante sus hipótesis, diseñó un estudio real, uno de los estudios mayores y más famosos de toda la epidemiología nutricional. Se conoce como el «Estudio de los siete Países»; empezó en 1958 y duró casi veinte años. Y —no fue una sorpresa para nadie– Keys consiguió exactamente los resultados que quería. Este estudio, que se cita más a menudo que cualquier otro en la historia de la nutrición, proclamaba que las grasas saturadas son la causa raíz de las enfermedades cardíacas.

Pero no lo son.

Han salido a la luz numerosas irregularidades en el Estudio de los siete Países desde que se publicó por primera vez. Por un lado, los descubrimientos que contradecían las hipótesis de Keys se ignoraron, sencillamente (por ejemplo, la ingesta de grasas saturadas era la misma en dos islas griegas, Creta y Corfú, pero la tasa de mortalidad por enfermedades cardíacas era diecisiete veces más alta en Corfú que en Creta; esa diferencia no podía explicarse por la ingesta de grasas saturadas). Por otro lado, las hipótesis alternativas no se consideraron: ¿podría haber algún otro factor, además de las grasas saturadas, implicado en las diferencias en la tasa de mortalidad por enfermedades cardíacas? Keys descartó cualquier alternativa a su teoría «la grasa provoca las enfermedades cardíacas», porque estaba convencido de que esta era correcta.

Y eso es una sentencia de muerte para la ciencia real y objetiva.

Aproximadamente al mismo tiempo en que Keys promocionaba su teoría, el médico e investigador británico John Yudkin se preguntaba también sobre el incremento de las enfermedades cardíacas en los países del primer mundo; pero Yudkin señaló a un culpable diferente. En una serie de artículos, indicó que el consumo de azúcar tenía una relación mucho más estrecha con la mortalidad por enfermedades cardíacas que las denostadas grasas. Sin embargo, Keys ignoró esos hechos inconvenientes y se dedicó a atacar a Yudkin en la prensa cada vez que tenía oportunidad. Finalmente, como miembro influyente del comité asesor de nutrición de la Asociación Norteamericana del Corazón, Keys consiguió que sus teorías fuesen oficialmente incorporadas a la guía dietética de esa misma asociación en 1961. Durante decenios, la Asociación Norteamericana del Corazón ha ejercido su poderosa influencia sobre las recomendaciones sanitarias gubernamentales con respecto a las enfermedades cardíacas, el colesterol y el consumo de grasas.

El mensaje de que *comer grasa te hace engordar* —y te conduce a un camino sin retorno hacia las enfermedades cardíacas— se extendió entre la población norteamericana, y la idea de que la grasa es «perjudicial» se ha convertido nada menos que en un meme cultural.

Lo interesante es que antes de Keys y el Estudio de los siete Países, la medicina tradicional tenía una visión muy distinta sobre el papel de las grasas en la dieta. Antes de que sus teorías arraigasen, la mayoría de los médicos sabía que la causa de la obesidad eran el azúcar y el almidón, no la grasa dietética. William Osler, conocido como el padre de la medicina moderna en Norteamérica, en su obra *The Principles and Practice of Medicine*, publicada en 1892, ya indicaba que para evitar la obesidad era imprescindible reducir la ingesta de azúcares y almidones. El doctor Richard Mackarness, que dirigió la primera clínica de obesidad y alergias alimentarias de Gran Bretaña, escribió en 1958, en su libro *Eat Fat and Grow Slim*, que los carbohidratos son los culpables del aumento de peso.

Pero lo que consiguió atraer la atención de todo el mundo fue un suceso mediático: el presidente Dwight D. Eisenhower sufrió un ataque cardíaco en 1955. A partir de ese momento se despertó un interés enorme sobre lo que llegaría a ser conocido como el asesino número uno de hombres *y* mujeres: las enfermedades cardíacas. El ataque padecido por Eisenhower hizo que el peligro fuese real para mucha gente, y los norteamericanos querían respuestas acerca de esta nueva amenaza para su salud. Y las querían *ahora mismo*. El gobierno se sintió presionado y se vio obligado a elaborar recomendaciones dietéticas; en esa coyuntura, no procedía esperar a que la ciencia obtuviera resultados concluyentes.

Frente a una presión así, el gobierno y numerosas organizaciones sanitarias y clínicas se alinearon con las recomendaciones de la Asociación Norteamericana del Corazón, que seguían las teorías de Keys. Los norteamericanos, que querían saber qué podían hacer para vencer a este asesino, recibieron su respuesta oficial: evitar las grasas y comer muchos «carbohidratos complejos».

Desgraciadamente, esa respuesta era errónea.

Ahora sabemos que las conclusiones a las que llegó Keys eran incorrectas; pero el mensaje general cuajó: la revolución antigrasas había estallado, y la dieta y el estilo de vida bajos en grasas arraigaron, lo que al final dio como resultado una epidemia de obesidad, de enfermedades y de envejecimiento acelerado que nos tiene a su merced todavía hoy.

Te habrás dado cuenta de que de repente estamos hablando de grasas, aunque empezamos concentrándonos en los carbohidratos. Eso es porque no se puede hablar del daño que pueden causar los carbohidratos refinados sin hablar del papel que desempeña la grasa dietética. En definitiva, solamente existen tres macronutrientes: proteínas, grasas y carbohidratos. Si comes menos cantidad de uno de ellos, acabas por comer más cantidad de los otros dos. En nuestro caso, hemos eliminado de nuestras dietas las beneficiosas grasas y las hemos sustituido por el peor tipo de carbohidratos, sobre todo los que vienen en caja. Y lo hemos venido haciendo durante más de cuarenta años, todo en nombre de la buena salud.

Quitar la grasa de nuestras dietas no es lo único que hemos hecho colectivamente para elevar el riesgo de contraer enfermedades cardíacas y elevar la tasa de obesidad. Por ejemplo, fumar era antes un comportamiento generalmente aceptado. De hecho, la emergente epidemia de enfermedades cardíacas tuvo lugar en una época en la que los *médicos* respaldaban habitualmente los cigarrillos («¡Los médicos fuman Camel más que cualquier otra marca de cigarrillos!» era una de las frases comerciales). Mientras nosotros íbamos echando humo por ahí, los productores de alimentos empezaban a añadir algo bastante mortal a nuestras dietas: las grasas trans.

A mediados del siglo XX, el «tren Crisco»* iba a toda marcha, y los cocineros domésticos, los productores de la industria alimentaria e incluso la Asociación Norteamericana del Corazón acogían el uso de grasas tontas manipuladas, como la margarina y los aceites «vegetales»

---

* *Crisco* es la marca de una grasa alimentaria muy popular en los Estados Unidos. Fue introducida en el mercado por Procter & Gamble y fue la primera elaborada completamente con aceite vegetal hidrogenado.

hidrogenados (y parcialmente hidrogenados). Para los cocineros domésticos y quienes seguían una dieta intentando hacer las cosas correctamente, esas grasas artificiales parecían la respuesta, porque se presentaban cada vez más como alternativas saludables a las grasas saturadas animales como la mantequilla y la manteca. Las grasas trans permitían a las grandes empresas alimentarias la producción en masa de artículos precocinados de larga duración para llenar las estanterías de las tiendas, y los tentempiés, los platos preparados y la comida rápida se convirtieron en sectores de negocio que fueron creciendo rápidamente en los Estados Unidos de posguerra. Las grasas trans llegaron al lugar adecuado en el momento adecuado.

Lo mismo ocurrió con el sirope de maíz alto en fructosa. Aunque se podría argumentar que no es peor que el azúcar corriente, resulta tremendamente más barato. Los fabricantes de alimentos empezaron a añadírselo a prácticamente todos sus productos, en parte para compensar lo mal que sabían cuando se les retiraba la grasa. La amplia disponibilidad y ubicuidad del sirope de maíz rico en fructosa es responsable parcialmente del hecho de que entre la década de los cincuenta y el año 2000, el consumo per cápita de los edulcorantes calóricos aumentara un 39% el ya enorme promedio de 69 kilogramos por persona y año.

Y no olvidemos otro factor decisivo. Mientras ocurría todo esto —la expulsión de las grasas de nuestras dietas, un aumento en nuestra ingesta de carbohidratos procesados y nuestra confianza en grasas tontas como la margarina— nos volvíamos físicamente menos activos. Tras la Segunda Guerra Mundial, nos convertimos rápidamente en una cultura de automóviles y dejamos de ir a pie. Pasamos de trabajar la tierra a trabajar el teléfono. Los niños no acudían a la escuela en bicicleta o andando, ya tenían quien los llevara. Las aceras se sacrificaron para crear calzadas más amplias que acomodasen más automóviles. Teníamos montones de razones nuevas para ser sedentarios (la era dorada de la televisión, en la posguerra, fue solamente el principio de nuestra historia de amor con la pequeña pantalla). El ejercicio ya no iba incluido en nuestra vida cotidiana; en lugar de ello, teníamos que programar «entrenamientos» en nuestro calendario, ¿y quién podía sacar tiempo para eso?

Así que ahí lo tienes. Empezamos a reducir la grasa dietética natural para evitar las enfermedades cardíacas, aunque las evidencias de por entonces no mostraban conexión alguna entre las grasas de la dieta —ni siquiera las *saturadas*— y esas enfermedades. Simultáneamente, aumentamos nuestro consumo de grasas trans tóxicas y de carbohidratos refinados a la vez que disminuimos nuestro nivel de actividad física. Nuestra cadena alimentaria se volvió más industrializada (y tóxica) cuando la carne de la enorme industria agropecuaria sustituyó a la del ganado alimentado con pasto y las gallinas en libertad. Antes de que las granjas-fábrica se convirtieran en la norma, era fácil comer limpio y evitar lo perjudicial.

En una sola generación, se marcharon los huevos y el bacón frescos de granja y llegaron los desayunos de cereales azucarados, las tostadas de pan blanco untadas abundantemente con margarina y, por supuesto, un vaso de dulce zumo de naranja: el desayuno «bajo en grasa» (y por lo tanto «saludable») definitivo. Desaparecieron las cenas de comida casera a base de pollo asado y verduras frescas de la huerta y se sustituyeron por carnes misteriosas cargadas de sustancias químicas, unas cuantas cucharadas de almidón y un montoncito pequeño de verduras variadas pasadas de cocción. Y entre esos desayunos y esas cenas había un descanso para el almuerzo que suponía de manera creciente otra tendencia que de inmediato se convirtió en un hábito diario para muchos millones de personas: la comida rápida, que enseguida se adueñó también de las cenas. Aquellas cenas completas y domésticas a base de pollo asado, al final se convirtieron en un cubo de piezas de pollo, un extra de maíz cremoso, bizcochitos y un litro de bebida gaseosa azucarada, comprados sin bajarte del coche.

Nuestra nueva dieta —baja en grasas y rica en carbohidratos refinados, que tenía el objetivo de rescatarnos de las enfermedades cardíacas— en realidad nos estaba matando. Veamos por qué.

El advenimiento de la peste: el ascenso del síndrome metabólico

Si tu objetivo es perder peso, tendrás éxito si aplicas la *fórmula de las grasas inteligentes*; pero esa pérdida de peso es solamente un efecto secundario maravilloso de algo mucho más beneficioso: una protección contra lo que llamamos la peste negra del siglo XXI: el síndrome metabólico.

El síndrome metabólico, que en nuestra opinión es la causa principal de las enfermedades cardíacas, es en realidad una colección de factores de riesgo para este tipo de enfermedades y para la diabetes (de hecho, también es conocido como síndrome X, prediabetes o, más recientemente, «diabesidad»). La gente que sufre el síndrome metabólico presenta el doble de probabilidades de morir de enfermedades cardíacas —y tres veces más de tener un ataque cardíaco o una apoplejía— que la gente que no lo sufre. Los pacientes tienen un riesgo cinco veces mayor de que se les desarrolle una diabetes tipo 2, y hasta un 80% de los doscientos millones de personas que padecen diabetes en el mundo al final morirá de una enfermedad cardiovascular. El síndrome metabólico es algo grave; tanto es así que la Federación Internacional de la Diabetes lo considera una «bomba de relojería global». Desde la perspectiva de la atención sanitaria, nos gastamos un 500% más dinero en atención médica para los pacientes con síndrome metabólico que para la gente que no lo padece.

¿Qué es en realidad el síndrome metabólico? Se trata de un grupo de factores de riesgo que cuando confluyen aumentan enormemente el riesgo de que se desarrollen enfermedades cardíacas, obesidad y diabetes. Lo que lo hace más traicionero es que muchos de esos factores de riesgo no presentan síntomas, al menos no hasta que el daño ya está hecho.

Según la Asociación Norteamericana del Corazón, si sufres tres o más de estos problemas, tienes el síndrome metabólico. (Y según nuestros patrones, presentar siquiera uno o dos de ellos se traduce en un envejecimiento acelerado). Enseguida hablaremos más detalladamente sobre estos problemas, pero si tienes aunque sea solamente uno de ellos estás en camino de desarrollar otro... y luego otro... y luego otro. Se calcula que el 30% de todos los adultos y el 50% de los que fueron niños en la explosión demográfica que se produjo tras la Segunda Guerra Mundial sufren el síndrome metabólico. Nosotros calculamos que dos de cada tres personas —incluso las que parecen estar sanas— andan por ahí con alguna combinación de estos mortales factores de riesgo:

- Aumento de la cintura (para los hombres, más de 1 m; para las mujeres, más de 90 cm).
- Presión sanguínea alta (por encima de 130/85 mm Hg).
- Triglicéridos altos (por encima de 150 mg/dL).
- Colesterol HDL bajo (por debajo de 40 mg/dL en los hombres y por debajo de 50 mg/dL en las mujeres).
- Inflamación (medida por una alta tasa de proteína C-reactiva).*
- Nivel de azúcar en sangre elevado en ayunas (por encima de 100 mg/dL). (Nota: sorprendentemente, los niveles altos de azúcar en sangre son la última señal que aparece, aunque al síndrome metabólico con frecuencia se lo llame prediabetes. Lo que asusta es saber que mucha gente que sufre el síndrome metabólico morirá por su causa *antes* de que se eleven sus niveles de azúcar en sangre).

La idea que debes extraer de todo esto es que cada uno de esos factores *aumenta el riesgo de enfermedad y de envejecimiento acelerado*. Y todos ellos están directamente relacionados con la ingesta excesiva de carbohidratos refinados. Empecemos con los triglicéridos, la forma principal de grasa en la dieta y en el cuerpo. Las dietas altas en carbohidratos refinados aumentan enormemente la probabilidad de que el nivel de azúcar en sangre esté por encima de lo aconsejable, y cuando eso ocurre casi siempre acabamos con altos niveles de triglicéridos

---

* La medicina convencional no incluye la inflamación como uno de los marcadores del síndrome metabólico, pero nosotros creemos que es de importancia clínica y merece que se lo incluya como uno de los factores de riesgo.

(los exámenes convencionales de laboratorio consideran triglicéridos «altos» todo lo que esté por encima de los 150 mg/dL, pero nosotros creemos que cualquier tasa que supere los 100 mg/dL es demasiado elevada). Si tienes los triglicéridos altos, presentas un mayor riesgo de crecimiento de la placa arterial. Comer carbohidratos refinados es la manera más segura de elevar los triglicéridos, mientras que una dieta baja en carbohidratos refinados es la manera más segura de que bajen.

El colesterol HDL es el bueno de la película, el jefe del equipo de limpieza, el «recogedor de basura» que viaja por el torrente sanguíneo y va recolectando todos los restos inútiles del colesterol LDL dañado. Lo ideal es que los niveles de HDL estén altos, no bajos, por encima de los 50 mg/dL en los hombres y de 60 mg/dL en las mujeres.

Pero en la historia del colesterol hay mucho más que la antigua división entre colesterol «bueno» (HDL) y colesterol «malo» (LDL). Ahora sabemos que existen diferentes tipos de ambos: por ejemplo, el HDL-2 y el HDL-3, el LDL, el LDL-a y el LDL-b, que no funcionan en el cuerpo de la misma manera. Más importante que la tasa de colesterol general es el tamaño de las moléculas, independientemente de si se encuentran en el colesterol HDL o en el LDL. En general, las moléculas grandes y esponjosas del colesterol no hacen daño alguno, mientras que las pequeñas y densas sí lo hacen. Una dieta rica en carbohidratos refinados y grasas perjudiciales elevará el número de las partículas de colesterol pequeñas, densas y atrogénicas (que forman las placas arteriales) y disminuirá la cantidad de las grandes y esponjosas. Una dieta pobre en azúcar y carbohidratos refinados tiene exactamente el efecto contrario.

Dicho sencillamente, los factores de riesgo del síndrome metabólico están relacionados con la dieta. Consumir demasiados carbohidratos y grasas perjudiciales prepara el terreno para esta peligrosa constelación de factores, pero afortunadamente, debido a su combinación de grasas, proteínas y fibra (los carbohidratos *correctos*), la *fórmula de las grasas inteligentes* es un potente protector contra todas ellas.

Un dato que debe conocerse: la proporción entre triglicéridos y colesterol HDL

La proporción entre los triglicéridos y el colesterol HDL es un indicador excelente de la salud del corazón. También es un gran marcador de la resistencia a la insulina (o de su opuesto, la sensibilidad a la insulina). Es mejor que esa proporción sea baja: 2 o menos es maravilloso. Cuando está alta es momento de empezar a preocuparse, o mejor aún, es momento de actuar. (Encontrarás estos datos en los resultados de tus exámenes de sangre rutinarios, o puedes calcular la proporción tú mismo; ve a nuestra página web www.SmartFat.com, donde encontrarás las instrucciones, o pídelas en tu centro de atención sanitaria).

Puedes rebajar fácilmente los triglicéridos (factor de riesgo para las enfermedades cardíacas) si sigues el plan de treinta días de la *fórmula de las grasas inteligentes* (ver el capítulo 6), que mejorará inmediatamente la proporción entre triglicéridos y HDL.

EL ENIGMA DE LOS CARBOHIDRATOS: POR QUÉ ES FÁCIL ELEGIR LOS INCORRECTOS

Resulta sencillo localizar los carbohidratos basura, sin embargo es mucho más complicado localizar la basura disfrazada de alimentos saludables. Como ya hemos dicho, ciertos alimentos que contienen carbohidratos se consideran saludables, como los panecillos de harina integral, pero esto es una «falsa verdad». ¿Acaso simplemente porque algo esté hecho de cereales integrales ya es saludable? ¿Quieres una respuesta corta?: no.

También existen ciertos alimentos con un alto contenido en carbohidratos que indudablemente *no* son basura. Hablamos de las frutas y verduras, que son ricas en fibra y en nutrientes, y, como sabes, la fibra es un elemento fundamental en la *fórmula de las grasas inteligentes*. Las frutas y las verduras son saludables fuentes de fibra, pero estas dos categorías de alimentos vegetales, que con frecuencia son considerados como igualmente beneficiosos, pueden afectar al cuerpo de maneras muy diferentes.

Vamos a echar un vistazo más de cerca a ciertos carbohidratos que provocan confusión. La primera categoría, los cereales, requieren un examen más profundo antes de que lleguen a nuestros platos.

Cereales «integrales» y medias verdades

En la guerra contra las enfermedades cardíacas (y, por extensión, la guerra contra el síndrome metabólico), los dictadores de la dieta aconsejan el uso de su arma favorita: los «sanos» cereales integrales. Esta tendencia empezó hace muchos decenios, cuando el pan integral comenzó a sustituir al blanco en las cocinas de todos los Estados Unidos. Un panecillo de color marrón con unos pocos copos de avena espolvoreados por encima era una alternativa «saludable». Los cereales integrales, incluso si estaban cubiertos de azúcar añadido, podían verse en los cuencos del desayuno todas las mañanas (desgraciadamente, todavía sucede lo mismo). Las grandes empresas alimentarias ahora nos ofrecen pasillos y pasillos de «alternativas» a los cereales blanqueados: una amplia colección de galletas y panecillos «integrales». Luego añadieron a esa mezcla los «multicereales», que de alguna manera parecían hasta más sanos, aunque, de hecho, el 80% de los alimentos multicereales se elaboran en gran parte con harina blanca y los únicos cereales que tienen son ese puñadito que los cubre. A fin de cuentas, ¿son todos esos alimentos realmente mejores que los mismos productos hechos con harina blanca? En realidad, no; no lo son.

La harina integral contiene más nutrientes y más fibra que la blanca, pero tiene el mismo efecto sobre tu azúcar en sangre: la eleva de forma muy rápida. Originalmente, todos los cereales fueron integrales; pero una vez que se muele el cereal y se convierte en harina, se comporta en tu cuerpo de modo muy parecido al azúcar blanco de mesa.

Si crees todavía que las galletas saladas integrales son una alternativa mejor que las corrientes, no tienes más que mirar de cerca la lista de ingredientes. Puede ser que figure en ella cierta variedad de cereal «integral», pero tanto si es una galleta salada como una rebanada de pan, o pasta, también contiene cierta forma de cereales «molidos», o

La verdad y nada más que la verdad de los (cereales) integrales

Los cereales pueden ser problemáticos, sobre todo el trigo. Ahora ya sabes que la mayoría de ellos, incluso los integrales, pueden activar fluctuaciones en el azúcar en sangre y las anomalías metabólicas asociadas con ellas. Existe también el problema del gluten (ver el capítulo 7) para el 20% de la población que no puede tolerarlo.

Sin embargo, ciertos cereales son alimentos ricos en nutrientes que puede disfrutar cualquiera que no tenga problemas con el gluten, y aquellos a quienes no les afecten los cambios en el nivel de azúcar en sangre:

- Avena cortada.
- Quinoa (en realidad es una semilla, pero parece un cereal y se cocina como tal).
- Arroz salvaje.
- Arroz integral.

Date cuenta de que el arroz blanco no ha pasado el corte, ya que se convierte rápidamente en azúcar y no proporciona nutrientes. Tampoco hemos incluido la cebada, que aunque es un cereal de bajo índice glucémico, contiene gluten, lo que es problemático para quien quiera evitarlo. La polenta es un alimento cada vez más popular, pero se prepara con maíz, que tiene un alto índice glucémico.

Una posibilidad para hacer más lenta la carga de azúcar que tienen los cereales es combinarlos con otros ingredientes, incluso con grasas inteligentes. Por ejemplo, en lugar de comer solo quinoa o arroz salvaje, haz una ensalada o guarnición mezclando los cereales con verduras crudas o salteadas, cubiertas con algunas nueces tostadas y un poco de queso de cabra desmenuzado. Haz de esto parte de una comida que incluya una ración de proteína limpia y cambiarás por completo el efecto que la ingesta de cereales tiene sobre tu cuerpo (y lo notarás por dentro y por fuera).

quizá de harina «enriquecida». Eso tiene que sentarle a uno bien, ¿verdad? ¡Después de todo, está enriquecido con vitaminas!

Bueno, espera un momento. Para empezar, ¿por qué tienen que enriquecer ese pan? Porque cuando muelen los granos del cereal (sea biológico, o no) para preparar la harina, eliminan de ella cualquier cosa que *podría* haberte sentado bien. Al procesar el cereal hasta convertirlo en una harina adecuada para esa barra de pan, esos cereales para el desayuno, esa galleta salada o esa pasta, descartan el germen (porque contiene un aceite que se pondría rancio) y el salvado (y ahí va la fibra) y luego acaban con lo que quedaba de endosperma, así que, básicamente, lo que hacen es despojar a este alimento vegetal de cualquier valor nutricional. Una vez molidos y ya no integrales, sino refinados y completamente arruinados, los cereales se convierten en harina blanca inútil (y dañina), calorías vacías que no merece la pena comer. El hecho es que los productos «integrales» comercialmente fabricados contienen por lo general cierta cantidad de esa harina.

Nos han dicho que lo que debemos hacer es comer cereales integrales, que son uno de los pilares de la forma de comer baja en grasas y rica en carbohidratos, y a menudo son considerados fuentes ideales de fibra. Pero lo cierto es que, a menos que procedan de un campo de trigo biológico, no estarás comiendo cereales integrales 100%. Hay formas más sanas, sabrosas y versátiles de aumentar la fibra de tu dieta (te hablaremos de eso en el capítulo siguiente). No te creas la mentira de los cereales integrales.

Recuerda que cuando el cereal se vuelve harina —blanca o integral— actúa en tu cuerpo como cualquier carbohidrato refinado, provocando ese pico inflamatorio en tu nivel de azúcar en sangre. Tanto si te comes una tortita integral como una rebanada de pan blanco, el resultado es el mismo: malo.

Frutas y verduras

Tanto a las frutas como a las verduras se las considera carbohidratos «buenos» y se las ha tratado como socios igualitarios durante muchos decenios; pero, en realidad, sus efectos sobre el organismo pueden ser muy diferentes, sobre todo cuando están procesadas.

Hace algunos años, el Departamento de Agricultura de los Estados Unidos cambió la, en su día, tan cacareada «pirámide alimentaria» por un gráfico de un plato de comida. Una de las mitades de dicho plato aparece cubierta de frutas y verduras (por cierto, las verduras ocupan un poco más de espacio, pero no mucho). Asimismo, sus guías dietéticas del año 2010 indicaban de manera general «cinco raciones al día» de frutas y verduras, metiendo de nuevo las dos categorías en el mismo saco.

«¡Come más! ¡Llena la mitad de tu plato de frutas y verduras!» fue el eslogan oficial para la campaña «Frutas y verduras: la cantidad importa» que se lanzó en combinación con el nuevo gráfico, llamado «mi plato». (Nota: esta campaña fue, y todavía lo es, respaldada en su mayor parte por las tiendas de alimentación, por los cultivadores y distribuidores y por otras empresas que tienen intereses creados en elevar las ventas de verdura fresca. Esto puede explicar también por qué el zumo de frutas «cuenta» como fruta en cierta bibliografía).

Ahora bien, probablemente hayas sabido desde niño que estas dos categorías de alimentos son diferentes. Pregúntate qué te gustaban más, las uvas o las judías verdes. Probablemente preferías las uvas, y por una razón muy comprensible: son más dulces.

La mayoría de las verduras tiene un efecto insignificante sobre el nivel de azúcar en sangre; algunas, como el brécol, en realidad no tienen *ninguno*. Por eso, desde nuestro punto de vista, son un alimento *ilimitado* (las excepciones serían las hortalizas con mucho almidón, como las patatas, que se convierte rápidamente en azúcar). Las que no contienen almidón (e incluso unas cuantas que sí lo contienen, como los guisantes) son ricas en fibra y nutrientes, así que disfrútalas.

Sin embargo, las frutas, de dulce sabor, tienen un efecto sobre los niveles de glucosa en sangre mucho mayor que el de las verduras debido a su contenido natural de azúcar. Existen también algunas diferencias calóricas significativas entre, por ejemplo, una taza de col rizada y una de mango, si es que te preocupan las calorías. Por estas razones te pedimos que tengas cuidado con las frutas y verduras que consumes.

Estas son algunas de nuestras frutas (bajas en azúcar) preferidas:

- Frutas del bosque (fresas, moras, arándanos, frambuesas).
- Pomelo.

- Manzana.
- Sandía.
- Cereza.
- Pera.
- Kiwi.
- Melocotón.
- Melón cantalupo.
- Naranja.

Algunas frutas, como las desecadas, los plátanos maduros y la papaya, tienen niveles muy concentrados de azúcares, así que te pedimos que las evites por completo —y por supuesto, nos referimos también al zumo— (para saber más sobre por qué pensamos que es hora de romper el hábito del zumo de fruta en el desayuno, ver el capítulo 7). Están bien para darse un capricho ocasional, pero date cuenta de que pueden provocar un pico en el azúcar en sangre de la misma manera que un caramelo, aunque, por supuesto, ofrecen nutrientes que los caramelos no contienen. Si intentas liberarte de la resistencia a la insulina y a la leptina, evítalas. En su lugar, elige frutas de la lista que te acabamos de mostrar para conseguir más fibra y más nutrientes, ¡y no te olvides de comerte las verduras!

Teniendo todo esto en cuenta, ¿cuál es el veredicto definitivo en lo referente a las frutas y a los cereales integrales? Indudablemente, no decimos que no debes comerlos nunca. Por ejemplo, la mayoría de las frutas, en su estado íntegro y sin procesar, son alimentos maravillosos; el problema es que no hay manera de evitar el hecho de que la fruta en alguna de sus formas (como el zumo) y la mayoría de los cereales se comportan en tu cuerpo exactamente como los alimentos ricos en carbohidratos que son y, por tanto, elevan los niveles de azúcar en sangre y desencadenan el vals metabólico que a estas alturas conoces ya muy bien.

Sin embargo, existe un método infalible para evitar la confusión en lo que se refiere a los carbohidratos, que te permitirá diferenciar los beneficiosos de los perjudiciales. La clave para evitar el síndrome metabólico es elegir alimentos que no alteren los niveles de azúcar en sangre.

Una precaución muy inteligente: fijarte en la carga glucémica antes de elegir los carbohidratos

El índice glucémico es una variable que nos indica cuánto y cómo de rápido sube el nivel de azúcar en sangre después de ingerir un alimento; pero no es tan importante como una medida mucho menos conocida llamada *carga glucémica*.

Vamos a revisar lo que afirmamos antes con respecto al azúcar en sangre y la insulina, y comprenderás la trascendencia de la carga glucémica para tu salud.

Cuando comemos cualquier alimento, sobre todo los carbohidratos y hasta cierto punto las proteínas, nuestro azúcar en sangre se eleva (apenas lo hace cuando comemos grasas). Como respuesta, nuestro páncreas segrega la hormona insulina, que extrae el exceso de azúcar del torrente sanguíneo y lo lleva hacia las células donde, si todo funciona como es debido, se puede utilizar como combustible. El azúcar en sangre (y la insulina) bajan poco a poco a los niveles que tenían antes de que comiésemos algo, y unas pocas horas después, cuando volvemos a comer, nuestros cuerpos repiten el proceso.

Cuando comemos demasiados carbohidratos ricos en azúcar, lo que hacemos es elevar nuestra glucosa en sangre a la estratosfera. El páncreas envía cantidades cada vez mayores de insulina en un intento de rebajar ese pico. Desgraciadamente, si somos sedentarios (como lo somos demasiados de nosotros), nuestras células musculares ignoran la llamada de la insulina. Esta llama a las puertas de las células de la pared muscular, y las células dicen: «Lo lamentamos, no necesitamos azúcar como combustible porque nuestro chico se va a sentar ante el ordenador todo el día (otra vez), así que marchaos a otro lado». De manera que el azúcar acaba acudiendo a las células grasas, que parecen mucho más acogedoras. Mientras tanto, la glucosa en sangre y la insulina se han elevado, y ese es el paso previo para la hipertensión, el almacenamiento de grasa, el hambre y los cambios de humor que se dan cuando el nivel de azúcar cae finalmente, lo que no constituye la mejor de las situaciones (si quieres revisar este proceso en detalle, mira el capítulo 2, en el que hablamos de la insulina, el cortisol y la leptina).

ÍNDICE GLUCÉMICO CONTRA CARGA GLUCÉMICA

Para medir el efecto que tienen los alimentos sobre el nivel de azúcar en sangre, los científicos idearon un nuevo indicador al que denominaron índice glucémico. Este dato se puede encontrar fácilmente *online* –las tablas de índice glucémico están casi tan extendidas como las de calorías–. Utilizando la glucosa pura (índice glucémico = 100) como referencia, comprobaron raciones de 50 g de carbohidratos digeribles y midieron lo rápido y lo alto que el azúcar en sangre se elevaba como reacción a ellos. Al ingerir alimentos con un índice glucémico bajo, presuntamente se podría evitar la montaña rusa del azúcar en sangre. (Los fabricantes de alimentos se han abalanzado sobre el índice como estrategia de *marketing*, y lo marcan en algunos de sus productos empaquetados con un sello de aspecto artificial que proclama «BAJO I. G.»; pero con frecuencia representan erróneamente el efecto que el alimento tendrá en la sangre. Sigue leyendo).

Existen dos grandes problemas al utilizar el índice glucémico como guía para comer. El primero es que el índice está concebido para medir lo rápido y lo alto que sube el azúcar en sangre como respuesta a una cantidad fija (50 g) de carbohidratos. En lo que respecta al azúcar en sangre, el tamaño de las raciones es muy importante. Vamos a observar dos alimentos que ilustran bien esta idea: los espaguetis, que se consideran un alimento de índice glucémico «moderado», y las zanahorias, que se consideran de índice glucémico «alto».

Es posible que el índice glucémico de los espaguetis sea «moderado», pero nadie come solamente 50 g de espaguetis. ¿Por qué? Muy sencillo: porque, cocidos, eso es solamente una taza. Eso no es mucha cantidad, y pocos comensales toman una única taza de espaguetis y se quedan satisfechos. Es probable que una persona coma algo así como dos tazas (y por lo general, mucho más), lo que, como mínimo, duplica el índice. Una ración de espaguetis del mundo real no es «moderada» en absoluto en lo que se refiere al azúcar en sangre. En cuanto a las zanahorias, 50 g de fibra equivalen a nueve zanahorias grandes. ¿Te has comido alguna vez nueve zanahorias de una sentada? ¿Quieres intentarlo? Porque eso sería lo que tendrías que hacer —y tendrías que comértelas en unos pocos minutos, como si fueses un conejo o un caballo— para disparar el azúcar en sangre a un nivel alto. Las zanahorias, que la gente ha aprendido a evitar como «malas» debido a su «alto» índice glucémico, tienen efectos glucémicos muy bajos, como lo tienen la mayoría de las verduras (incluso algunas no tienen ninguno en absoluto).

El segundo problema de utilizar el índice glucémico como parámetro es que estas medidas se basan en lo que ocurre cuando el alimento se come solo, y no con otros alimentos que podrían afectar (es decir, ralentizar) la tasa a la que sube el azúcar en sangre. Un plátano comido con mantequilla de cacahuete (grasa neutra) tiene una liberación más lenta en tu organismo que otro comido solo (y en lugar de media taza de pasta sola, cómete la misma cantidad, pero con alubias blancas y pesto, con una ración de pescado o de pollo, y tendrás un azúcar en sangre más equilibrado y una mejor experiencia culinaria).

Y EL GANADOR ES...

Para disponer de un indicador más acertado, los científicos nutricionistas calcularon otra variable que denominaron *carga glucémica* (CG), que indica qué es lo que le va a ocurrir a tu azúcar sanguíneo cuando te comas una ración real del alimento en cuestión. ¿A quién le importa cuánto sea el índice glucémico, cuando se basa en el tamaño de una ración que nada tiene que ver con la realidad? Lo que uno quiere saber es lo que una ración de la *vida real* va a provocar en el nivel de azúcar en sangre, y eso es exactamente lo que hace la CG. Por eso recomendamos que se preste atención a ella, en lugar de al índice glucémico.

La carga glucémica no está tan de moda como el índice glucémico, o quizá las tablas no sean tan exhaustivas y falten algunas categorías de alimentos, pero cada vez son más fáciles de encontrar. Te recomendamos un par de fuentes *online*:

- La Universidad de Sídney (Australia): www.glycemicindex. com/ foodSearch.php.
- Self NutritionData: http://nutritiondata.self.com/.

Hemos realizado un cuadro general con objeto de ofrecerte un marco de referencia para que conozcas los alimentos de baja, media y alta CG. Esta información no es exhaustiva (por eso recomendamos las fuentes mencionadas), pero está concebida para mostrarte que ciertas grandes categorías de alimentos (como los cereales y los productos elaborados con harina) se consideran de CG alta, mientras que otros (prácticamente todas las verduras, excepto los tomates) la tienen baja.

La CG no es el único parámetro para juzgar los alimentos, pero constituye un indicador importante a la hora de entender los carbohidratos y su relación con la grasa, la fibra y la proteína, sobre todo si se trata de perder peso.

CARGA GLUCÉMICA (CG) DE ALIMENTOS COMUNES		
Clave: 0-9 = baja CG; 10-19 = media CG; 20+ = alta CG Nota: los números pueden variar ligeramente de una referencia a otra		
ALIMENTO	TAMAÑO RACIÓN	CARGA GLUCÉMICA (por ración)
PRODUCTOS DE PANADERÍA		
Media CG		
Tortita de maíz	50 g (2 tortitas)	12
Harina para tortitas	50 g (1 tortita)	15
Pan de centeno	2 rebanadas	13
Galletas de barquillo y vainilla	6 galletas (30 g)	14
Tortas de arroz	30 g	18
Pan de Viena	30 g	12
Bollo para hamburguesa	2 rebanadas	18

CARGA GLUCÉMICA (CG) DE ALIMENTOS COMUNES

Clave: 0-9 = baja CG; 10-19 = media CG; 20+ = alta CG
Nota: los números pueden variar ligeramente de una referencia a otra

ALIMENTO	TAMAÑO RACIÓN	CARGA GLUCÉMICA (por ración)
Magdalena con glaseado de fresa	1 magdalena	19
Alta CG		
Pan integral	2 rebanadas	20
Pan de molde	2 rebanadas (60 g)	20
Donut, glaseado	1 de 10 cm de diámetro	22
Pastel de chocolate	⅙ pastel, 84 g	25
Rosca de pan blanco	1 de 9 cm de diámetro	34
BEBIDAS		
Baja CG		
Té o café sin endulzar	1 taza	0
Zumo de tomate (en lata)	1 taza	4
Leche desnatada	1 taza	9
Leche entera	1 taza	9
Leche de soja	1 taza	9
Media CG		
Zumo de manzana (sin endulzar)	1 taza	12
Gatorade	1 taza	12
Zumo de naranja (sin endulzar)	1 taza	12
Alta CG		
Zumo de arándanos embotellado	1 taza	4
Coca Cola	lata de 330 ml	25
Fanta	lata de 330 ml	35
CEREALES DESAYUNO		
Baja CG		
Avena cortada	1 taza	9
Media CG		
Avena, precocida	1 taza	13
Cheerios	1 taza	13
Sémola de maíz, cocida	1 taza	14
Avena instantánea	1 taza	16
All-Bran (Kellogg's)	1 taza	16

CARGA GLUCÉMICA (CG) DE ALIMENTOS COMUNES

Clave: 0-9 = baja CG; 10-19 = media CG; 20+ = alta CG

Nota: los números pueden variar ligeramente de una referencia a otra

ALIMENTO	TAMAÑO RACIÓN	CARGA GLUCÉMICA (por ración)
Muesli (avena, frutos secos, fruta deshidratada)	1 taza	16
Special K	1 taza	14
Alta CG		
Choco Pops	1 taza	20
Copos de maíz	1 taza	24
All Bran (Kellogg's)	1 taza	26
Granola	1 taza	37
CEREALES		
Media CG		
Cebada perlada, cocida (contiene gluten)	1 taza	11
Arroz salvaje, cocido	1 taza	16
Quinoa, hervida	1 taza	18
Espagueti, integral, cocido	1 taza	15
Alta CG		
Arroz integral, grano medio, cocido	1 taza	22
Maíz dulce	1 taza	22
Espagueti, cocido 10 min	1 taza	22
Macarrones, cocidos	1 taza	23
Macarrones con queso	1 taza	32
Arroz blanco, grano largo, cocido	1 taza	27
Arroz blanco basmati, cocción rápida	1 taza	28
Cuscús, cocido 5 min	1 taza	30
GALLETAS, TENTEMPIÉS, GALLETAS SALADAS, PATATAS FRITAS		
Baja CG		
Hummus	30 g	0
Guacamole	¼ de taza	0
Chocolate (70-85% cacao)	30 g	4
Media CG		
Palomitas de maíz	2 tazas	12
Galletas de avena	45 g	18

CARGA GLUCÉMICA (CG) DE ALIMENTOS COMUNES

Clave: 0-9 = baja CG; 10-19 = media CG; 20+ = alta CG
Nota: los números pueden variar ligeramente de una referencia a otra

ALIMENTO	TAMAÑO RACIÓN	CARGA GLUCÉ-MICA (por ración)
Galletas de jengibre	30 g	17
Barrita de granola	60 g	18
Alta CG		
Nachos, salados	1 bolsa de 90 g	35
Lazos de pan (pretzels), horneados	1 bolsa de 60 g	33
Barrita Mars	1 barrita de 60 g	27
Patatas fritas de bolsa	1 bolsa de 120 g	30
LÁCTEOS		
Media CG		
Yogur griego básico desnatado	245 g	10
Yogur con frutas, bajo en grasa	200 g	11
Alta CG		
Helado, corriente	1 taza	24
FRUTAS		
Baja CG		
Manzana	1 mediana	6
Albaricoque	1 taza	6
Aguacate	½ fruta	0
Arándanos, silvestres	1 taza	1
Arándanos, de cultivo	1 taza	4
Cereza	1 taza	4
Uva	1 taza	5
Pomelo	1 pequeño	3
Mango	1 taza (120 g)	8
Naranja	1 mediana	4
Melocotón	1 grande	5
Pera	1 mediana	5
Piña	1 taza	7
Ciruela	1 taza	5
Fresa	1 taza	3
Sandía	1 taza	4

CARGA GLUCÉMICA (CG) DE ALIMENTOS COMUNES

Clave: 0-9 = baja CG; 10-19 = media CG; 20+ = alta CG
Nota: los números pueden variar ligeramente de una referencia a otra

ALIMENTO	TAMAÑO RACIÓN	CARGA GLUCÉMICA (por ración)
Media CG		
Albaricoque, seco	¼ de taza	10
Plátano, normal (amarillo sin manchas)	1 mediana	10
Plátano, maduro (marrón con manchas)	1 mediano	16
Dátiles, secos	¼ de taza	14
Zumo de fruta	1 taza	12
Papaya	1 taza	10
Ciruela pasa	¼ de taza	14
Pasas	¼ de taza	18
LEGUMBRES		
Baja CG		
Frijoles	½ taza	7
Garbanzos	½ taza	8
Alubias blancas	½ taza	7
Alubias rojas	½ taza	7
Lentejas	½ taza	6
Vainas de soja (edamame)	½ taza	3
Media CG		
Alubias al estilo inglés en lata (baked beans)	½ taza	10
FRUTOS SECOS (tostados en seco) 30 gr = 1 puñado		
Baja CG		
Almendras	30 g	0
Anacardos, salados	30 g	3
Avellanas	30 g	0
Cacahuetes (en realidad son legumbres)	30 g	0
Nueces	30 g	0
Nueces de macadamia	30 g	0
Nueces pacanas	30 g	0

CARGA GLUCÉMICA (CG) DE ALIMENTOS COMUNES

Clave: 0-9 = baja CG; 10-19 = media CG; 20+ = alta CG
Nota: los números pueden variar ligeramente de una referencia a otra

ALIMENTO	TAMAÑO RACIÓN	CARGA GLUCÉMICA (por ración)
Pistachos	30 g	0
VERDURAS Y HORTALIZAS		
Baja CG		
Alcachofa de Jerusalén	1 taza	0
Espárrago	1 taza	3
Remolacha	1 taza	6
Col china	1 taza	0
Brécol	1 taza	0
Repollo	1 taza	0
Zanahoria	1 taza	2
Coliflor	1 taza	0
Apio	1 taza	0
Mezcla de lechuga y espinaca	1 taza	0
Guisantes, frescos o congelados	1 taza	5
Pimiento verde	1 taza	2
Pimiento rojo o amarillo	1 taza	3
Chirivía	1 taza	8
Media CG		
Boniato	1 mediano (½ taza)	10
Ensalada de patatas	1 taza	13
Patatas cocidas	1 taza	14
Puré de patatas instantáneo	1 taza	17
Alta CG		
Patata roja cocida	1 mediana (150 g)	26
PROTEÍNA ANIMAL Y GRASA INTELIGENTE		
Baja CG		
Bistec, pollo, salmón, cerdo	180 g	0
Huevos	2	0
Aceite de oliva, de nuez y de coco	1 cucharada	0
Aguacate	½ fruta	0

CARGA GLUCÉMICA (CG) DE ALIMENTOS COMUNES		
Clave: 0-9 = baja CG; 10-19 = media CG; 20+ = alta CG Nota: los números pueden variar ligeramente de una referencia a otra		
ALIMENTO	TAMAÑO RACIÓN	CARGA GLUCÉMICA (por ración)
BEBIDAS ALCOHÓLICAS		
Baja CG		
Vino, blanco o tinto	150 cl	0
Vodka	45 cl	0
Cerveza	330 cl	3

A continuación exponemos unas cuantas conclusiones que debes tener en cuenta antes de que pasemos al capítulo siguiente y pongamos en práctica toda esta información.

La mayoría de los cereales para desayuno son de CG media o alta. Tomarlos de vez en cuando no es necesariamente perjudicial, pero considera que lo que la mayoría de los norteamericanos cree que es un desayuno «saludable» consiste en cereales fríos con leche, zumo de naranja y tostada. El impacto glucémico acumulativo de un desayuno así es una CG de al menos 49,5 –que es un desastre metabólico: todos son alimentos de CG media y alta, de manera que está garantizado que elevarán demasiado tu azúcar en sangre y que volverás a estar hambriento una hora después–. Ten esto en mente: para optimizar el funcionamiento hormonal y cuidar tu salud y tu peso, lo que necesitas tomar por la mañana es una combinación de proteína, fibra, grasas inteligentes e hidratación. Lo último que debes tomar por la mañana es una gran cantidad de azúcar (una opción más recomendable es un batido de grasa inteligente o cualquiera de las ideas para desayuno que puedes encontrar en el capítulo 10).

El método de preparación es importante. Los espaguetis corrientes cocidos hasta que estén muy blandos (más de doce minutos; en los restaurantes donde no se preparan según pedido, es frecuente que hiervan durante veinte minutos y que luego reposen) tienen una CG más alta que los espaguetis integrales cocidos durante menos tiempo y servidos al dente.

La densidad también lo es. Cuando se consumen productos elaborados con harina, cuanto más densa sea la harina, tanto más baja será la CG. Por eso el pan (ligero y esponjoso) tiene una CG más alta que el arroz, y el arroz tiene una CG más alta que la pasta, que es más densa.

Todas las verduras son de CG baja. Como hemos indicado anteriormente sobre las frutas y las verduras, las frutas son estupendas y en su mayoría de CG baja (excepto los plátanos, las papayas y los zumos), pero tienen más azúcar que la hortaliza promedio (con la excepción de las patatas). Las verduras y las hortalizas no afectarán a tu nivel de azúcar en sangre, y además brindan fibra y montones de nutrientes.

Ningún cereal es de CG baja. Con la excepción de la avena cortada, los cereales son de CG de moderada a alta, así que es mejor comerlos en raciones pequeñas.

Todas las grasas inteligentes y los alimentos proteínicos son de CG baja. No hemos incluido muchas grasas y proteínas en nuestro cuadro general porque nos hemos enfocado en ayudarte a elegir bien tus carbohidratos, pero la baja CG de las grasas inteligentes las convierte en un gran complemento para el resto de tu dieta.

Esta es la lección de la ciencia: comer alimentos que tengan una CG media o alta incrementa la sobrecarga de azúcar, los picos de insulina y la resistencia a la insulina y a la leptina. Si quieres desbloquear la resistencia a la insulina y a la leptina, la forma de proceder es alejarte de los alimentos de CG media y sobre todo alta. Una vez que se normalicen las respuestas de la insulina y la leptina, podrás comer alimentos de CG media de vez en cuando, pero vigila el tamaño de la ración (y mantente alejado de los alimentos de CG alta, ¡o todo volverá a empezar de nuevo!).

Esta es la aplicación práctica de esta lección: come tan poco azúcar como te sea posible y tómatelo con calma con los alimentos que se transforman en glucosa rápidamente, como los cereales de desayuno, los panes, la pasta y demás productos elaborados con harina.

Imagina que la carga glucémica es tu «brújula de carbohidratos» personal, un modo de hacer elecciones juiciosas de manera que la *fórmula de las grasas inteligentes* funcione más eficazmente.

SEGUNDA PARTE

Comidas inteligentes

Capítulo 5

LA FÓRMULA DE
LAS GRASAS INTELIGENTES

Sabemos que buscas un cambio —y no solamente un arreglo temporal de unas pocas semanas o meses, o un simple plan de treinta días, en dos fases, como el que encontrarás en el capítulo siguiente—, un cambio grande, duradero y positivo hacia la salud para toda la vida, además de cumplir con tus objetivos de pérdida de peso y de sentirte más sano y más fuerte que nunca. Es hora de encontrar la *fórmula de las grasas inteligentes* más adecuada para ti y de empezar a aplicarla.

Ya conoces las razones por las que somos partidarios de las grasas inteligentes, las proteínas y la fibra. Te hemos proporcionado las bases científicas que apoyan nuestro mensaje (y si deseas conocer más datos, visita nuestra página web, www.SmartFat.com, allí podrás ver las últimas noticias al respecto y los estudios más recientes). Ahora toca convertir todos esos conocimientos en consejos prácticos acerca de cómo comer cada día.

Pero antes de que nos metamos de lleno en menús, recetas y consejos, queremos darte a conocer la base de la *fórmula de las grasas inteligentes*, porque en definitiva ese es el sencillo patrón que deberás aplicar para comer inteligentemente el resto de tu vida, una vez que completes el plan de treinta días, sin necesidad de recetas ni plan de comidas, estés donde estés o te enfrentes a lo que te enfrentes a la hora de comer.

Qué comer cada día durante el resto de tu vida: 5-5-10

No te hace falta saber cuántas calorías hay en una taza de frutas del bosque, ni cuántos gramos de azúcar hay en una cucharadita (cuatro, por si sientes curiosidad). Todo lo que tienes que recordar son tres números: 5, 5 y 10:

- Cinco (5) raciones de grasas inteligentes al día.
- Cinco (5) raciones de proteínas limpias al día.
- Diez (10) raciones de fibra al día.

No tienes por qué crear un «plato perfecto» con cantidades minuciosamente equilibradas de grasas, proteínas y fibra cada vez que te sientes a comer o te comas un tentempié. Recuerda solamente las 5-5-10 raciones como mínimo: ese ha de ser el patrón, o la plantilla, para tu dieta diaria. Patrón que puedes aplicar fácilmente cada día, respetando tus deseos y necesidades. Nuestro plan de treinta días y nuestras recetas te ayudarán a cumplir tu objetivo en un principio, pero cuando estés preparado para *quitarle los ruedines a tu bici* y preparar tus propios alimentos inteligentes por ti mismo, querrás que el patrón 5-5-10 te salga sin pensar, de manera automática, y, con un poco de práctica, lo conseguirás.

Elegir tus alimentos: qué esperar de un día 5-5-10

De cara a extraer lo mejor de la *fórmula de las grasas inteligentes*, sobre todo para la pérdida de peso, sigue el plan de treinta días del capítulo 6, que se ha concebido para ayudarte a comer según el patrón 5-5-10 todos los días. No es que *tengas* que salirte del plan después del día 30 —como explicaremos en el capítulo 7— podrás mantenerlo indefinidamente, pero al final querrás preparar tus propias comidas y tentempiés inteligentes sin tener que ceñirte a él.

La lista que te ofrecemos más adelante te dará una idea de cómo pueden ser tus desayunos, almuerzos, cenas y tentempiés. No tendrás que recordar porcentajes, ni contar calorías, ni aprender de memoria gramos de carbohidratos, ni nada parecido. *Piensa solamente 5-5-10.*

Medida inteligente: aprende a calcular (aunque ya lo hemos hecho por ti)

No queremos que saques la calculadora cada vez que tengas hambre, pero, como te habrás dado cuenta, en este libro abundan las referencias a «la cantidad correcta» de ciertos alimentos, y es probable que te preguntes cuáles son exactamente esas cantidades. Responderemos a eso con cantidades concretas en los cuadros y listas que siguen y te dirigiremos hacia otras fuentes que tienen esa información (¡y probablemente te convertirás en un experto lector de las etiquetas de la información nutricional!).

Los gramos (g) son la unidad estándar de medida en la mayoría de las etiquetas de información nutricional (por ejemplo: «grasas: 4 g; carbohidratos: 22 g; proteínas: 10 g»).

GRASAS INTELIGENTES: ELIGE CINCO (5) AL DÍA

Consume como mínimo cinco raciones de grasa inteligente al día. Puedes distribuirlas como quieras. Por ejemplo, puedes consumir una o dos por comida, y si comes tentempiés dos veces al día, que sea una en cada uno; o bien emplea unas cuantas grasas inteligentes en cada comida y no las incorpores a tus tentempiés. Sea como sea lo que elijas hacer, *consume un mínimo de cinco raciones al día de grasas inteligentes, y un máximo de diez* —aunque si intentas perder peso, te recomendamos que no consumas más de siete raciones de grasas inteligentes o neutras al día—; eso te ayudará a mantener la ingesta de calorías a un nivel coherente con la pérdida de peso.

A diferencia de lo que ocurre con las proteínas y la fibra, como verás, en lo que respecta a las grasas inteligentes, no debes cubrir una cantidad concreta en gramos, aunque a continuación la incluimos como referencia. Pero es solo como referencia; piensa en la ingesta de grasas inteligentes como raciones, no como gramos.

- ½ aguacate (14 g).
- 1 puñado de frutos secos (30 g). Nuestros preferidos son las almendras (14 g), los pistachos (13 g), las nueces pacanas (20 g), las nueces (18 g), las avellanas (17 g) y las nueces de macadamia (15 g).
- 1 cucharada de aceite de cualquiera de los frutos secos mencionados (aproximadamente 14 g).*
- 1 cucharada de aceite de oliva virgen o virgen extra (14 g).
- 1 cucharada de aceite de coco (14 g).
- 1 cucharada de aceite MCT (14 g).
- 2 huevos grandes completos biológicos, de gallinas criadas en libertad (10 g).
- 2 huevos extragrandes completos biológicos, de gallinas criadas en libertad (12 g).
- 170-225 g de pescado graso, como el salmón pescado en libertad, las sardinas o los arenques (10 g).
- 1 onza de chocolate negro con al menos el 70% de cacao (12 g).

También puedes utilizar otras grasas neutras con moderación, como la mantequilla de vacas criadas con pasto, e incluso algunos aceites prensados en frío como el de sésamo. Y puedes consumir algunas grasas de alimentos como la carne de animales criados con pastos o de aves biológicas criadas en libertad. Otra buena opción es la mantequilla de cacahuete natural (en algunos mercados de alimentación, uno puede preparar su propia mantequilla de cacahuete, o encontrar alguna elaborada con cacahuetes de cultivo biológico, un poco de sal si se desea y una pequeña cantidad de aceite de cacahuete para conseguir una textura uniforme y hacerla más fácil de untar, pero sin azúcar ni

---

* Además de los aceites de frutos secos, de oliva y de coco que figuran aquí, consulta nuestra lista de aceites con «luz verde» del capítulo 3. Para obtener información sobre los puntos de humeo de varios aceites de cocina y por qué importa eso, ver el capítulo 10.

demás aditivos. (Encontrarás más información sobre las mantequillas de cacahuete y de otros frutos secos en el capítulo 7). Todos estos alimentos pueden disfrutarse con moderación como parte de la *fórmula de las grasas inteligentes* (una o dos raciones al día), pero al ser neutras, *no cuentan* como parte de tus cinco raciones de grasas inteligentes.

COME CINCO RACIONES DE GRASAS INTELIGENTES AL DÍA

El aceite de coco y el colesterol

El aceite de coco afectará muy probablemente a tus niveles de colesterol. Puede hacer subir las cifras de tu colesterol total y del LDL, pero es importante darse cuenta de que en gran medida ese cambio es positivo. El aceite de coco elevará los niveles del colesterol bueno, el HDL, y cambiará la proporción de las partículas del LDL de manera que tendrás más del LDLa (inofensivas y esponjosas) y menos del LDLb (pequeñas, densas y dañinas, que provocan daños en las arterias). El efecto conjunto sobre el perfil de tu colesterol total será probablemente más positivo que negativo; pero si estás tomando un fármaco con estatinas para el colesterol alto, o si padeces una enfermedad cardíaca, es importante que lo comentes con tu médico, por si necesita ajustar la medicación. No te sorprendas si te sugiere que escojas el aceite de oliva virgen, de frutos secos o de aguacate en lugar del de coco. Además del problema del colesterol, las grasas saturadas aumentan la inflamación arterial y, según se ha demostrado al menos en un estudio, esto afecta negativamente a la función cardiaca (aunque de manera muy leve). El aceite de coco está claro que es una grasa saturada. A la luz de estos hechos, Steven pide a los pacientes de su clínica que presentan un riesgo alto de padecer enfermedades cardíacas que en sus menús diarios utilicen otras grasas inteligentes en lugar del aceite de coco.

Sin embargo, creemos que este aceite es una opción muy saludable de grasa inteligente para una persona sana. Es un combustible estupendo para el ejercicio y es claramente beneficioso para el cerebro y el sistema inmunitario. Por eso lo incluimos, sin ningún tipo de duda, en la categoría de las grasas inteligentes.

Proteínas limpias: elige cinco (5) al día

Dependiendo de tu edad, sexo, peso y objetivos de pérdida de peso, tu «número» de proteínas (número de gramos al día) variará, pero podemos decir sin ningún género de dudas que la mayoría de la gente no consume suficientes proteínas, debido en parte a las distintas recomendaciones oficiales. Por ejemplo, el Consejo de Alimentos y Nutrición del Instituto de Medicina recomienda cantidades diarias que van desde los 13 g al día (para niños de uno a tres años de edad) hasta los 56 g al día (para hombres adultos); pero en nuestra opinión eso es escasísimo. Aunque las cantidades mínimas recomendadas por las agencias gubernamentales y las autoridades sanitarias son, de hecho, suficientes *para la supervivencia básica*, están muy lejos de ser las ideales si aspiramos a una salud realmente óptima. En realidad, creemos que dichas cantidades son totalmente inadecuadas cuando se trata de perder peso. El rango ideal de ingesta de proteínas para la mayoría de los adultos debería situarse entre los 80 y los 120 g. Si eres de complexión pequeña, tus necesidades estarán más cerca de los 80 g, pero si tu complexión es grande, o eres muy activo, tendrás que acercarte más a la cantidad máxima. Recuerda, por favor, que hablamos de fuentes de proteínas *limpias* (o *magras*, si no puedes encontrarlas limpias), no de las *malas* proteínas del pollo frito, las hamburguesas, las salchichas y los embutidos. Se sabe que los estadounidenses comen demasiadas proteínas, y es innegable que consumen a diario proteínas perjudiciales, pero si el dato se ha calculado a partir de las bajas recomendaciones «oficiales», es probable que en realidad no estén consumiendo demasiadas.

Intenta que haya un mínimo de 20 g de proteínas en cada comida. Si eliges cinco raciones de proteínas al día de los alimentos que incluimos en nuestra lista, cumplirás fácilmente ese objetivo; pero ten en cuenta que esos 20 g son el mínimo por comida, de modo que tenlo presente al planificar tus platos. Una ensalada rica en fibra con espinacas y otras verduras de hoja, tomates, zanahorias, brécol, pimientos y setas puede parecer supersana, pero es pobre en proteínas. De vez en cuando, una gran ensalada está bien como almuerzo, pero como norma general te iría mejor si añadieses un par de huevos duros (18 g) y media taza de garbanzos (6-7 g); de ese modo conseguirías un almuerzo de grasas inteligentes. Ingerirías 24 g de proteína, que quita el hambre, y estarías satisfecho hasta la cena. O añade un huevo, una loncha de bacón de pavo biológico (6 g) y los garbanzos. Una vez que conozcas unos cuantos datos numéricos básicos, controlar las proteínas es algo sencillo.

Si estás intentando perder peso, te *recomendamos de 20 a 30 g de proteína en el desayuno.* La proteína es *fundamental* para el desarrollo muscular, y las células musculares queman las grasas. Por lo tanto, cuanto más músculo tengas, tanto más eficazmente podrás quemar grasa corporal. Comer más proteínas en el desayuno estimula tu metabolismo para que queme calorías todo el día, incluso si te pasas sentado la mayor parte de tu jornada laboral.

A continuación te mostramos algunas otras opciones que proporcionan cantidades de proteína por ración ligeramente diferentes. Como hemos señalado, aproximadamente 30 g de alimento proteínico animal, como el pollo, suministrarán unos 8 g de proteínas. ¡Por eso tantas raciones de 120 g proporcionan 30 g de proteínas! La carne de res y el cerdo, como verás, contienen más proteínas por gramo que la de ave, y la carne blanca del pollo contiene más que la carne más oscura.

Si, utilizando la lista que te presentamos como guía, comes cinco raciones de proteína *limpia* al día, entrarás fácilmente en el rango de entre 80 y 120 (o más) g de proteína sin tener que hacer más cálculos, y ahí es exactamente donde queremos que estés.

- 120 g de res alimentada en pastos (unos 28-30 g; el solomillo tiene 30 g y las costillas 27).
- 120 g de lomo de cerdo ecológico o lomo de cerdo bio (24 g).
- 120 g de pata de cordero (33 g).
- 120 g de aves criadas en libertad, muslo (19 g).
- 120 g de aves criadas en libertad, pechuga (24 g).
- 120 g de salmón plateado, preferiblemente pescado en libertad (28 g).

- 3 huevos biológicos, de gallinas criadas en libertad (18-24 g; los huevos grandes tienen unos 6 g y los extragrandes unos 8).
- 1 taza de lentejas cocidas (20 g).
- 1 ⅓ taza de frijoles cocidos (20 g).
- 1 ⅓ taza de edamame (vainas de soja sin cáscara) (20 g).
- 2 cucharadas (o una ración, según la guía del fabricante) de proteína de suero de leche en polvo (20-30 g).
- 2 cucharadas (o una ración, según la guía del fabricante) de proteína de soja en polvo (20-30 g).
- 2 cucharadas (o una ración, según la guía del fabricante) de proteína de garbanzo/arroz en polvo (20-30 g).
- 1 taza de yogur biológico al estilo griego, básico (22 g) (los yogures al estilo griego son por lo general más ricos en proteínas que las variedades normales básicas).
- 1 taza de tofu en dados (20 g).

Es posible que encuentres en esta lista muchas proteínas animales que no tienes costumbre de comer o de preparar; pero no te estamos diciendo que consumas *carne, aves y pescado* cinco veces al día, aunque desde luego podrías hacerlo siempre y cuando fuesen limpios, claro está. Lo que te decimos es que comas al día cinco raciones de proteínas *de cualquier fuente*, no solo de alimentos de procedencia animal. De hecho, nosotros seguimos la *fórmula de las grasas inteligentes*, y Steven no come carne en absoluto, mientras que Jonny la consume frecuentemente.

Como puedes ver, existen muchas fuentes de proteínas no animales. Incluso un vegetariano puede cubrir fácilmente nuestra cantidad mínima recomendada. Por ejemplo, tómate para el desayuno un batido de grasas inteligentes (25 g de proteína), un tazón de sopa de frijoles para el almuerzo (20 g), edamame y frutas para un tentempié de media tarde (otros 10-15 g), lentejas y curry vegetal indio para la cena (20 g o más) y un cuenco de yogur biológico estilo griego con frutas para el postre (21 g). ¡Ya está!, cinco raciones de proteínas limpias

Medida inteligente: come más proteínas, pierde más peso

En nuestra opinión, la mayor parte de la gente no consume ni de cerca las suficientes proteínas limpias y las recomendaciones actuales son demasiado prudentes. En Estados Unidos, los Centros para el Control y la Prevención de las Enfermedades, por ejemplo, recomiendan 0,8 g de proteína por cada kilo de peso corporal (para calcularlo, multiplica tu peso en kilogramos por 0,8). Eso da un resultado de unos 47 g de proteínas para una mujer de 58 kilos, prácticamente la mitad de lo que nosotros aconsejamos. Además, las recomendaciones no tienen en cuenta cuestiones tales como si nuestra mujer hipotética tiene exceso de peso o está demasiado delgada. ¿Está embarazada? ¿Es deportista? ¿Está en la menopausia? ¿Cuántos años tiene? Todos estos factores afectan a la ingesta de proteínas, pero, más allá la supervivencia básica, esos 47 g no serían adecuados en ningún caso.

El nutricionista Donald Layman ha llevado a cabo una cantidad significativa de investigaciones sobre las proteínas y la pérdida de peso, y nos indica que si tu objetivo es adelgazar –lo que quiere decir *reducir el nivel de tu grasa corporal*, no solo rebajar tu índice de masa corporal y el número que aparece en tu báscula de baño–, la cantidad ideal de proteínas está más cerca de 1,4 a 1,5 g por kilo de peso, casi el doble de la cantidad recomendada por algunas organizaciones sanitarias. Por tanto, según la fórmula de Layman, nuestra mujer de 58 kilos debería consumir cerca de 90 g de proteínas suponiendo que quisiera perder peso.

Si intentas adelgazar y reducir tu grasa corporal, empieza por calcular tu necesidad de proteínas utilizando la fórmula que te hemos mostrado (multiplica tu peso en kilogramos por 1,4 o 1,5) y come de 20 a 30 g de proteínas en el desayuno. (Para obtener más información sobre la importancia que tienen las proteínas por la mañana, ver «El batido de grasas inteligentes: proteínas en vaso», en la página 134. En el capítulo 7 encontrarás más información sobre la importancia de perder masa corporal, no solo perder peso, y varios consejos sobre cómo monitorizar correctamente tu proceso de adelgazamiento).

Muchas dietas populares para la pérdida de peso recomiendan ingestas de proteína basándose en el porcentaje de calorías (por ejemplo, la recomendación de que el 30% de tus calorías debe provenir de las proteínas y, sin embargo, según otras dietas, basta con un escaso 10%). Pero es un método muy complicado para planificar tus menús. Y además es confuso, porque tu cuerpo necesita una cantidad específica de proteínas, no un porcentaje variable. Según esta recomendación, si una mujer pequeña que pesa 45 kilos y consume 1.200 calorías al día obtuviese el 10% de sus calorías de las proteínas, consumiría solamente 30 g al día; con la *fórmula de las grasas inteligentes* puedes olvidarte de los porcentajes. Simplemente, come cinco raciones de proteínas cada día, ¡y estarás bien!

sin tener que comer carne o pescado, y ese día ni siquiera hemos incluido los huevos.

Ten presente que una ración de 120 g de pollo es realmente muy escasa y que raramente saciará a quien coma con hambre. Sería más adecuado y realista tomar 175 g (una ración y media). Muchas de nuestras recetas presentan raciones de proteínas limpias de entre 150 y 240 g. En los restaurantes la raciones de carne y pescado suelen ser de 240 g o más, lo que es una ración doble. (Nota: si comes fuera de casa habitualmente, sería bueno que te familiarices visualmente con el tamaño de las raciones recomendadas, para poder calcular bien tu ingesta; las de los restaurantes son por regla general, *demasiado grandes*). En el caso de que tomes raciones de más de 120 g, no tienes que consumir proteínas animales cinco veces al día para llegar a las cinco raciones diarias.

También se puede aumentar significativamente la ingesta de proteínas utilizando proteínas en polvo, un ingrediente importante de nuestro batido de grasas inteligentes matinal (ver las recetas en el capítulo 10). Añadir legumbres a las comidas, así como yogur griego, es también una manera inteligente de aumentar la ingesta de proteínas. En nuestra página web (www.SmartFat.com) encontrarás más fuentes de proteínas.

COME CINCO RACIONES DE PROTEÍNAS:
al menos 20 g por comida, de 80 a 120 g al día

Fibra: elige diez (10) al día

La fibra debería provenir de las verduras, las frutas, las legumbres, los frutos secos, las semillas, una pequeña parte de cereales integrales (sin procesar) y quizá algún suplemento extra. La fibra añadirá textura y variedad a tus platos y te ayudará a sentirte lleno y satisfecho.

Ingiere al menos 30 g de fibra cada día. Para hacer más sencilla tu elección y ofrecerte una dieta variada, te mostramos a continuación una selección de posibilidades de aproximadamente 3 y 6 g. Aunque decimos «elige diez», también podrías elegir cinco raciones de 6 g para conseguir los 30 g, o bien combinar varias posibilidades de 3 y 6 g. Cómo llegues allí es cosa tuya, dependiendo de tus gustos. ¡No tienes más que recordar dónde quieres acabar!

Verduras y hortalizas

De promedio, la mayoría de las verduras tienen 3 g de fibra por taza, de manera que dos tazas de verduras (para un total de 6 g o más) cuentan como dos de esas diez raciones.

- 1 taza de brécol (2,9 g).
- 1 taza de espárragos (3 g).
- 1 taza de espinacas hervidas o 7,5 tazas en crudo (1 g).
- 1 taza de col rizada hervida (2,8 g).
- 1 taza de guisantes (4 g).
- 1 taza de judías verdes (2,5 g).
- ½ alcachofa grande cocida (3,3 g).
- ½ boniato (3,5 g).
- 1 taza de patatas hervidas (3 g).
- 1 taza de ocra (quingombó, angu) (5,2 g).
- 1 taza de tomates picados (1,8 g).
- 1 taza de calabaza (2,9 g).
- 1 taza de hinojo (2,7 g).
- 1 taza de coles de Bruselas (3,3 g).

Legumbres

De promedio, una taza de legumbres cocidas proporciona 15 g de fibra, o cinco raciones de fibra. Media taza de legumbres cocidas (7-8 g) cuenta como dos raciones y media. Estos son algunos ejemplos:

- ½ taza de frijoles o alubias rojas (7,5 g).
- ½ taza de lentejas (8 g).
- ½ taza de garbanzos (7 g).
- ½ taza de guisantes (8 g).
- ½ taza de edamame (7,5 g).

Frutas

Una taza de frutas promedio contiene 3 g de fibra o, lo que es lo mismo, una ración.

- 1 manzana mediana (3 g).
- ½ aguacate (5,9 g).
- 1 pera mediana (5 g).
- 1 taza de arándanos (3,5 g).
- 1 naranja mediana (3,1 g).
- ⅓ de taza de frambuesas (2,9 g).
- 1 taza de fresas cortadas en dos (3 g).
- 1 taza de melocotón en rodajas (2,8 g).
- 1 ½ taza de piña en dados (3,3 g).

Cereales seleccionados

De promedio, una ración de una taza de cereales equivale a 3 g de fibra o, lo que es lo mismo, a una ración. (Nota: no tomes más de una ración de cereal en una sola comida y limita tu ingesta de cereales a tres raciones al día. Incluso es preferible que sean menos, debido a los problemas de intolerancia alimentaria cada vez más generalizados. Es mucho mejor que consigas la fibra de las verduras, las frutas, los frutos secos y las legumbres).

- 1 taza de avena cortada, cocida (equivale a ¼ de taza crudos) (4 g).
- ½ taza de quinoa, cocida (5 g; cuenta como dos raciones).
- ½ taza de arroz integral, cocido (2,6 g).
- ½ taza de arroz salvaje, cocido (3 g).

Fuentes adicionales de fibra

A continuación, incluimos los suplementos de fibra, en caso de que no puedas, o no quieras, conseguir tu fibra de los alimentos. Para dar un empujón de fibra, añade los suplementos a la avena o al yogur o a tu batido proteínico de la mañana. Un batido de grasas inteligentes con arándanos y leche de almendra (el desayuno típico de Steven) contiene la increíble cantidad de 15 g de fibra. Prueba estas posibilidades con suplementos de fibra:

- 1 cucharada de suplemento (cualquier suplemento comercializado por alguna marca debidamente certificada) (3 g).
- 1 ⅓ cucharada de semillas de lino molidas (3 g).
- 1 ⅓ cucharada de semillas de chía (3 g).
- 28 g de chocolate negro (1,5 g).
- 2 cucharadas de cacao en polvo (cacao a la taza) (3,6 g).

La ingesta actual de fibra en los Estados Unidos es aproximadamente de 10 a 15 g al día, que es bajísima. Nuestros antepasados paleolíticos, cuya dieta se basaba principalmente en una gran cantidad de vegetales, ¡ingerían al menos 50 g al día! Nosotros dos hacemos el esfuerzo de consumir un mínimo de entre 40 y 50 g de fibra al día.

Una vez que sabes dónde encontrar la fibra, no es difícil conseguir tus diez raciones (o 30 g) diarias. Estas cantidades son orientativas; la cantidad exacta de fibra depende de la variedad de verduras o de frutas, pero la lista que te presentamos a continuación muestra lo sencillo que puede ser alcanzar tu objetivo –de una forma inteligente, sin tener que recurrir a los cereales integrales–. Distribuye esos 30 g a lo largo de todo el día: por ejemplo, algo de fruta por la mañana y como tentempié. Reparte las verduras entre el almuerzo y la cena, o como parte de un tentempié o aperitivo. También se pueden mezclar verduras en un batido de grasas inteligentes (ver las recetas en el capítulo 10) o incluirlas en una tortilla para el desayuno. Las legumbres son fáciles de incluir en ensaladas y sopas. Incluso el chocolate negro tiene fibra (¡aunque probablemente siempre hayas considerado el chocolate negro como una grasa inteligente!).

Aquí te dejamos, a modo de ejemplo, una posible combinación para cubrir esos 30 g diarios:

- 2 piezas de fruta (1 taza de frutas del bosque o de cerezas cuenta como una fruta) (6 g).
- 2 puñados de frutos secos (unos 60 g) (6 g).
- 3 tazas de verduras (10 g).
- ½ taza de alubias en sopa, ensalada o guarnición (7 g).
- 30 g de chocolate negro (1 g).

COME DIEZ RACIONES DE FIBRA:

al menos 30 g al día

Medida inteligente: cómo alcanzar tu victoria sobre los gramos (pista: redondea hacia arriba o hacia abajo)

Hasta ahora te hemos dado tres pautas clave en lo referente a las grasas inteligentes, las proteínas y la fibra; solo tienes que recordar 5-5-10:

1. **Come al menos cinco raciones de grasas inteligentes al día.** Puedes tomar hasta diez raciones de grasas inteligentes y neutras, pero no más de siete raciones de grasas si tu objetivo es la pérdida de peso (no te preocupes por la cantidad exacta en gramos).
2. **Come al menos cinco raciones de proteínas al día.** Un mínimo de 20 g de proteínas en cada comida. El total sería entre 80 y 120 g al día, dependiendo de tu objetivo y de tu complexión.

3. **Come al menos diez raciones de fibra al día.** Un mínimo de 30 g de fibra diariamente.

Pero con respecto a los gramos, *no te preocupes si no llegas a la cantidad exacta siempre*. Puedes hacer cálculos aproximados, y de hecho eso es lo que hacemos todos en la práctica. La ración de pollo puede tener 25 o 28 g de proteína, la manzana «mediana» puede tener 3 o 4 g de fibra. (En el capítulo 7 encontrarás consejos para calcular correctamente el tamaño de las raciones). Tales fluctuaciones no te harán daño. No dudes en redondear las cantidades hacia arriba o hacia abajo.

Si tienes presentes las pautas que te hemos dado y haces un esfuerzo por seguirlas cada día, notarás el efecto beneficioso que tienen sobre cómo te sientes y sobre tu aspecto, incluso si ingieres unos cuantos gramos por debajo o por encima. No esperamos que te pongas a sumar ni que examines las bases de datos nutricionales cada vez que comas. En lugar de eso, queremos que aprendas las reglas básicas y hagas elecciones sabias y saludables. Tanto si redondeas hacia arriba, como si redondeas hacia abajo, ¡vas a ganar este partido!

CÓMO EMPEZAR A APLICAR LA *FÓRMULA DE LAS GRASAS INTELIGENTES*

Para sacar el máximo partido a la *fórmula de las grasas inteligentes*, y ver y *notar* resultados que te encantarán, te proponemos un plan de treinta días, dividido en dos fases de diez y de veinte días. Treinta días es aproximadamente el tiempo que necesitamos la mayoría de nosotros para llevar a cabo cambios en nuestros hábitos diarios que perduren a largo plazo, tiempo suficiente para que tu cuerpo (y tu mente) se reorganice y acoja una nueva manera de comer y de relacionarse con la comida. (Si ya te estás anticipando y te preguntas qué ocurre a partir del día 31, en el capítulo 7 encontrarás la respuesta).

A lo largo de estas dos fases seguirás la pauta 5-5-10. Además, durante la fase 1, de diez días, te pedimos que te abstengas de tomar alcohol y que no comas ciertos alimentos, como los cereales y las patatas, porque afectan negativamente a los niveles de azúcar en sangre.

No obstante, esta restricción es solamente temporal y podrás volver a introducirlos en tu dieta normal durante la fase 2. Queremos que empieces como una hoja en blanco, metabólicamente hablando, y si padeces cualquier nivel de resistencia a la insulina o a la leptina (ver el capítulo 2), tienes que evitar alimentos que desencadenen inflamación y desequilibren el nivel de azúcar en sangre. Cuando elimines las sustancias que disparan este ciclo e introduzcas grasas inteligentes, proteínas y fibra en tu alimentación, tendrás una imagen clara de dónde estás y de dónde quieres estar.

A continuación te mostramos una vista previa de la fase 1 y de la fase 2, que desarrollaremos ampliamente en el capítulo siguiente.

VISTA PREVIA DE LA FASE 1: LOS PRIMEROS DIEZ DÍAS

- Comienza con 5-5-10: cinco raciones de grasas inteligentes, cinco raciones de proteínas y diez raciones de fibra cada día.
- Verduras sin limitaciones.
- Frutas que tengan una baja CG (durante esta fase, evita elegir las que tengan una CG media, como las frutas desecadas, los plátanos y las papayas).
- Desayunos ricos en proteínas y bajos en carbohidratos (mínimo de 20 a 30 g de proteína).
- Nada de cereales ni de productos elaborados con harina, incluyendo los cereales para el desayuno, los panes, la pasta, las galletas saladas y las dulces.
- Nada de patatas.
- Nada de alcohol.
- Hidratación: bebe al menos de cuatro a ocho vasos de líquido hidratante cada día (agua, agua carbonatada e infusiones).
  » Además del agua, si quieres perder peso añade cuatro tazas de té verde, con o sin teína, al día; el té verde contiene una sustancia conocida como galato de epigalocatequina, que te ayuda a perder peso (ver el capitulo 8 para conocer más acerca de esta sustancia).

» Puedes tomar también una o dos tazas de café al día, pero además del agua y del té, no como sustituto de ellos.

• Empieza un plan personalizado de suplementos inteligentes el día 1 (ver el capítulo 8).

Vista previa de la fase 2: los veinte días siguientes (y en adelante)

• Sigue con 5-5-10: cinco raciones de grasas inteligentes, cinco raciones de proteínas y diez raciones de fibra cada día.

• Continúa con las verduras sin límite.

• Frutas: si has alcanzado tu peso deseado, sigue disfrutando de las frutas con baja CG; de vez en cuando come frutas de media CG, con moderación. Si no has logrado conseguir tu peso deseado, sigue evitando las frutas de CG media.

• Desayunos: si estás en el peso deseado, ingiere 20 g de proteínas. Para una pérdida de peso continuada, sigue comiendo un mínimo de 20 a 30 g de proteínas.

• Cereales y productos elaborados con harina: si estás en el peso deseado, puedes añadir cantidades moderadas de pasta (al dente) o raciones de una taza de cereales de CG media (arroz salvaje, quinoa, avena cortada o arroz integral), pero limítalas a una ración al día. Trata el pan y el arroz blanco como si fueran una tarta de cumpleaños: están bien para una ocasión especial, pero no para comerlos todos los días. Para una pérdida de peso continuada, sigue evitando los cereales y los productos elaborados con harina.

• Patatas: en lugar de las patatas de CG alta, como las patatas rojas cocidas, escoge las de CG media, como los boniatos (patatas dulces) y las patatas moradas.

• Alcohol: si estás en tu peso deseado, puedes tomar una o dos raciones de alcohol, cinco días a la semana. Para una pérdida continuada de peso, una ración tres veces a la semana, con la comida. Si no puedes limitar la ingesta a una ración, sigue evitando el alcohol por completo hasta que alcances el peso deseado.

- Hidratación: mantén la hidratación bebiendo de cuatro a ocho vasos de líquido al día. Para una pérdida continuada de peso, añade cuatro tazas de té, con o sin teína, al día.
- Sigue con tu plan personalizado de suplementos inteligentes (ver el capítulo 8).

Puedes estar en la fase 2 toda la vida, no solamente durante veinte días, si permaneces dentro de las directrices mencionadas y continúas preparando tus comidas inteligentemente utilizando el principio 5-5-10.

Sigue estas dos fases de la *fórmula de las grasas inteligentes* y te sentirás distinto –*mejor*– después de diez días, e incluso mejor después de otros veinte más. Algunos ya empezaréis a sentiros bien después de dos o tres días. Es importante (¡y motivador!) observarte y ser consciente de cómo vas reaccionando a esta nueva manera de comer, de modo que permanece atento a cómo te sientes y toma algunas notas, si lo deseas. Esto no significa que tengas que mantener un diario de alimentos si te adhieres al plan (hablaremos más de los diarios de alimentos en el capítulo 7), pero es posible que quieras prestar una atención especial a lo que te funciona mejor y a lo que quisieras modificar una vez que termines el plan de treinta días. Si deseas hacer un seguimiento de tu pérdida de peso, encontrarás algunas recomendaciones en el capítulo 7.

Llegados a este punto, es posible que te plantees algunas preguntas básicas:

- ¿Qué debo tener siempre en mi frigorífico y en mi despensa?
- ¿Puedo comer postre?
- ¿Qué pasa con el alcohol?
- ¿Tengo que dejar el gluten?
- ¿Cuánta pasta puedo comer? ¿Tiene que ser integral?
- ¿Está bien tomar leche de vaca en mi café con leche?
- ¿Tiene que ser todo biológico?
- ¿Puedo comer uvas pasas?

Volveremos sobre estas preguntas y otras en el capítulo 7, donde encontrarás información práctica y herramientas para ayudarte a mantener la fórmula toda la vida.

De manera que ya conoces el principio de las raciones 5-5-10 para cada día y ya tienes una idea clara de lo que comerás mientras realizas el plan de treinta días y una vez lo hayas realizado. Estás casi listo para empezar, pero vamos a dedicar un momento a analizar la primera comida del día: el desayuno, probablemente el mayor cambio que te pedimos que hagas.

Buenos alimentos que hacen horas extras

Probablemente hayas notado que ciertos alimentos se incluyen en más de una de nuestras tres categorías: grasas inteligentes, proteínas y fibra.

- Frutos secos y semillas: grasas inteligentes y fibra.
- Legumbres: proteínas y fibra.
- Chocolate negro: grasas inteligentes y fibra.
- Huevos: grasas inteligentes y proteínas.
- Pescado: grasas inteligentes y proteínas.

¡Nos encanta cuando los alimentos más sabrosos hacen horas extra!

DESAYUNO: MÁS IMPORTANTE QUE NUNCA

Para algunos de vosotros, tomar un desayuno de grasas inteligentes —o *cualquier* otro desayuno— puede representar un cambio enorme en vuestro estilo de vida, de manera que vamos a hacer una parada en el camino para orientaros en lo que respecta a esta primera e importante comida del día.

Un desayuno rico en proteínas (entre 20 y 30 g) y pobre en carbohidratos revolucionará tu metabolismo y aportará combustible a tu cerebro y al resto de tu cuerpo simultáneamente. Si arrancas el día con un desayuno inteligente, te sentirás estupendamente tanto si consiste en un batido de grasas inteligentes, rápido y fácil de elaborar, como si te tomas un poco de tiempo para preparar una deliciosa tortilla o un cuenco de sustanciosa avena cortada, llena de fibra, mezclada con alguna proteína en polvo. Es posible que estés acostumbrado a los desayunos a base de cereales, zumo de naranja, tostada y café, o a algo semejante con una carga glucémica alta. Probablemente no te guste la idea de ponerte a cocinar temprano por la mañana o que supongas equivocadamente que comer huevos en el desayuno, o en cualquier otra comida, va a volver loco a tu colesterol —¡no lo hará!— (ver más acerca de los huevos en el capítulo 7). O bien que te saltes los alimentos por la mañana y te arregles con solo una bebida. Pero es hora de despertarse y oler el café, ¡y de comer algo *inteligente*!

Estamos aquí para ayudarte a mejorar tu desayuno.

El batido de grasas inteligentes: proteínas en vaso

Hay días en los que tienes tiempo para preparar el desayuno y días en los que vas con prisas. Si eres como la mayoría, ¡más bien irás con prisa! Por eso hemos creado nuestro batido de grasas inteligentes, que proporciona de manera rápida y deliciosa la cantidad correcta de grasa inteligente, proteína y fibra. Es de sencilla y rápida elaboración: lo tendrás listo en unos minutos y solo necesitarás una batidora y ciertos ingredientes fáciles de tener a mano. Lo mejor de todo es que puedes variar los sabores cambiando sencillamente algunos ingredientes. Nosotros dos empezamos casi todos los días de la semana con un batido de grasas inteligentes. Créenos, ¡funciona muy bien!

Encontrarás recetas en el capítulo 10, pero te adelantamos los ingredientes clave:

- Frutas congeladas (las frutas del bosque, las cerezas y los melocotones son estupendos. Las frutas congeladas tienen los mismos nutrientes que las frescas, están disponibles todo el año, están prelavadas y listas para consumir, son más baratas por lo general que las frescas y proporcionan la textura correcta así como una temperatura fría y refrescante).

Elige tu proteína en polvo

Es posible que creas que los suplementos de proteína en polvo son solamente para imitadores de Arnold Schwarzenegger, pero los que realmente saben de nutrición llevan años recomendándolos e incluyéndolos en su dieta habitual. La proteína en polvo es un ingrediente fundamental de nuestro batido de grasas inteligentes, además de tener el poder de transformar un simple cuenco de avena cortada en un desayuno perfecto.

Se pueden comprar grandes botes (lo más económico) o paquetes de raciones individuales (son más caros, pero es una buena idea si estás fuera de casa o si quieres probar diferentes tipos de proteína en polvo y no estás listo para «comprometerte» con el bote grande). Y ya no tendrás que buscarlos en las tiendas especializadas. Los supermercados bien abastecidos, sobre todo aquellos que tengan una gran selección de alimentos biológicos y naturales, frecuentemente tienen a la venta proteínas en polvo. También se puede encontrar una gran variedad *online*, incluso nuestra propia marca de proteína en polvo, que hemos formulado especialmente para nuestro batido de grasas inteligentes (visita www.SmartFat.com para ver las fuentes). Existen tres categorías principales de polvos proteínicos:

- **Proteínas de suero de leche.** El suero se obtiene de la leche de vaca, de modo que asegúrate de que provenga de vacas alimentadas con pasto y libres de hormonas. Sí, es más caro, pero lo vale. Los que compran gangas pueden acabar con un producto «enriquecido» con hormonas y pesticidas.
- **Proteínas de soja.** Recuerda que la mayor parte de la soja producida actualmente es transgénica, así que compra solo proteína de soja elaborada con soja biológica y sin modificar.
- **Proteínas de guisantes o de arroz integral.** Estas opciones vegetarianas son cada vez más populares entre las personas que quieren evitar la soja y los productos de origen animal.

Si no tienes intolerancia o alergia a los lácteos, creemos que debes optar por los polvos proteínicos de suero de leche. No solamente preferimos su sabor y su textura (hace que los batidos sean más cremosos), sino que el suero ayuda al sistema inmunitario y genera masa muscular mejor que las proteínas de soja, de guisantes o de arroz. Numerosas investigaciones demuestran que el suero contribuye a la pérdida de peso y reduce varios factores de riesgo del síndrome metabólico.

Dicho esto, si no puedes consumir lácteos, la soja es una buena alternativa. Se ha demostrado que las proteínas de soja ayudan a reducir los síntomas de la menopausia y el riesgo de ciertos tipos de cáncer. Los polvos proteínicos de guisantes o arroz (todo proteínas de guisantes, todo proteínas de arroz o más probablemente una combinación de los dos) son buenas alternativas si quieres evitar por completo la proteína animal y la soja. Es posible que hasta un 20% de la población sea intolerante a la soja o a los lácteos, de modo que los polvos proteínicos de guisantes o arroz son una alternativa excelente.

Los fabricantes siguen lanzando al mercado polvos proteínicos procedentes de fuentes alternativas, como el cáñamo y la sacha inchi (maní del inca), una planta tradicional de la Sudamérica tropical, pero te recomendamos las fuentes de proteínas más testadas. Es cuestión de ir probándolas y ver cuál te va mejor.

- Leche de almendra (sin edulcorar), leche de coco (en un tetrabrick, no en lata), leche de soja biológica (no modificada genéticamente) o leche de vaca bio.
- Una ración de proteína en polvo.
- Un suplemento de fibra si es necesario. Algunas proteínas en polvo contienen una cantidad extra de fibra, pero si no es el caso, añade semillas de chía, semillas de lino molidas o algún suplemento proteínico comercializado por una buena marca.
- Una grasa inteligente, como mantequilla de almendra, aceite MCT, una o dos cucharadas de semillas de chía o de semillas de lino molidas o una cucharada de aceite de frutos secos, incluso de coco son opciones que no van a alterar ni a enmascarar el sabor afrutado de tu batido.

Ponlo todo en la batidora, dale al botón y luego ¡bebe y disfruta! Te llevará unos dos minutos. Juega con los sabores, las texturas y las diferentes combinaciones. Si no quieres añadir una dosis de grasas inteligentes a tu batido, asegúrate sencillamente de tomar alguna, como mantequilla de almendra sobre rodajas de manzana o aceite MCT en el café. Nuestro batido de grasas inteligentes ofrece proteínas limpias, grasas inteligentes, fabulosa fibra y líquidos: una solución rapidísima para sentirse satisfecho e hidratado.

Tómate un batido de grasas inteligentes para el desayuno o utilízalo como sustituto de una comida de vez en cuando. ¡Pruébalo también —si lo deseas, en una versión mini— como tentempié!

Te hemos marcado el patrón de las 5-5-10 raciones al día y hemos resumido las dos fases del plan de treinta días. En el capítulo siguiente te mostraremos los menús diarios que cambiarán tu vida en treinta días, ¡así que sigue leyendo!

Capítulo 6

EL PLAN DE TREINTA DÍAS DE COMIDAS INTELIGENTES

Aquí están los menús del plan de treinta días, divididos entre los diez días de la fase 1 (días 1-10) y los veinte de la fase 2 (días 11-30) que te presentamos en el capítulo 5. Encontrarás muchas de las recetas en el capítulo 10 (y muchas más en nuestra página web www.SmartFat.com). Señalamos con un asterisco (*) los platos cuya receta aparece en el libro y con dos (**) aquellos que te mostramos en la página web.

Es posible que te preguntes si tienes que cocinar las recetas y seguir los menús diarios *exactamente* como se presentan de cara a perder peso y cosechar los beneficios para la salud de la *fórmula de las grasas inteligentes*. La respuesta corta es no; pero hay que considerar lo siguiente: los menús y las recetas se han calibrado cuidadosamente para proporcionarte *las cantidades correctas* de grasas inteligentes, proteínas y fibra para que tengas éxito, sean cuales sean tus metas en cuanto a salud y dietética. Por eso te recomendamos que sigas el plan de treinta días tan a rajatabla como puedas hasta que finalice. Los primeros diez días son especialmente importantes, para que tu cuerpo se vaya acostumbrando a comer grasas inteligentes y comiences a liberarte de la peligrosa resistencia a la insulina y la leptina.

No hay ningún problema si no quieres utilizar las recetas. Es posible que prefieras emplear las tuyas propias o cambiar los sabores de las nuestras para que encajen más con tus gustos (en ciertas comidas hemos sugerido ideas generales para los platos principales y las guarniciones —como un filete de lomo a la parrilla o un boniato al horno—, pero no incluimos la receta, suponiendo que vas a preparar esos alimentos básicos como desees). Puedes elegir basarte en este plan de treinta días como inspiración para tus propios desayunos, almuerzos y cenas, pero es absolutamente fundamental seguir la pauta 5-5-10 en las dos fases, incluso cuando adaptes tus propias recetas. Por ejemplo, si tienes una receta para el pavo al chile que te gusta más que la nuestra, ¡adelante! Simplemente asegúrate de que los ingredientes que utilices estén en armonía con las fases descritas (esto es tan importante que repetiremos esas pautas en cuadros para una consulta rápida). Es muy sencillo cocinar siguiendo tus propias recetas, si lo haces de este modo.

En nuestro plan de comidas ofrecemos también sugerencias para los tentempiés diarios, que eres libre de comer en cualquier momento del día. Creemos que un tentempié entre el almuerzo y la cena es lo mejor, pero eso depende de tu horario. Es posible que algunos días transcurra demasiado tiempo entre el desayuno y el almuerzo, y será entonces probablemente cuando te apetezca ingerir un aperitivo. Eso depende de ti, pero te sugerimos que evites comer justo antes de irte a la cama, así como los viajes al frigorífico a medianoche, a menos que intentes engordar. Los luchadores de sumo, que hacen justamente eso, nos han enseñado que comer antes de irse a la cama fomenta sin duda alguna el aumento de peso.

Una nota más: eres muy libre de empezar el plan de treinta días cualquier día de la semana, pero por experiencia propia sabemos que comenzar en domingo funciona muy bien para mucha gente. Te animamos a que prepares una *sopa de la semana* durante el fin de semana, o cuando tengas algo de tiempo libre. También hemos reservado algunas «golosinas» para las comidas de los fines de semana (si empiezas el plan un domingo, esas comidas caerán en los fines de semana, como la idea del *brunch* del día 21), y algunas recetas que van mejor en una noche de fin de semana.

Bienvenido a la fase 1; ¡vas a sentirte estupendamente!

FASE 1: LOS PRIMEROS DIEZ DÍAS, DÍA 1 A DÍA 10

La fase 1 en nueve pautas

- Comienza con 5-5-10: cinco raciones de grasas inteligentes, cinco raciones de proteínas y diez raciones de fibra cada día.
- Verduras sin limitaciones.
- Frutas que tengan una baja CG (durante esta fase, evita elegir las que tengan una CG media, como las frutas desecadas, los plátanos y las papayas).
- Desayunos ricos en proteínas y bajos en carbohidratos (mínimo de 20 a 30 g de proteína).
- Nada de cereales ni de productos elaborados con harina, incluyendo los cereales para el desayuno, los panes, la pasta, las galletas saladas y las dulces.
- Nada de patatas.
- Nada de alcohol.
- Hidratación: bebe al menos de cuatro a ocho vasos de líquido hidratante cada día (agua, agua carbonatada e infusiones).
  - » Además del agua, si quieres perder peso añade cuatro tazas de té verde, con o sin teína, al día; el té verde contiene una sustancia conocida como galato de epigalocatequina, que te ayuda a perder peso (ver el capitulo 8 para conocer más acerca de esta sustancia).
  - » Puedes tomar también una o dos tazas de café al día, pero además del agua y del té, no como sustituto.
- Plan personalizado de suplementos inteligentes. Aplícalo desde el primer día (ver el capítulo 8).

DÍA 1	
Desayuno	Tortilla de cebolla dulce, pimiento rojo y col rizada.* Té, café o cacao a la taza sin edulcorar.
Almuerzo	Chuletas de cordero a la parrilla.* Ensalada de verduras de hoja con aliño de vinagreta. Té helado sin edulcorar.
Tentempié	*Ratatouille* con alubias blancas (sopa/almuerzo de la semana).**
Cena	Lomitos de pavo salteados con hierbas aromáticas.* Acelga, remolacha y ajo. Queso curado biológico de tu elección y fruta.
DÍA 2	
Desayuno	Batido de grasas inteligentes: vainilla, arándanos y espinacas.* Té, café o cacao a la taza sin edulcorar.
Almuerzo	Pollo criado en libertad a la parrilla. Ensalada con aliño de vinagreta. Té helado sin edulcorar.
Tentempié	Chocolate negro y almendras (30 g de cada uno). Barrita de proteínas.
Cena	*Frittata* de espinacas y setas.* Ensalada de tomate, pepino y aceitunas.
DÍA 3	
Desayuno	Yogur griego biológico, con frutas del bosque y mezcla de frutos secos. Té, café o cacao a la taza sin edulcorar.
Almuerzo	Ensalada de gambas, hinojo y alubias blancas con vinagreta a la naranja. Té helado sin edulcorar.
Tentempié	Guacamole con jícama y pimiento rojo. Batido de grasas inteligentes de tu elección.
Cena	Filete de lomo con chile. Fruta y queso.
DÍA 4	
Desayuno	Batido de grasas inteligentes: chocolate, cerezas y espinacas.* Té, café o cacao a la taza sin edulcorar.
Almuerzo	*Ratatouille* con alubias blancas. Manzana.
Tentempié	Chocolate negro y nueces de macadamia (30 g de cada uno). Barrita de proteínas.
Cena	Pollo asado con hierbas mediterráneas.* Rodajas de pera con queso gorgonzola y nueces.

DÍA 5	
Desayuno	Huevos fritos en aceite de oliva con ajo y col rizada salteada. Té, café o cacao a la taza sin edulcorar.
Almuerzo	*Ratatouille* con alubias blancas. Té helado sin edulcorar.
Tentempié	Batido de grasas inteligentes de tu elección.
Cena	Pollo salteado con hinojo y rodajas de calabacín. Ensalada de rúcula con piñones tostados y vinagreta al limón.
DÍA 6	
Desayuno	Batido de grasas inteligentes: vainilla y melocotón. Semillas de chía. Té, café o cacao a la taza sin edulcorar.
Almuerzo	Kebab de gambas y verduras. Té helado sin edulcorar.
Tentempié	Chocolate negro y almendras (30 g de cada uno).
Cena	Lubina a la parrilla con cáscara de limón, hierbas mediterrá- neas y aceite de oliva virgen. Ensalada de alubias blancas.*
DÍA 7	
Desayuno	Salmón ahumado, cebolleta y huevos revueltos. Té, café o cacao a la taza sin edulcorar.
Almuerzo	Pavo con pimientos picantes.** Té helado sin edulcorar.
Tentempié	Ostras ahumadas con aguacate sobre rodajas de pepino.*
Cena	Albóndigas de pavo con calabaza y verduras variadas.* Ensalada de aguacate, pepino y garbanzos.*
DÍA 8	
Desayuno	Tortilla campera, ensalada de frutas con yogur griego. Té, café o cacao a la taza sin edulcorar.
Almuerzo	Sopa de calabaza con hinojo y jengibre.* Lonchas de pavo y aguacate envueltas en lechuga. Fresas.
Tentempié	Guacamole con jícama y pimientos rojos.*
Cena	Carne asada de res alimentado en pastos y verduras de raíz.*

DÍA 9	
Desayuno	Batido de grasas inteligentes: chocolate y frutas del bosque con semillas de chía. Té, café o cacao a la taza sin edulcorar.
Almuerzo	Pastel de cangrejo con quinoa, salsa de mango y ensalada verde.* Té helado sin edulcorar.
Tentempié	Manzana rociada de chocolate negro.*
Cena	Falda de vaca marinada sobre ensalada verde.*
DÍA 10	
Desayuno	Batido de grasas inteligentes: vainilla, cereza y col rizada.* Té, café o cacao a la taza sin edulcorar.
Almuerzo	Pavo con pimientos picantes. Naranja.
Tentempié	Manzana y almendras.
Cena	Pollo rebozado con nueces pacanas y hierbas aromáticas.* Asado de remolacha y calabaza.**

FASE 2: VEINTE DÍAS MÁS, DÍA 11 A DÍA 30

¡Felicidades, lo has conseguido! Diez días y te sientes estupendamente, ¿verdad? Es hora de pasar a los menús de la fase 2. Puedes empezar a reincorporar algunos elementos a tu dieta, sobre todo alcohol y cereales de baja CG. Si crees que te sientes bien después de diez días, espera a ver cómo te sentirás después de otros veinte. Vas a querer comer así toda tu vida.

La fase 2 en nueve pautas

- Sigue con 5-5-10: cinco raciones de grasas inteligentes, cinco raciones de proteínas y diez raciones de fibra cada día.
- Continúa con las verduras sin límite.
- Frutas: si has alcanzado tu peso deseado, sigue disfrutando de las frutas con baja CG; de vez en cuando come frutas de CG, media con moderación. Si no has logrado conseguir tu peso deseado, sigue evitando las frutas de CG media.

- Desayunos: si estás en el peso deseado, ingiere 20 g de proteínas. Para una pérdida de peso continuada, sigue comiendo un mínimo de 20 a 30 g de proteínas.
- Cereales y productos elaborados con harina: si estás en el peso deseado, puedes añadir cantidades moderadas de pasta (al dente) o una ración de una taza de cereales de media CG (arroz salvaje, quinoa, avena cortada o arroz integral) al día. Trata el pan y el arroz blanco como si fueran una tarta de cumpleaños: están bien para una ocasión especial, pero no para comerlos todos los días. Para una pérdida de peso continuada, sigue evitando los cereales y los productos elaborados con harina.
- Patatas: en lugar de las patatas de CG alta, como las patatas rojas cocidas, escoge las de CG media, como los boniatos (patatas dulces) y las patatas moradas.
- Alcohol: si estás en tu peso deseado, puedes tomar una o dos raciones de alcohol, cinco días a la semana. Para una pérdida continuada de peso, una ración tres veces a la semana, con la comida. Si no puedes limitar la ingesta a una ración, sigue evitando el alcohol por completo hasta que alcances el peso deseado.
- Hidratación: mantén la hidratación bebiendo de cuatro a ocho vasos de líquido al día. Para una pérdida continuada de peso, añade cuatro tazas de té, con o sin teína, al día.
- Sigue con tu plan personalizado de suplementos inteligentes (ver el capítulo 8).

DÍA 11	
Desayuno	Batido de grasas inteligentes: chocolate y fresas.* Té, café o cacao a la taza sin edulcorar .
Almuerzo	Ensalada de pollo a la parrilla, espinacas y fresas.
Tentempié	Variedad de frutos secos y frutas del bosque.
Cena	Pasteles de cangrejo con quinoa.* Espárragos asados, cebolla roja y vinagreta de naranja.

DÍA 12	
Desayuno	Huevos revueltos con verduras y jamón. Té, café o cacao a la taza sin edulcorar .
Almuerzo	Hamburguesas de carne procedente de animales alimentados en pastos con tiras fritas de boniato. Té helado sin edulcorar.
Tentempié	Huevo duro con aguacate en rodajas.
Cena	Pollo salteado al estilo Oriente Medio.* Arroz salvaje y quinoa con col rizada y almendras.*

DÍA 13	
Desayuno	Batido de grasas inteligentes: vainilla, melocotón y semillas de chía. Té, café o cacao a la taza sin edulcorar.
Almuerzo	Ensalada de pollo con manzana y nueces.
Tentempié	Rodajas de pera con remolinos de chocolate negro y nueces pacanas.*
Cena	Pescado blanco asado con adobo de naranja.* Col china y setas shiitake con arroz integral.

DÍA 14	
Desayuno	Avena cortada con polvo proteínico de vainilla, frutas del bosque y almendras laminadas.** Té, café o cacao a la taza sin edulcorar.
Almuerzo	Pechugas de pollo asadas con ensalada de rúcula e hinojo.
Tentempié	Batido de grasas inteligentes de tu elección.
Cena	Suflé de setas silvestres.* Ensalada inteligente de verduras de hoja con aliño italiano.

DÍA 15	
Desayuno	Batido de grasas inteligentes: vainilla, arándanos y espinacas. Té, café o cacao a la taza sin edulcorar.
Almuerzo	Arroz salvaje y quinoa con col rizada y almendras.* Té helado sin edulcorar.
Tentempié	Salmón ahumado con rodajas de pepino.
Cena	Fletán asado con rebozado de almendras. Salteado de acelgas con ajo en aceite de coco. Patatas con ajo, hierbas y perejil.* Rodajas de fruta.

DÍA 16	
Desayuno	Batido de grasas inteligentes: chocolate, cereza y espinacas.* Té, café o cacao a la taza sin edulcorar.
Almuerzo	Arroz salvaje y quinoa con col rizada y almendras.*
Tentempié	Guacamole con rodajas de zanahoria y apio.
Cena	Ostras asadas con rebozado de nueces, queso parmesano y perejil.* Ensalada de espinacas y col rizada con nueces. Ensalada de frutas con menta, cáscara de limón y yogur griego.

DÍA 17	
Desayuno	Avena cortada con polvo proteínico de vainilla, frutas del bosque y almendras troceadas.** Té, café o cacao a la taza sin edulcorar.
Almuerzo	Ensalada inteligente de verduras de hoja con cangrejo y aliño de vinagreta a la naranja. Té helado sin edulcorar.
Tentempié	Chocolate negro y pistachos (30 g de cada uno).
Cena	Escalopes asados (o a la parrilla) con remolacha en tiras y cáscara de naranja.** Judías verdes cocinadas con bacón biológico. Fresas frescas con frutos secos y yogur griego biológico.

DÍA 18	
Desayuno	Huevos revueltos con salsa y guarnición de frijoles. Té, café o cacao a la taza sin edulcorar.
Almuerzo	Lomitos de pavo salteados con ensalada verde inteligente. Té helado sin edulcorar.
Tentempié	Chocolate negro y almendras (30 g de cada uno).
Cena	Estofado de carne.* Ensalada de lechuga romana con aguacate y semillas de sésamo.

DÍA 19	
Desayuno	Batido de grasas inteligentes de tu elección. Té, café o cacao a la taza sin edulcorar.
Almuerzo	Sopa *minestrone*.** Naranja.
Tentempié	Pistachos. Barrita de proteínas.
Cena	Ensalada de aguacate, tomate y *mozzarella* fresca con menta. Estofado marroquí de pollo.* Frambuesas con nata batida fresca y biológica.

DÍA 20	
Desayuno	Batido de grasas inteligentes de tu elección. Té, café o cacao a la taza sin edulcorar.
Almuerzo	Pavo con pimientos picantes.
Tentempié	Yogur griego biológico y manzana.
Cena	Filete de lomo a la parrilla. Acelgas salteadas con ajo y hierbas aromáticas.* Arroz salvaje y quinoa con col rizada y almendras.
DÍA 21	
Desayuno	*Frittata* con col rizada, tomate y bacón (de cerdo bio, de pavo o vegetal). Té, café o cacao a la taza sin edulcorar.
Almuerzo	Salsa para untar de cangrejo y aguacate.*
Cena	Pollo asado con hierbas mediterráneas.* Remolachas asadas. Salteado de col rizada, ajo y limón.*
DÍA 22	
Desayuno	Quiche de espinacas con tiras fritas de boniato. Té, café o cacao a la taza sin edulcorar.
Almuerzo	*Gumbo.*** Naranja.
Tentempié	Mantequilla de fruto seco con palitos de apio y rodajas de manzana.
Cena	Pollo *tandoori.** *Korma* de verduras.* *Raita* (ensalada de pepino y yogur).* Mango en rodajas.
DÍA 23	
Desayuno	Batido de grasas inteligentes: vainilla, arándanos y espinacas. Té, café o cacao a la taza sin edulcorar.
Almuerzo	Sobras del pollo *tandoori* y del *korma*. Pera.
Tentempié	Chocolate negro y nueces pacanas (30 gramos de cada uno).
Cena	Salmón con salsa inteligente de limón y mantequilla.* Frijoles.

DÍA 24	
Desayuno	Batido de grasas inteligentes: chocolate, cerezas y espinacas.* Té, café o cacao a la taza sin edulcorar.
Almuerzo	*Gumbo.***
Tentempié	Chocolate negro y almendras (30 g de cada uno).
Cena	Brochetas de pollo *satay* envueltas en repollo y salsa de almendra, mantequilla y leche de coco.* Queso curado y pera en rodajas.
DÍA 25	
Desayuno	Avena cortada con polvo proteínico de vainilla, frutos secos y manzana.** Té, café o cacao a la taza sin edulcorar.
Almuerzo	Verduras con pimiento picante.
Tentempié	Batido de grasas inteligentes de tu elección.
Cena	Salmón a la parrilla con limón, eneldo, pimiento picante y pimentón. Quinoa con col rizada, setas y cebollas. Chocolate negro.
DÍA 26	
Desayuno	Batido de grasas inteligentes: vainilla, melocotón y semillas de chía. Té, café o cacao a la taza sin edulcorar.
Almuerzo	*Gumbo.***
Tentempié	Pistachos y mandarina.
Cena	Lomo de cerdo a las hierbas mediterráneas.** Acelgas salteadas con ajo. Boniato cocido.
DÍA 27	
Desayuno	Batido de grasas inteligentes: chocolate, frutas del bosque y semillas de chía. Té, café o cacao a la taza sin edulcorar.
Almuerzo	*Curry* de lentejas.*
Tentempié	Chocolate negro y nueces de macadamia (30 g de cada uno).
Cena	Kebab de carne con piña, cebolla y pimiento morrón.*

DÍA 28	
Desayuno	Huevos rancheros (huevos fritos con frijoles y salsa mexicana). Té, café o cacao a la taza sin edulcorar.
Almuerzo	Paté de setas y frutos secos.* Coles de Bruselas asadas con nueces troceadas.
Tentempié	Pera, queso gorgonzola, nueces y frambuesas.*
Cena	Curry de leche de coco con gambas y brécol.* Chocolate negro.

DÍA 29	
Desayuno	Batido de grasas inteligentes: vainilla, cereza y col rizada.* Té, café o cacao a la taza sin edulcorar.
Almuerzo	Ensalada de pollo a la parrilla con aliño italiano. Té helado.
Tentempié	Huevo duro.
Cena	Salteado de salmón. Brécol al vapor con salsa inteligente de limón y mantequilla.* Arroz salvaje. Chocolate negro.

DÍA 30	
Desayuno	Tortilla campera. Té, café o cacao a la taza sin edulcorar.
Almuerzo	Sopa minestrone. Té helado.
Tentempié	Nueces de macadamia y manzana.
Cena	Filete de lomo de vaca bio a la parrilla. Judías verdes salteadas con ajo. Puré de coliflor asada.

Hasta aquí nuestras sugerencias para el plan de treinta días de la *fórmula de las grasas inteligentes*. Como hemos dicho, encontrarás muchas de estas recetas en el capítulo 10 y en www.SmartFat.com, pero ahora volvamos a esas preguntas básicas que pueden haber ido surgiendo.

Capítulo 7

GUÍA DEL USUARIO DE LAS GRASAS INTELIGENTES

Nuestro plan de treinta días y nuestras recetas (ver el capítulo 10) te ahorran el trabajo de tener que pensar los menús diarios, pero llega el día 31.

¿Y entonces qué? Bueno, eso depende de tus objetivos.

Quizá hayas perdido peso durante el transcurso de los primeros treinta días, pero todavía no estás donde quieres llegar. Sientes que aún te queda camino por recorrer. Si esa es tu situación, revisa las dos fases del plan de treinta días y sigue cumpliendo las pautas de la fase 2 para la pérdida continuada de peso. Con un poco de persistencia y un toque de paciencia, llegarás sin duda al peso con el que te sientas bien.

¡Pero habrá muchos que se sientan satisfechos al final de los primeros treinta días! Aquellos que habéis perdido algo de peso y os sentís fantásticamente, tan sanos y tan fuertes que queréis seguir con la *fórmula de las grasas inteligentes* de por vida. ¿Y por qué no? Por fin habéis encontrado una manera sencilla, inteligente y deliciosa de comer que funciona.

Por supuesto que podéis seguir utilizando las recetas al pie de la letra y jugar con los sabores o hacer las modificaciones que se os antojen (siempre y cuando sean inteligentes) para ajustarlas a vuestros gustos; pero seamos realistas: no vais a ir cargando con este libro por todas partes el resto de vuestras vidas y, en algún momento –tanto si estáis en la tienda de alimentación como sentados en un restaurante o de pie frente al frigorífico intentando resolver qué hacer para la cena– os van a surgir dudas. Nos gustaría resolverlas, preferiblemente antes de que pongas ese alimento en el carrito de la compra, de que hagas el pedido o de que abras el frigorífico.

Como es posible que tus dudas tengan que ver con todas las comidas del día, empezaremos por el desayuno, iremos después al almuerzo y ciertos tentempiés inteligentes y acabaremos el trayecto en la cena, con un par de excursiones extra a mitad de camino. Incluimos consejos sobre qué hacer si llegas a la temible «meseta», si deberías seguir un diario de comidas (te adelantamos el dato: sí, funciona) y la respuesta definitiva al viejo dilema: «¿debería tirar mi báscula de baño?» (respuesta corta: quizá sea el momento de conseguir una báscula nueva; más adelante te diremos por qué).

Considera este capítulo como tu guía del usuario de las grasas inteligentes. Un manual para toda la vida.

Desayunos inteligentes

Uno de los motivos por los que recomendamos nuestro batido de grasas inteligentes para el desayuno es porque resulta muy sencillo de preparar y *muy* rápido, lo que es muy valioso por las mañanas, cuando es más frecuente que uno tenga prisa y deba estar listo para empezar el día. Pero incluso si estás preparado para «batirlo», todavía podrías hacer algunas preguntas sobre esa primera comida del día.

¿Qué tiene de malo un vaso de zumo de naranja?

Nada, si te gustan los excesos de azúcar y el caos resultante que se desencadena en tu metabolismo. Según la opinión de muchos expertos en salud y nutrición, el zumo de naranja (procesado) es poco más que agua azucarada, a pesar del lugar de honor que tiene en los hogares estadounidenses a la hora del desayuno. Incluso si el ingrediente principal fuesen las naranjas, su riqueza en azúcar y su alta carga de calorías no se pueden comparar con una naranja natural.

Por ejemplo, un vaso de 250 cc de zumo de naranja contiene 23 g de azúcar —ese no es azúcar *añadido*, son solo azúcares concentrados de la fruta—, más de 100 calorías y 0 g de fibra. Por otra parte, una naranja promedio está llena de nutrientes, es un alimento de baja CG, tiene unos 4 g de fibra beneficiosa y montones de vitamina C.

Se puede hacer la misma argumentación con respecto a las demás frutas a las que se convierte frecuentemente en zumos, como las manzanas. La fruta entera incluye algo de azúcar, pero también consigues fibra, agua, vitaminas, minerales y fitoquímicos como los flavonoides, que te ayudan a luchar contra las enfermedades —todo ello en un solo paquete de baja CG, sobre todo cuando se la compara con su azucarado hermano líquido.

El problema de los zumos es que no contienen ni proteína ni fibra. Cuando bebes zumos consumes 100 calorías, pero no te sientes lleno y comerás la misma cantidad de alimentos tanto si has bebido el zumo como si no. Un vaso de 250 cc (¼ de litro) de zumo cada día durante un año añade un extra de 36.500 calorías, que le añadirán unos cinco kilos de grasa a tu esqueleto (se necesitan 3.500 calorías para formar medio kilo de grasa). Sabemos que hemos dicho que no íbamos a contar calorías, pero en este caso los números lo dicen todo. Por el contrario, cuando te comes una naranja te sientes lleno por la fibra y te beneficias de sus muchos nutrientes. Repite con nosotros: *descarta el zumo, come la fruta*.

A pesar de los esfuerzos que hacen los grandes de la industria alimentaria para colocar en los zumos de frutas la etiqueta de alimentos sanos, son cualquier cosa menos eso. El zumo de fruta se ha convertido en un hábito y lleva demasiado tiempo formando parte de los que consideramos un buen desayuno tradicional. Y lo que es peor, ese hábito ha alentado a la industria milmillonaria de las «bebidas de frutas», que nos ha inundado con bebidas con sabor a frutas que no son mejores que los refrescos azucarados —posiblemente sean peores, porque se disfrazan de alternativas saludables y el público al que se dirigen son los niños y los más jóvenes–. Al menos las bebidas gaseosas no fingen (y no te dejes seducir por los zumos «enriquecidos» con calcio y vitamina D. Si comieras la fruta real en lugar de una bebida altamente edulcorada, no necesitarías que estuviese «enriquecida»).

Conforme, pero ¿y el zumo natural? Eso es mejor, ¿no?

Los zumos naturales son ahora más populares que nunca. Los bares especializados brotan por todas partes. También están proliferando los carísimos zumos «exprimidos en frío» y las empresas que venden programas de desintoxicación a base de zumos. Los zumos de verduras y frutas recién elaborados pueden ser una buena forma de conseguir ciertas vitaminas y minerales procedentes de casi cualquier alimento que esté en la sección de verduras frescas; y para la gente que no suele comerlas, los zumos pueden ser una opción pero de escaso valor nutricional.

Además esta nueva moda tiene un par de puntos débiles. Es cierto que obtienes una bebida nutricionalmente densa hecha de verduras y frutas de verdad, frescas y sanas; pero te pierdes la fibra, que en el proceso es desechada junto con la pulpa.

El otro punto débil es que los zumos siguen siendo zumos. Y teniendo en cuenta que la mayoría de ellos se preparan con frutas dulces, te estás exponiendo a una carga glucémica potencialmente alta. Los batidos verdes hechos de, digamos, espinacas, col rizada y pepino no tienen este problema, pero demasiado frecuentemente en estos bares especializados endulzan los batidos verdes con manzanas y zanahorias, es decir, con grandes cantidades de azúcar.

Existe una gran diferencia entre la moda de los zumos y un proceso popular llamado «licuar». Hacer zumo es utilizar un exprimidor para separar la pulpa del zumo y luego beber solamente este último. Licuar es algo que uno hace con una máquina potente como Vita Mix: echas la verdura o la fruta enteras en la máquina, y esta lo licúa todo. De ese modo se crean bebidas increíblemente suculentas, muy densas en nutrientes, en las que ningún elemento de la verdura o de la fruta se pierde, ni la pulpa, ni la fibra, ni la piel, ni siquiera las semillas si es eso lo que deseamos. Nosotros somos grandes aficionados a las licuadoras justo por esta razón.

Si no lo has preparado tu mismo, el contenido nutricional de un zumo es impredecible. Una famosa cadena estadounidense de bares de zumos vende mezclas «saludables» de frutas que más nos parecen hechas para provocar un coma diabético (estamos exagerando, ¡pero no mucho!). Es posible que el zumo de manzana o de naranja recién hechos sepan mejor que los que se compran en la tienda, e incluso podrían tener unos pocos más nutrientes y unos pocos menos conservantes, pero siguen siendo una bomba de azúcar para tu organismo. Si vas a preparar zumos, utiliza verduras frescas, y te irá bien. ¡Cómprate una licuadora!*

No suelo comer huevos; tengo grabada la idea de que elevan el colesterol

La idea de que el colesterol dietético, como el colesterol natural que hay en los huevos, contribuye a provocar enfermedades cardíacas fue desechada hasta por Ancel Keys, el primer defensor de la teoría de que el colesterol provoca este tipo de enfermedades. Keys creía fervientemente que el colesterol en la *sangre* (y las grasas saturadas en la *dieta*) eran la causa principal de las enfermedades cardíacas, pero él nunca llegó a creer que el colesterol que *comemos* tuviese mucho que ver con ello. En 1997 afirmó: «No hay conexión de ningún tipo entre el colesterol en los alimentos y el colesterol en sangre. Y lo hemos sabido desde siempre. El colesterol de la dieta no es relevante en absoluto».

Lo más curioso es que, de todas maneras, solamente una tercera parte de la grasa del huevo es saturada; la mayor parte de ella es grasa monoinsaturada, el mismo tipo de grasa que contiene el aceite de oliva. Y en cualquier caso, incluso cuando la grasa saturada *sí* eleva ligeramente el colesterol sanguíneo total, aun así, parece tener un efecto conjunto beneficioso ya que reduce las partículas inflamatorias del LDL y sube las del HDL. La conservadora Facultad de Salud Pública

---

* Aunque en el original se habla de licuadora, lo cierto es que la mayoría de las licuadoras desechan la fibra, los autores se refieren a aparatos más sofisticados tipo Vita Mix.

de Harvard admite que el equivalente de un huevo al día (o siete a la semana) no supone ninguna amenaza para la salud. Afirmación apoyada por una cantidad considerable de investigaciones.

Personalmente creemos que si los huevos vienen de gallinas criadas biológicamente y en libertad (y *no* de las que se crían en baterías de jaulas en las grandes producciones y a las que se alimenta con una dieta de cereales contaminados por pesticidas), tienes poco que temer de las yemas, y mucho que ganar. Ademas de las proteínas, las yemas son una fuente maravillosa del nutriente cerebral *colina*, así como de *luteína* y *zeaxantina*, dos de las superestrellas de la nutrición ocular. Pero si los huevos que compras son de gallinas tóxicas de granjas-fábrica, desgraciadamente te irá mejor con las tortillas elaboradas solamente con la clara, menos densas en nutrientes (el principio de la *fórmula de las grasas inteligentes* —si no puedes comer limpio, come magro— se aplica también a los huevos).

En el supermercado convencional podrías encontrar huevos que proclaman que las gallinas se han alimentado con una dieta «enriquecida» con omega-3, pero recuerda: es posible que esos animales se alimenten de productos no biológicos repletos de pesticidas, así que asegúrate de que las gallinas sean de corral. Afortunadamente, se va haciendo cada vez más fácil encontrar huevos biológicos, de gallinas libres de jaulas, en muchas tiendas de alimentación. Es incluso mejor si puedes conseguirlos frescos de una granja de la zona.

¿Me puedo comer una tostada de pan integral con los huevos?

Puedes comerte lo que quieras; no pretendemos ser la policía de los alimentos ni los dictadores de la dieta, simplemente queremos señalarte las consecuencias de lo que escoges. Claro está, una simple rebanada de pan no va a matarte; pero la ingesta diaria de una gran cantidad de cereales (tostada en el desayuno, bocadillo en el almuerzo, el cestillo del pan en la cena) no te está haciendo a ti —ni a tu cintura, ni a tu corazón— ningún bien.

El pan elaborado comercialmente es un alimento de alta CG que por lo general aporta pocos nutrientes, excepto la insignificante cantidad de vitaminas que los fabricantes le añaden para «enriquecerlo». No es una buena fuente de fibra, a pesar de lo que te hayan dicho. Dicho esto, nosotros dos nos comemos una rebanada de vez en cuando, sobre todo cuando el pan es casero o rico en fibra, o si es especialmente sabroso; pero no recomendamos el pan como parte de tu dieta diaria, y definitivamente no forma parte de la saludable *fórmula de las grasas inteligentes*.

Habéis recomendado avena cortada. ¿Quiere eso decir que ya no puedo comer avena «normal»? La cocción de la avena cortada requiere mucho más tiempo.

Existen cuatro clases de avena en relación con el tiempo de cocción: instantánea, a la que le viertes agua hirviendo encima y no hay que cocerla; la de cocción rápida, que tarda unos pocos minutos en la cocina o en el microondas, las gachas de avena al estilo antiguo, que requieren más tiempo; y la avena cortada, que es la que más tiempo necesita, aunque creemos que merecen la pena esos minutos extra.

La *avena instantánea* tiene muy poca fibra y con frecuencia la endulzan con aditivos químicos, como el saborizante de arce, que contienen enormes cantidades de azúcares añadidos (en gran parte azúcar moreno, que no es mejor que el azúcar blanco corriente). Si te comes la variedad endulzada, daría lo mismo que te estuvieses comiendo unos cereales azucarados para niños. La avena instantánea está molida, precocinada y procesada de manera que no se necesite cocción, simplemente verter agua caliente sobre ella. Incluso si te decides por la variedad básica (y esta es completamente insípida, por eso añaden los fabricantes esos sabores falsos), es posible que contenga sodio u otras sustancias innecesarias. Es práctica, sí, pero es un carbohidrato de liberación rápida y de alta CG si se compara con sus primas, más naturales: la avena de cocción rápida y las gachas.

Las *gachas* tienen más fibra que la avena instantánea (4 g en media taza, sin cocer) y una CG más baja. La *avena de cocción rápida* tiene también 4 g de fibra, pero como consiste fundamentalmente en gachas picadas en copos más pequeños, podrían no tener una CG más baja que la instantánea. Las dos tienen muchísimo mejor sabor que la insípida —o con sabor añadido— y pegajosa avena instantánea. Sí, se necesita más tiempo para cocerlas que la instantánea, pero las gachas se pueden hacer en el microondas en cuatro o cinco minutos. Para cuando te hayas preparado la taza de café, la avena estará lista.

La *avena cortada* es la que más fibra tiene (5 g en una ración de ¼ de taza, sin cocer) y la menor CG de todas, por eso es la que más nos gusta. También tiene un buen sabor; sabe a nuez ¡y a avena auténtica! Añádele proteína en polvo, cúbrela con un puñado de almendras o nueces para agregarle algo de grasa inteligente y frutas del bosque para que tenga más fibra y más sabor y será una manera estupenda de empezar el día.

La avena cortada cuece en menos de veinte minutos, o diez si solamente preparas una ración. Si utilizas el microondas, solamente tardarás ocho minutos. Si la prefieres cocida y quieres acortar el tiempo de cocción, puedes remojarla en agua caliente (o en leche de almendra) unos cuatro minutos antes de cocerla. También puedes dejarla en remojo toda la noche en el frigorífico.

Si te inclinas por las gachas al estilo antiguo, adelante; sencillamente no te olvides de añadir proteína en polvo, fruta fresca y grasas inteligentes (las nueces o las almendras tienen un sabor magnífico). Si acostumbras a endulzar la avena con azúcar moreno o sirope de arce, es hora de que te replantees esa costumbre. Nuestra receta para la avena cortada es tan deliciosa que no echarás de menos el azúcar. Si no puedes soportar comer avena sin endulzarla un poco, añádele una pequeña cantidad de miel biológica o de sirope de arce puro, pero intenta que sea solo una cucharada o menos, ¡especialmente ahora que ya conoces sus efectos sobre la carga glucémica! Ya verás como no necesitas endulzarla, sobre todo si utilizas suficientes frutas del bosque.

¿Qué pasa con los edulcorantes alternativos al azúcar?
¿No son mejores los «naturales» que los artificiales?

Pocos temas provocan debates más encendidos, entre nutricionistas y expertos en salud, que los llamados edulcorantes artificiales.

Sea cual sea la postura que se tome sobre estas controvertidas sustancias, es posible encontrar un estudio que la respalde. La realidad es que si consumes bebidas gaseosas a diario, puedes perder algo de peso si eliges una *light* en lugar de una corriente, que contiene un promedio de siete cucharaditas de azúcar. Para complicar aún más las cosas, numerosísimas investigaciones recientes indican que los edulcorantes artificiales que se utilizan a menudo en las bebidas *light* alteran los mecanismos cerebrales que regulan el apetito, lo que explica la conexión entre estas bebidas y la obesidad. Además, parece que los edulcorantes artificiales dañan las bacterias intestinales beneficiosas, así que no creemos que merezca la pena arriesgarse a largo plazo para obtener el pequeño beneficio que ofrece cambiar de un refresco repleto de azúcar a uno edulcorado artificialmente.

Con respecto a los edulcorantes «naturales» ¿son realmente mejores? Tienes la respuesta en el capítulo 3, donde hablamos del sirope de agave, uno de los peores y más publicitados criminales de los últimos años.

Tanto si son naturales como artificiales, las alternativas al azúcar se comportan en el cuerpo exactamente como el azúcar de mesa común, y existen muchísimas razones para que, a pesar de la propaganda, no sean mejores (de hecho, pueden ser incluso peores). Estas son las que te encontrarás más frecuentemente:

Aspartamo: el aspartamo es quizá el más politizado y controvertido de todos los edulcorantes artificiales. Aunque muchos estudios con animales, apoyados por la industria, afirman que el aspartamo es seguro, muchos expertos no están convencidos. Por ejemplo, Russell Blaylock, neurocirujano jubilado, ha sido tajante en sus críticas: asegura que el aspartamo es tóxico para las células cerebrales. Creemos que hay muchísimas razones para evitarlo. Si hiciéramos una clasificación de los edulcorantes artificiales de mejores a peores, este se situaría en el lugar más bajo de nuestra lista.

Sucralosa: aunque la sucralosa proviene del azúcar, apenas puede considerarse una sustancia natural. La sucralosa es sacarosa procesada con cloro, y existen evidencias de que es perjudicial. La revisión de una investigación publicada en el *Journal of Toxicology and Environmental Health* indica que la sucralosa puede provocar una gran cantidad de daños en el organismo humano. Nosotros preferimos prescindir de ella.

Sacarina: la sacarina fue el edulcorante artificial favorito de la generación de nuestros padres hasta que se ganó la reputación de provocar cáncer de vejiga en ratas de laboratorio. En los últimos veinte años se ha averiguado que es improbable que tenga efectos negativos en los seres humanos, ni siquiera en las concentraciones más altas, pero seguimos sin poder quitarnos de encima la sensación de que no es buena para la salud. Es probablemente segura, pero también preferimos evitarla.

¿Y qué hay de los edulcorantes naturales: la estevia, el eritritol y el xilitol? Aunque no nos preocupa que tomes una o dos veces al día estos tres edulcorantes naturales, si estimulas tus papilas gustativas sin proporcionar caloría alguna, estimularás también la ansiedad por la comida (los antojos compulsivos), algo contraproducente si estás intentando perder peso. Cada vez que utilices estos edulcorantes naturales te verás obligado a comer más alimentos en las siguientes veinticuatro horas para compensar las expectativas frustradas que ese sabor dulce, pero vacío, ha generado en tu cerebro.

En resumidas cuentas: para la pérdida de peso creemos que la mejor estrategia es *evitar utilizar edulcorantes de cualquier clase*, incluidos la miel cruda y sin procesar, el sirope de arce y las melazas de caña. Estos son alimentos naturales con auténticos minerales, pero, aun así, el organismo reacciona ante ellos como reacciona ante el azúcar.

Si te mantienes en tu peso deseado y buscas alternativas más sanas a los edulcorantes, estas son algunas opciones:

La **estevia** es una hierba que se puede secar y utilizar como edulcorante. También la puedes comprar en polvo. Sin embargo, tiene dos defectos: no es buena para hornear y puede tener un regusto fuerte que recuerda al regaliz, un sabor que no a todo el mundo le gusta.

El **eritritol** es un azúcar de alcohol. No tiene efectos negativos que sepamos, aunque, como ocurre con todos los azúcares de alcohol, demasiada cantidad puede provocar diarrea. El eritritol aguanta bien el calor y puede utilizarse en el horno y en bebidas calientes, como el café. Esta es otra alternativa aceptable.

El **xilitol** es un azúcar de alcohol que se encuentra de manera natural en las fibras de muchas verduras y frutas. Frecuentemente se extrae de las hojas del maíz o del abedul. Tiene la propiedad de ayudar a evitar que las bacterias se adhieran a las mucosas, y por ese motivo es componente habitual de los chicles vendidos como «anticaries». El xilitol es mucho más dulce que el azúcar, pero contiene solo 2,4 calorías por gramo. Si quieres un edulcorante natural, este es una alternativa sana; pero tómalo con calma porque, como los demás azúcares de alcohol, demasiada cantidad puede provocar visitas frecuentes al baño.

¿Qué clase de leche puedo ponerme en el café?

La leche es uno de los pocos alimentos sobre los que no estamos de acuerdo al cien por cien. Jonny solo bebe leche entera cruda (que todavía está disponible en California a través de cooperativas agrícolas); Steven es más cuidadoso debido a la preocupación por las infecciones bacterianas asociadas a la leche cruda (*Listeria, E. coli, Salmonella, Campylobacter*); pero los dos estamos de acuerdo en que la leche corriente, pasteurizada y homogeneizada (de vacas de granjas-fábrica) tiene el mismo problema que la carne de esas mismas granjas: las toxinas se almacenan en la grasa, de modo que la leche corriente se transforma en una proteína perjudicial en lugar de ser una limpia. ¿Cuál es la solución? Si te gusta la leche, cómprala biológica. Lo mejor de todo es que algunas marcas venden ahora leche pasteurizada biológica obtenida de vacas alimentadas en pastos. Si puedes encontrarla, adelante. Si te gusta un poco de leche en el café y no puedes conseguirla biológica, haz lo segundo mejor y compra leche desnatada. O acostúmbrate a tomarte el café solo, ¡está realmente bueno!

¿Y qué pasa con el cremoso mitad y mitad (mezcla de crema y leche)? Mientras sea biológica, bien. También se puede utilizar leche de soja (no modificada genéticamente), leche de almendra sin edulcorar y leche de coco; pero sea lo que sea lo que le pongas al café, *no* le añadas leche en polvo, que fundamentalmente no es más que líquido de embalsamar. Si ves múltiples azúcares y grasas parcialmente hidrogenadas en la lista de ingredientes, ¡evítala! ¿Y esos paquetitos individuales de «leche en polvo» con sabores? Puras grasas trans; ¡mantente lejos!

¿Y si hago yo mismo mi yogur?

¿Por qué no? Elaborar los propios alimentos ofrece enormes alegrías y recompensas. Así que si tienes tiempo, paciencia e interés, adelante; la advertencia sigue siendo la misma: utiliza buenos ingredientes. En cuanto a los alimentos que preparamos, todo tiene que ver con los ingredientes: emplea leche biológica y obtendrás un resultado fantástico. Los beneficios de los alimentos fermentados por la naturaleza, como el yogur, son innumerables. Los probióticos que se dan de manera natural apoyan el sistema inmunitario y podrían incluso darte un empujón extra en tus esfuerzos para perder peso.

¿Tengo que desayunar antes de hacer ejercicio por la mañana?

Hay gente que lo hace, y gente que no. Si tu nivel de azúcar sanguíneo en ayunas es normal, realmente no importa mucho si desayunas antes o después de hacer ejercicio; pero si tu nivel de glucosa en ayunas está alto, podría haber una ventaja en comer antes del ejercicio, así agotarás el glucógeno almacenado en los músculos, y las calorías que ingieras a la hora del almuerzo irán destinadas a ocupar ese espacio que ha quedado libre.

No existe ninguna estrategia que funcione para todo el mundo bajo todas las circunstancias. En nuestra opinión, desayunar es importante, un buen hábito que nadie debería saltarse; por eso lo recomendamos en este libro. (Dicho esto, uno de nosotros –Jonny– juega al tenis todas las mañanas con el estómago vacío y después desayuna. Steven se toma todas las mañanas un batido rico en proteínas y fibra de camino al gimnasio). Te aconsejamos que experimentes hasta encontrar lo que te funcione mejor. Para la mayoría eso significa probablemente desayunar, pero el cuándo y el cómo te lo dejamos a ti.

ALMUERZOS Y SOLUCIONES INTELIGENTES PARA TENTEMPIÉS

A mis compañeros de trabajo les encanta reunirse para el almuerzo. Me gustaría ir con ellos, pero siempre van a los restaurantes más grasientos. ¿Qué puedo pedir allí?

Unirte a tus compañeros de trabajo en su peregrinación diaria a la meca de la comida basura más cercana conlleva dos problemas. El primero, evidentemente, es encontrar algo sano que comer; pero el segundo es aún más abrumador: ir a contracorriente. No es fácil, pero está lejos de ser imposible. Tienes que adoptar una posición personal y luego decidir cómo actuar. En lo que respecta a la alimentación, mantente fiel a tus principios, sin darle mayor importancia, y come lo que creas conveniente (un consejo amistoso: no te dediques a sermonear al resto de los comensales. Criticar su dieta generará mal ambiente y te garantizamos que no convencerás a nadie. Te irá muchísimo mejor si predicas con el ejemplo, silenciosamente).

Si te preguntan, podrías explicarles tus objetivos de salud y de pérdida de peso y cómo intentas conseguirlos. Esperamos que tus buenos amigos y los miembros de tu familia no te lo hagan pasar mal (y es posible que incluso sientan la suficiente curiosidad como para probar la *fórmula de las grasas inteligentes*). Respecto a aquellos a quienes no conoces mucho, espérate alguna broma si pides ensalada en una hamburguesería, pero normalmente la gente está tan metida en sus conversaciones y en su propia comida que ni siquiera se dará cuenta de lo que tienes en el plato.

Si no tienes más remedio que ir a ese lugar grasiento, pide las ensaladas y cualquier otro plato vegetariano, ya que no vas a encontrar proteína limpia alguna allí. Y trata de influir sutilmente sobre tus colegas para que cambien sus habitos alimentarios. En los Estados Unidos un número creciente de cadenas de comida rápida están comenzando a prestar más atención a la calidad de los alimentos y utilizan ingredientes procedentes de proveedores orgánicos locales; incluso hay alguna posibilidad de comer carne de animales procedentes de la ganadería bio. Según haya cada vez más personas que empiecen a darse cuenta de que los alimentos que consumen provocan que enfermen, engorden, se fatiguen y se depriman, es probable que crezca el número de restaurantes que ofrezcan alternativas al típico lugar de comida rápida.

Cuando llega la hora del almuerzo, estoy muerto de hambre. ¿Por qué ocurre eso y qué puedo hacer?

¿Estás hambriento antes del almuerzo, tienes poca energía por la tarde, te duermes en la cena? Todos estos problemas tienen un origen común: un mal desayuno.

Frecuentemente nos pregunta la gente qué debería hacer cuando está hambrienta antes de la cena, o qué debería «tomar» para tener un subidón de energía a media tarde. Creemos que el problema empezó probablemente mucho antes. Si a la hora del almuerzo tienes mucha hambre, lo más probable es que no hayas consumido de 20 a 30 g de proteína y de 10 a 15 g de fibra en el desayuno. Así de simple. Un desayuno inteligente rico en proteínas y fibra te mantendrá satisfecho durante horas; la mayor parte de la gente no siente hambre después de un desayuno así, al menos no hasta el almuerzo. Por eso nos gusta tomar un batido de grasas inteligentes para desayunar, ya que te sacia completamente. Cuando llegue la hora del almuerzo, tendrás apetito, por supuesto, pero es improbable que estés hambriento.

A veces tengo tanto trabajo que no puedo almorzar hasta primera hora de la tarde, ¡y tengo muchísima hambre! ¿Me puedo comer un tentempié

Si lo pasas mal para llegar al almuerzo, tómate una ración completa de proteínas y algo de fibra. Llévate unos cuantos huevos duros al trabajo y verduras troceadas con hummus. Si solamente necesitas algo ligero, hazte con rodajas de fruta y mantequilla de frutos secos, o algunas almendras y un poco de chocolate negro. Todos esos tentempiés están en línea con la *fórmula de las grasas inteligentes*.

Ciertas personas se sienten mucho mejor si comen un tentempié a media mañana, y otras pueden pasarse sin él. Si necesitas algo de combustible entre el desayuno y el almuerzo, no hay problema. Solo asegúrate de que planeas de antemano un tentempié inteligente (a estas alturas ya te sabes la lección: proteínas abundantes, gran cantidad de fibra y una buena pizca de grasa inteligente). Sé creativo, lleva algo de apio y mantequilla de almendra al trabajo, una taza de edamame o un puñado de pistachos. Consigue una «batidora de viaje» para prepararte un sencillo batido de proteínas cuando estás fuera. Encuentra una barrita de proteínas que cumpla nuestras normas, o prepara tú mismo una (se pueden encontrar las recetas en Internet). Se puede comprar pemmican (alimento concentrado), una sabrosa mezcla de grasa y proteínas que fue desarrollada primero por los indios norteamericanos y utilizada después por los exploradores en las expediciones polares (ver www.SmartFat.com). Y es una alternativa superior a su prima moderna, la falsa cecina, ¡la tristemente célebre Slim Jim!* Si el pemmican está elaborado con carne de animales alimentados con pasto, es el tentempié inteligente perfecto.

Encuentra tentempiés que se adapten a tu estilo de vida. Si comes como indicamos, teniendo presente el principio de las 5-5-10 raciones, es muy probable que el hambre entre comidas deje de regir tu vida; pero podrás seguir satisfaciendo tus antojos de una manera inteligente.

Me encantan las patatas fritas y las salsas para mojar. ¿Qué puedo comer en su lugar?

En lugar de las patatas fritas, prueba la saciante y crujiente jícama, los rabanitos, las zanahorias, los pimientos morrones, el apio y las verduras crudas. Rebánalos en rodajas o córtalos como las «patatas fritas», en palitos. Son fáciles de cortar con un cuchillo de chef, o si quieres rodajas muy fijas, con una mandolina de cocina, que no son caras. Moja tus saludables «patatas» en hummus, guacamole y salsa de alubias para conseguir unos tentempiés estupendos que mezclan la fibra vegetal y la grasa inteligente, dependiendo de las combinaciones que emplees. Encontrarás algunas recetas en el capítulo 10.

---

* *Slim Jim* es una marca americana de salchichas secas vendidas a nivel mundial y fabricadas por ConAgra Foods.

¿Es buena una barra de proteínas como tentempié?

Sí que lo es, al menos en teoría. El problema es encontrar una que cumpla nuestras normas: cero grasas trans, una cantidad de azúcar muy baja, un nivel razonable de fibra (unos 5 g), algo de grasas saludables y una sana cantidad de proteínas (unos 10 g). Sin embargo, hay pocas barras proteínicas que cumplan esas normas. Si puedes encontrar una que cumpla la mayor parte de nuestros criterios, adelante (ver en www.SmartFat.com nuestras recomendaciones). Y si eres apañado, prueba a hacer las tuyas. Encontrarás una gran cantidad de recetas de barritas proteínicas caseras en Internet, sobre todo en la comunidad de la dieta paleolítica.

La fórmula de las grasas inteligentes también cabe en una fiambrera

Si estás acostumbrado a llevarte el almuerzo de casa, mejor que mejor. Eso significa que, aunque estés en horario laboral, controlas la calidad de lo que comes. Ahora es el momento de fijarnos en tu fiambrera y ver cuán inteligente es su contenido.

Si tu almuerzo de costumbre es un bocadillo, una bolsa de patatas fritas, una galleta y algo dulce, ya sabes qué tienes que hacer. Es hora de olvidar por completo el concepto «bocadillo». Para plato principal piensa en cualquiera de nuestras posibilidades proteínicas, como cualquier carne de animales alimentados con pasto. Añádele montones de verduras crujientes, una pieza de fruta y agua suficiente y date el capricho de un poco de chocolate negro.

También puedes reservar las sobras de nuestras recetas de sopas caseras o platos principales. Si tienes acceso en tu trabajo a un microondas y a un frigorífico, tanto mejor. Lo mejor son las fiambreras con compartimentos para mantener los alimentos frescos y separados. Utiliza ingredientes para un «rebozado» sin pan: proteínas limpias en rodajas, sabrosas verduras salteadas sobrantes de la cena y algunas hojas grandes de lechuga para envolverlo todo. ¡Es delicioso! Añade a los ingredientes para una ensalada inteligente –alubias blancas, gambas y tomatitos– un aliño hecho de aceite de oliva. Prepara tu almuerzo la noche antes. El secreto está en la planificación previa, ¡asegurarte de que tienes los ingredientes correctos en la cocina!

Habéis recomendado el chocolate negro como
tentempié. ¿Qué debo buscar?

Sencillo: busca el porcentaje más alto de cacao que puedas aguantar razonablemente. Cuanto más alto sea el contenido de cacao, tanto más amargo será; un 82% de cacao puede ser extraordinariamente sano, pero difícil de comer cuando estás acostumbrado al chocolate con leche. El punto decisivo entre la salud y el sabor parece estar alrededor del 70-75% de cacao (se ha demostrado que el chocolate negro que tenga más del 70% de cacao, y por consiguiente menos azúcar, rebaja la presión sanguínea; pero añade más azúcar y esos beneficios desaparecerán). Y no te limites a comer simplemente chocolate negro, ¡también puedes bebértelo! Si eres bebedor de café, disfruta del sabor (y de los beneficios para la salud) de una cucharada de cacao sin edulcorar añadida al café de la mañana. El chocolate y el café son una combinación espectacular (es posible que notes un poco de residuos de cacao sin disolver en el fondo de tu taza de café, pero no te preocupes, aún disfrutarás de sus beneficios).

El cacao contiene flavanoles, muy importantes cuando hablamos de la salud. Cuanto menos cacao, menos flavanoles –el chocolate con leche tiene muy pocos; el blanco, ninguno–. Es mucho menos probable que las tabletas de chocolate biológicas y de alto contenido en cacao se elaboren con un extra de azúcar y otros ingredientes perjudiciales, lo que las convierte en una elección ideal para un tentempié inteligente.

Quiero eliminar la «J» de los sándwiches PB & J,* y también
reduciré el pan, pero la mantequilla de cacahuete me sigue
gustando. ¿Qué debo buscar cuando compro?

¡Eh!, ¿y a quién no le gusta la mantequilla de cacahuete? A nosotros verdaderamente nos encanta; pero no las comerciales con las que crecimos, cargadas de grasas trans y enriquecidas con azúcar. En

---

* El sándwich de mantequilla de cacahuete y mermelada (en inglés, *Peanut Butter and Jelly Sandwich*), más conocido por su abreviación PB&J, es un sándwich muy popular en los Estados Unidos que incluye una capa de mantequilla de cacahuete y otra de mermelada o jalea, normalmente entre dos rebanadas de pan

los Estados Unidos, hoy día no es difícil encontrar un supermercado de alimentación en donde puedas moler tus propios cacahuetes (y otros frutos secos) y convertirlos en mantequillas sanas. Cuando lo haces, el ingrediente único son los cacahuetes, quizá con un toquecito de sal. Y existen muchas marcas biológicas y sanas que no añaden ni azúcar ni aceites hidrogenados. Ya no es difícil encontrar una marca que tenga una lista de ingredientes cortísima: simplemente cacahuetes y sal.

Dicho esto, intenta ampliar tu paladar. La mantequilla de almendra es una alternativa estupenda a la de cacahuete, y de alguna manera es incluso más saludable (en nuestra opinión, las almendras tienen un mejor «perfil graso» y no son tan alergénicas como los cacahuetes y los productos elaborados con ellos). ¿Y por qué no probar el tahini? Fundamentalmente es una mantequilla de «fruto seco», pero se elabora con semillas de sésamo. ¡Es versátil y deliciosa!

CENAS INTELIGENTES

Me encanta la pasta, pero he resuelto eliminarla para seguir la fórmula de las grasas inteligentes. ¿Quiere eso decir que debo renunciar a ella para siempre?

No tienes que renunciar a nada para siempre si tú no lo deseas. No queremos que te vuelvas un robot de la alimentación. Todos vivimos de vez en cuando situaciones en las que nos presentan platos exquisitos que son una delicia culinaria y sensual, aunque podrían no situarse entre «los mejores de la clase» en la lotería de los alimentos, y ¿qué sería la vida sin tener la posibilidad de disfrutar de un poquito —hacemos hincapié en lo de *poquito*— de algún plato delicioso de vez en cuando? No queremos prohibir esos alimentos, sino hacerte consciente de sus efectos (en tu azúcar en sangre, en la inflamación, en tu cintura, etc.). La pasta no es un artículo dietético básico para ninguno de nosotros, pero eso no quiere decir que no sucumbamos a veces a los raviolis caseros con bogavante especiales del chef de la *trattoria* familiar de la zona. Simplemente, no lo hacemos muy a menudo.

Y piensa en Italia, donde la pasta se sirve como entrante antes del plato principal (¡proteínas!) y generalmente con una porción de verduras deliciosamente preparadas, de alubias o de ensalada verde. Allí la pasta siempre se cuece al dente (lo que rebaja su CG), con una salsa celestial recién hecha y probablemente con una pizca de queso recién rallado también. Aprende la lección de los italianos y disfruta la pasta (una ración pequeña) como parte de una comida variada, saludable y sabrosa.

¿Debería olvidarme del cestillo del pan?

A menos que se celebre algo especial, prácticamente todo el mundo debería olvidarse del cestillo del pan. No se necesitan esas calorías vacías de la harina, que envían al techo los niveles de azúcar en sangre y que perturban tus hormonas y tu metabolismo. Piensa en el pan como si fuese una tarta de cumpleaños: es algo que uno debe reservar para las ocasiones especiales.

¿Y qué pasa con los productos sin gluten?

Tomar productos sin gluten es diferente de «olvidarse del cestillo del pan».

La intolerancia al gluten (celiaquía) se conoce mal y es enormemente más grave que las intolerancias normales a los alimentos. Utilicemos la intolerancia a la lactosa –la intolerancia alimentaria más común– como comparación.

La lactasa es la enzima que se necesita para digerir el azúcar de la leche (lactosa). Cuando no se tiene lactasa, consumir leche, helados y demás productos lácteos hace que uno se sienta flatulento e hinchado. Para ciertas personas puede tener como resultado dolorosos calambres abdominales; pero además de algunos síntomas molestos, comer lácteos no mata. Sin embargo, el gluten es un asunto diferente.

El gluten es una proteína que se encuentra en el trigo, el centeno y la cebada. Cada vez que comes alguno de estos cereales –sea cual sea la forma– consumes gluten. Tu sistema inmunitario lo «ve» y lo trata como a un invasor, y envía anticuerpos para atacarlo. Por sí mismo eso no tendría por qué constituir un problema, excepto que muchos de esos anticuerpos se confunden y atacan no solo al gluten, sino también a los propios tejidos corporales. Esos anticuerpos pueden provocar un caos en el tejido de tu intestino, en tu glándula tiroides, en tus senos nasales e incluso en tu cerebro.

La intolerancia al gluten es fundamentalmente una forma de enfermedad autoinmune. Si quienes la sufren lo comen aunque sea una sola vez, su sistema inmune atacará a sus tejidos durante los siguientes veinte o treinta días. Los síntomas pueden perdurar durante muchas semanas, porque los anticuerpos son unos atacantes implacables.

Los síntomas de la intolerancia al gluten son los problemas gastrointestinales, como la hinchazón, la flatulencia y los dolores abdominales, las deficiencias en nutrientes, la confusión mental, el trastorno de déficit de atención, la ansiedad, el dolor en las articulaciones, la congestión nasal, la fatiga, los eccemas y las erupciones cutáneas,

Calcula el tamaño de las raciones sin utilizar la báscula

A continuación te ofrecemos una lista de equivalencias que te ayudará a calcular visualmente los tamaños de las raciones. Con respecto a «puñado», somos conscientes de que una persona de menor tamaño tiene las manos más pequeñas que una de gran tamaño. No todos los puñados son iguales, y tampoco lo son nuestros cuerpos; pero existe una regla general: la gente de mayor tamaño necesitará precisamente puñados más grandes, mientras que la de menor tamaño los necesitará más pequeños.

30 g de frutos secos = un puñado
90-120 g de proteínas = una baraja de cartas
240 g de proteínas = dos barajas de cartas o un libro fino de bolsillo
30 g de queso curado = una ficha de dominó (o cuatro dados, o un cubo de 2,5 cm de lado)
1 taza de cereales cocidos = una pelota de tenis
1 pieza de fruta de tamaño mediano = una pelota de tenis
2 cucharadas de mantequilla de fruto seco = una pelota de golf
1 ración (½ taza) de pasta cocida = un puñado

y la facilidad para aumentar de peso y la dificultad para perderlo. Se pueden tener todos esos síntomas, o solo unos cuantos. Quien presente síntomas semejantes, crónicos e inexplicables, debería someterse a un examen que incluya una prueba de intolerancia al gluten. Muchos médicos prescriben análisis de sangre que resultan obsoletos para detectarla, de manera que es importante asegurarse de que a uno le hacen el examen correcto.

Si tienes intolerancia al gluten, tu sistema inmunitario está atacando tus propios tejidos. Si eres celíaco, tu sistema inmunitario está atacando tu área intestinal y provocando daños en el intestino delgado. Muchas personas tienen la idea errónea de que si se hacen una biopsia intestinal y esta indica que no son celíacas, pueden comer gluten; pero ese no es el caso. La intolerancia al gluten puede exacerbar todo tipo de problemas o conducir a ellos, como sucede con la esclerosis múltiple, ya que los anticuerpos pueden afectar al cerebro. Además, el gluten provoca que te sientas atontado, dolorido e hinchado; esto hace que tu metabolismo sea más lento y estimula el aumento de peso.

La intolerancia al gluten es un problema de vida o muerte. Por favor, no lo confundas con algo que es meramente fastidioso, como la intolerancia a la lactosa. Para obtener más información sobre la intolerancia al gluten, y la forma de vivir libre de él, visita nuestra página web www.SmartFat.com.

Permitís algo de vino con la cena (después de la fase 1). ¿Qué hay del alcohol en general? ¿Cómo encaja en la fórmula de las grasas inteligentes?

Beber un poco de alcohol al día tiene numerosos beneficios. El alcohol mejora el control del azúcar en sangre, aumenta la sensibilidad a la insulina, optimiza los perfiles de colesterol, disminuye el riesgo de sufrir una apoplejía o un ataque cardíaco, ayuda a la digestión e incluso reduce el riesgo de intoxicación alimentaria. Pero la dosis es muy importante. Una al día, desde el punto de vista médico, es mejor que ninguna; pero dos al día no tienen beneficio añadido alguno. Y tres al día aumentan los riesgos para la salud en conjunto, sobre todo en lo que se refiere al cáncer. A ese nivel de consumo, el alcohol empeora de hecho el azúcar en sangre y la tensión arterial. ¿Y beber cuatro o más veces cada día? Eso no solamente es perjudicial para tu salud física, sino que también es destructivo para tu vida social y laboral, y puede indicar un problema personal más profundo que tiene que abordarse.

Parte del motivo de que demasiado alcohol se asocie con un mayor riesgo de cáncer es debido a que el alcohol consume el *folato* (el ácido fólico), un miembro importante de la familia de la vitamina B de nuestro organismo. Sin folato, aumenta el riesgo de cáncer. De hecho, en el famoso Estudio de la Salud de las Enfermeras (uno de los estudios más largos sobre la salud de las mujeres que jamás se hayan emprendido), una o más bebidas al día aumentaban el riesgo de cáncer de mama, pero solo en las mujeres que presentaban una deficiencia en folato. De manera que si te das el gusto de beber alcohol con moderación, ¡asegúrate de que tienes vitamina B a mano!

Y recuerda que no supone ningún problema no beber nada de alcohol (uno de nosotros —Jonny— no ha ingerido una bebida alcohólica desde principios de la década de los ochenta). Muchas personas no tienen demasiado claro el concepto de «moderación», así que no deberían consumirlo en absoluto. Por favor, no creas que tienes que beber alcohol por los beneficios que se han detallado. Se pueden obtener esos mismos beneficios de maneras distintas.

¿Cuál es el mejor tipo de alcohol para consumir?

Todas las formas de alcohol —vino, cerveza y licores— tienen beneficios si se limitan a una ración al día. Desde la perspectiva de Steven, el vino hace que la comida sepa mejor, de modo que sería su primera elección de bebida alcohólica. Existen también ciertos resultados bioquímicos y de laboratorio que favorecen claramente al vino. En nuestra opinión, la mejor elección es el vino tinto, seguido del blanco, la cerveza y por último los licores, que causan un mayor daño al hígado. El vino tinto ofrece varios beneficios: además de ser una ayuda para la digestión y un excelente anticoagulante, contiene un flavonoide importante para el estímulo de la salud, llamado *resveratrol* (ver el capítulo 8).

A menos que seas muy disciplinado y puedas mantener la ingesta de alcohol al mínimo de una ración al día, Steven sugiere que evites consumirlo al menos dos o tres días por semana.

Me encantan vuestras recetas, pero ¿tiene que ser todo biológico?

Los alimentos frescos, locales y biológicos, directamente de la granja a la mesa, son siempre lo mejor; pero este es un mundo lejos de ser perfecto, y creemos que uno debe elegir sabiamente sus batallas.

Cada año, el Grupo de Trabajo Medioambiental (EWG, por sus siglas en inglés) –una organización sin ánimo de lucro de defensa del consumidor– utiliza los datos del Departamento de Agricultura de los Estados Unidos acerca de los residuos de pesticidas en las frutas y verduras frescas para elaborar una lista anual de lo que ellos denominan «las doce sucias», las doce frutas y verduras frescas más contaminadas. Las manzanas, los melocotones, las nectarinas y las fresas han estado en la cima en los últimos años. Cuando compres alimentos que se incluyan en esta lista, busca las variedades biológicas. Puedes descargar una aplicación gratuita desde la página web de la EWG (www.ewg. org) y convertir tu teléfono inteligente en un «teléfono de las grasas inteligente». El EWG también elabora una lista llamada «las quince limpias», en la que figuran los artículos frescos con la menor cantidad de residuos de pesticidas. Las elecciones «limpias» más recientes son los aguacates, los guisantes, las piñas y los repollos. Por tanto, no es tan imprescindible comprar variedades biológicas de las quince limpias.

Te recomendamos también que añadas la leche, la carne (roja y blanca) y el café a la lista de la compra de artículos biológicos. El café es uno de los cultivos en los que más pesticidas se utilizan del planeta, ¡y ya sabes nuestra opinión sobre la carne y la leche tóxicas!

Me gustan los alimentos salados, pero continuamente oigo advertencias sobre los peligros del sodio en la dieta. ¿Qué recomendáis vosotros?

Para la salud en general, preferimos claramente que te enfoques en el principio de las 5-5-10 raciones al día, más que en la sal y el sodio. Lo salado es uno de los sabores primarios por los que nos sentimos atraídos los seres humanos, y poner una pizca de sal en los alimentos hace que sepan mejor. Aquí, la palabra clave es «pizca».

Hay unos 2.400 mg (2,4 gramos) de sal en una cucharadita, aproximadamente la cantidad que las autoridades sanitarias recomiendan como el límite diario del consumo de sodio. El problema es que la mayor parte del sodio que consumimos no viene del salero. Viene de los alimentos procesados, de las sopas en lata, de las comidas preparadas y de los platos que consumimos en los restaurantes. La «pizca» de sal que le añadimos a los alimentos sin preparar es solamente una gota en el océano.

Para la mayoría de las personas, la sal no es un problema de vida o muerte. Dicho esto, si tienes la presión arterial alta, podrías experimentar y ver si limitar tu ingesta de sal la reduce.

Merece la pena tener en cuenta, también, que existe una proporción ideal entre sal y potasio en la dieta humana, del mismo modo que sucede con los ácidos grasos omega-3 y omega-6. Muchos profesionales de la salud han señalado que el problema de nuestra dieta podría no ser que consumamos demasiado sodio, sino que podríamos no estar consumiendo el suficiente potasio. El potasio se encuentra en la mayoría de las verduras y en muchas frutas, así que cuando comas aplicando la *fórmula de las grasas inteligentes*, estarás siguiendo una dieta rica en potasio.

Cuando llegues al capítulo 10, verás que la mayoría de nuestras recetas utilizan aproximadamente de ⅛ a ¼ de cucharadita de sal por persona, lo que es suficiente para estimular las papilas gustativas. Eso cumple las recomendaciones de mantener la ingesta de sal en el intervalo de 2.000 a 2.400 mg al día. Pero tus papilas gustativas serán más felices si estimulas todos y cada uno de los cinco gustos básicos: salado, ácido, dulce, amargo y *umami* (una palabra japonesa que indica un sabor jugoso y placentero). El reto de la cocina es estimular todas tus papilas gustativas, ya que eso hace que tu comida sepa estupenda.

Entonces, ¿qué pasa si resulta que a mí me gusta seguir una dieta baja en grasas y además me ha funcionado?

Los dos éramos defensores de los planes de comidas bajos en grasas, pero terminamos abandonando esta estrategia por los motivos que hemos explicado en el capítulo 1. Si has tenido un éxito personal con una dieta baja en grasas y quieres seguir con ella, *nuestro mensaje 5-5-10 es el mismo*: elige grasas inteligentes (cinco raciones), añade proteínas limpias (cinco raciones) y asegúrate de que tomas la fibra suficiente (diez raciones) todos los días. A algunas personas les va bien con menos grasas en sus dietas, pero no creemos que debas consumir menos de tres o cuatro raciones de grasa inteligente al día. Una dieta rica en carbohidratos estaría bien, siempre y cuando los elijas de baja CG y dejes fuera los cereales y los almidones cuando sea posible.

Los estudios han demostrado que la predisposición genética puede afectar al modo de perder peso. A algunas personas les va mejor con menos carbohidratos y más proteínas y grasas; a otras, con un plan de comidas más «mediterráneo» (equilibrado), y a otras, con una dieta baja en grasas. Para averiguar la tendencia genética que marque la idoneidad de un plan sobre otro, Steven ofrece exámenes genéticos en su clínica para estudiar los genotipos y qué dieta será mejor para cada caso.

He tomado desayunos, almuerzos y cenas inteligentes. ¡Hasta mis tentempiés son inteligentes! Estoy bastante segura de haber seguido fielmente el plan, pero me pregunto si debería llevar un diario de comidas

Llevar un diario de comidas requiere tiempo y esfuerzo y es poco práctico, y, francamente, a la mayoría de nosotros no nos gusta enfrentarnos con la a veces horrible verdad acerca de lo que comemos cada día; pero no hay modo de soslayarlo: llevar un diario de comidas puede ser tu mejor amigo en el trayecto hacia la pérdida de peso. Un estudio realizado en 2008 demostró que llevar un diario de comidas puede *duplicar* la pérdida de peso de una persona. ¡Eso es impresionante! Una revisión de quince estudios que se enfocaban en la autosupervisión durante la pérdida de peso averiguó que existía una

Medida inteligente: legumbres bajas en lectina (ahórrate las flatulencias)

Nos encantan las legumbres, tan llenas de nutrientes, como parte de la *fórmula de las grasas inteligentes*, pero sabemos que es posible que algunos de vosotros seáis intolerantes a las proteínas conocidas como *lectinas*, que se encuentran en estos alimentos (aproximadamente el 10% de las personas intolerantes a la lectina experimenta una fuerte reacción cuando come legumbres, manifestada en síntomas como la hinchazón y la diarrea). No hablamos de las flatulencias con las que, como todo el mundo sabe, se asocia a las legumbres; nos referimos a un auténtico sufrimiento gastrointestinal. Si estás en este grupo, es posible reducir en gran medida las irritantes lectinas de las legumbres haciéndolas «germinar» antes de cocerlas. Es un procedimiento muy sencillo.

Para hacer germinar la mayoría de las legumbres, remójalas toda la noche, enjuágalas por la mañana y luego ponlas en remojo de nuevo de seis a ocho horas. Para cuando vuelvas a casa del trabajo, estarán listas para enjuagarlas una vez más y cocerlas en agua limpia. (Nota: aunque esto se llame «germinar», en realidad se tiene que formar brotes; remojar las legumbres es lo que elimina las lectinas).

Para aquellos de entre vosotros que tengáis problemas menos graves –o sea, los que estáis preocupados simplemente por el famoso *ruido interior* que suele asociarse a un buen plato de legumbres– remojar las legumbres, enjuagarlas bien y cocerlas en agua limpia, no en el agua del remojo, ayuda a reducir la flatulencia, que es más común entre la gente que no está acostumbrada a comerlas. Enjuaga también completamente las de lata y las de bote.[*]

Las legumbres están entre los alimentos más saludables que hayan brotado alguna vez de la tierra, y verás muchas de ellas en las páginas de este libro porque llevan a cabo una «tarea triple»: están repletas de fibra, de nutrientes y de proteínas. Aunque las legumbres en lata o en tarro son prácticas, cocerlas uno mismo merece la pena (y te supone un ahorro de dinero).

---

[*] Es un cuento que tengas que dejar en remojo las legumbres toda la noche antes de cocerlas. Hacerlo acorta el tiempo de cocción hasta en una media hora, pero no existe ninguna regla de cocina que diga que tengas que hacerlo. Sin embargo, si quieres evitar la acumulación de componentes que provocan flatulencia, remojarlas adecuadamente contribuye a ello. Si no te has acordado de ponerlas a remojo la noche anterior pero quieres cocinarlas hoy, prueba con un «remojo rápido»: enjuágalas y hiérvelas durante dos minutos en suficiente agua fría como para cubrirlas; luego déjalas en remojo al menos una hora. Eso reducirá la cantidad de oligosacáridos, un tipo de carbohidratos que producen gases.

asociación significativa entre la autosupervisión y el adelgazamiento. Y más de la mitad de los participantes del Registro Nacional de Control del Peso estadounidense –que sigue a la gente que ha perdido un mínimo de quince kilos y se mantiene así durante al menos un año– llevan diarios de comidas regularmente.

Si sigues a rajatabla la *fórmula de las grasas inteligentes*, sobre todo si utilizas las recetas de la fase 1 y la fase 2, no necesitarás llevar un diario de comidas. Pero probablemente te «salgas del camino» en algún momento e incluso es posible que averigües que te has desviado unos kilos de tu objetivo, y ahí es donde viene bien un diario de comidas. Llevando el registro de lo que comes –incluso si fuesen unos pocos días– puedes conseguir mucho. Eso te abre los ojos y te ayuda a controlar tus progresos. Te mantiene al tanto de lo que comes, también. ¡Es muy difícil comer sin pensar cuando te has hecho una promesa a ti mismo de apuntarlo todo!

Esta es una manera de utilizar un diario de comidas como parte de la *fórmula de las grasas inteligentes*. Prueba a llevar uno durante tres días cuando empieces la fase 1, de tal manera que puedas seguir tu ingesta de 5-5-10 raciones de grasas inteligentes, proteínas y fibra. Después, prueba otra vez unos cuantos días cuando te encuentres en la fase 2, como una manera de asegurarte de que todavía estás dentro de las recomendaciones de la *fórmula de las grasas inteligentes*. Prueba otra vez más cuando hayas pasado el día 31, de nuevo para asegurarte de que eres consciente de lo que comes y de que sigues acertando en la diana 5-5-10. Lleva el diario tan sencillo o tan detallado como quieras; haz lo que te funcione mejor, pero como mínimo úsalo cuando empieces el plan de treinta días, y luego como comprobante.

Si vas por ese camino, no tendrás que llevar un diario para siempre. Jonny lo hizo en una ocasión durante un mes para controlar cada bocado que ingería. Apuntó gramos de proteínas, gramos de carbohidratos, gramos de calorías –todo, absolutamente todo– y tomó nota también de sus hábitos de ejercicio solo para tener una buena medida. Al final, aprendió muchísimo acerca de lo que su cuerpo necesitaba para perder, aumentar o mantener peso. No repitió nunca el experimento, pero el conocimiento que consiguió durante ese mes fue inestimable. Steven hace análisis mediante un diario de comidas de tres días al menos una vez al año, y cada vez aprende algo importante sobre su ingesta de nutrientes.

Los diarios de comidas pueden ayudarte a recuperarte de un bajón provocado por la meseta, o llevarte a comer bien de nuevo si patinas de vez en cuando. No comas bien solo para llevar un diario de comidas, ¡lleva un diario de comidas para comer bien!

¿Tendría que tirar mi báscula de baño, o debo pesarme regularmente?

La báscula de baño corriente es un objeto que inspira terror a mucha gente, pero que no debería. Tómalo como un sistema de monitorización que te proporciona un dato real y que te dice cuándo es hora de corregir el rumbo.

El truco para utilizar la báscula de una manera saludable y productiva es no otorgarle demasiado poder. No debería tiranizarte, ni definirte, y no pienses nunca que el número que ves en ella es el árbitro definitivo de tu salud y tu bienestar, ni siquiera de tu aspecto. *Tú* estás al mando, no ese objeto al que te subes descalzo.

He aquí cuatro consejos para utilizar la báscula de manera productiva:

1. Utiliza siempre la misma báscula.
2. Pésate siempre por la mañana.
3. Pésate siempre desnudo.
4. Pésate siempre antes de comer.

Jonny utiliza lo que él llama «la regla de los dos kilos». Si se desvía más de dos kilos de su peso, vuelve a comer de una manera más estricta (como la fase 1 del plan de treinta días). Nadie quiere ser ese tipo que cuando va a acudir a una reunión de antiguos alumnos del instituto, se pone ese traje que no ha llevado en años y «de repente» se da cuenta de que ha engordado doce kilos sin notarlo. ¡Utiliza la báscula! Te ayudará a mantenerte consciente. Haz de ella tu amiga y tu aliada, no tu enemiga. Piensa en ella únicamente como otra forma de conseguir información importante sobre lo que te funciona y lo que no.

Sin embargo, tenemos que avisarte de algo: una báscula corriente no te dirá nada acerca de la composición corporal, que es una medida importante cuando se intenta perder peso. Recuerda: quieres perder *grasa corporal*, no *músculo* (quienes pierden peso sin preservar los músculos ven frecuentemente que se han convertido en «gordiflacos»). Afortunadamente, ahora hay básculas domésticas de calidad superior que te indican tu porcentaje de grasa corporal además de tu peso. Los porcentajes de grasa corporal son fiables dentro de un margen de entre el 2 y el 4% (ya que dependen de la hidratación) y proporcionan una buena idea de en qué dirección va uno. Se pueden comprar básculas de impedancia bioeléctrica (BEI, por sus siglas en inglés) por menos de cien dólares. También se pueden encontrar básculas BEI de alto nivel en ciertas consultas médicas, gimnasios y *spas*.

Si verdaderamente quieres utilizar una báscula para seguir tus progresos, deshazte de tu antigua báscula de baño de la vieja escuela y sustitúyela por un modelo BEI (ver www.SmartFat.com para más recomendaciones). Creemos que vale la pena si eres usuario de las básculas. (Una nota sobre la hidratación: estar más hidratado puede cambiar los números de tu porcentaje de grasa corporal del 1 al 2%, así que cuando sigas tus progresos utilizando una báscula BEI no tengas en cuenta cualquier cambio que no sea de más del 2%).

Mi pérdida de peso iba a buen ritmo, pero acabo de llegar a la meseta y ahora se ha detenido. ¿Qué puedo hacer?

Entre los dos sumamos cincuenta años de experiencia en el campo de la pérdida de peso y, en todo ese tiempo, no hemos conocido a nadie que no se haya topado, en algún punto del proceso, con la temida «meseta», ese punto en la trayectoria hacia la pérdida de peso en el que parece que esta se detenga completamente. Esa meseta frustra a todo el mundo, pero hay un par de cosas que pueden hacerse al respecto.

Antes que nada debes pensar en la pérdida de peso de una manera diferente. Tu peso —o más correctamente, tu porcentaje de grasa corporal– es como el mercado de valores. No se puede prestar atención a cada cambio que aparece en los gráficos que muestran a tiempo real las oscilaciones del mercado bursátil, sería para volverse loco. Lo importante, tanto con las acciones como con la pérdida de peso, es la *dirección general* del gráfico. Las pequeñas caídas y subidas que ocurren durante el día en el mercado de valores no importan mucho si se mira el cuadro general y se ve, con el tiempo, que el mercado generalmente sube. De forma semejante, tu peso puede fluctuar un kilo o dos de un día a otro, pero lo que importa es lo que ocurra *a la larga*, es decir, que generalmente vaya hacia abajo. Las mesetas son parte del trayecto hacia la pérdida de peso. El truco está en no dejarse vencer por ellas, simplemente tenerlas en cuenta y no sorprenderse (o descarrilarse) cuando se presentan.

Si sigues nuestras recomendaciones, *tu masa adiposa disminuirá y tu masa muscular aumentará*, así que tu peso total no cambiará. A menudo esa es la causa real del estancamiento. En ese caso, indica que estás haciendo un buen trabajo, ¡porque necesitas ganar masa muscular para quemar la grasa! No te obsesiones con el peso que marca tu báscula. En lugar de eso, mide tus índices de grasa y masa corporal y compútalas por separado (para eso necesitarás una báscula BEI).

Dicho esto, hay otros factores que funcionan frecuentemente y que pueden contribuir a las mesetas (o provocarlas), y si estás atascado durante un tiempo en el mismo peso y no parece funcionar nada, sería el momento de tener en consideración alguno de ellos. Por ejemplo, muchos de los pacientes de la clínica de Steven se someten a un examen para medir su tasa metabólica basal (TMB), sobre todo si tienen dificultades para perder peso. La TMB es la tasa en la que se queman calorías en estado de reposo.

La clínica de Steven ofrece también análisis genéticos. Los análisis genéticos y la tasa metabólica pueden proporcionar importantes datos cuando te preparas para modificar una dieta (por ejemplo, a varias personas que tienen una determinada variante del gen que puede estar correlacionado con la obesidad, ¡les va mejor con una dieta más baja en grasas inteligentes!).

Los otros dos factores que pueden provocar, o prolongar, las mesetas son las intolerancias alimentarias y las toxinas. Si comes un alimento al que eres sensible, tu cuerpo puede responder produciendo muchas sustancias químicas inflamatorias que pueden interferir en un metabolismo que funcione correctamente, por no hablar de la quema de grasas (las sensibilidades alimentarias sin diagnosticar son una causa frecuente de las mesetas en la pérdida de peso). Así que si llegas a una meseta prolongada, piensa en la posibilidad de que sufras alguna alergia alimentaria (visita nuestra página web, www.SmartFat.com, para ver más detalles).

Asimismo, debes tener en cuenta que cuando se pierde mucha grasa se libera una gran cantidad de toxinas. Mientras la grasa se va disolviendo de tus caderas, de tus nalgas y de tus muslos, desgraciadamente también está liberando al torrente sanguíneo un montón de toxinas almacenadas. Esas toxinas hacen bajar tu metabolismo (la tasa a la que se queman calorías) y te hacen sentir cascarrabias y enfermo. Si has estado comiendo grasas sucias y proteínas perjudiciales durante años, adivina qué sucederá. Probablemente estés cargado de toxinas, y cuando se liberen en tu organismo, los infiernos se abrirán.

Aunque no existe un examen científicamente correcto en el que se esté de acuerdo para medir las toxinas, se puede suponer con seguridad que, si has estado comiendo la dieta estándar norteamericana de proteínas perjudiciales y grasas sucias, tienes una desmesurada cantidad de toxinas en el cuerpo que bloquean espectacularmente tu capacidad de quemar calorías. Si las toxinas te impiden perder peso, podría ser el momento de añadir a tu dieta algunos suplementos desintoxicantes que puedan ayudar a tu hígado a eliminarlas de tu organismo. Nuestros preferidos son el extracto de cardo mariano (900 mg al día), la N-acetilcisteína o NAC (600 mg al día), la curcumina (de 500 a 1.000 mg al día) y el selenio (400 mcg al día). Tu ingesta total de selenio entre alimentos y suplementos no debería pasar de 400 mcg. Ten presente que tus pastillas de multivitaminas pueden contener de 100 a 200 mcg de selenio (ver el capítulo 8 para más información sobre los suplementos).

Una solución de baja tecnología para las mesetas es tan sencilla como elegante: bebe más agua. Nuestra fórmula favorita para la pérdida de peso consiste en tomar tu peso en kilogramos, multiplicarlo por 0,03 y beber ese mismo número de litros de agua cada día (de manera que si pesas 70 kilos, deberías beber unos 2,1 litros diarios, o unos ocho vasos de ¼ de litro). Mientras tanto, intenta sudar más. Es posible que el ejercicio no sea la forma más eficaz de perder peso (ese honor le corresponde a la dieta), pero es una de las mejores maneras de asegurarse de que se mantienen los beneficios. Intenta elevar el nivel o la intensidad de tu actividad física.

Probablemente, el mejor consejo de todos en lo que respecta a las mesetas es también el más difícil de seguir: tener paciencia. Las mesetas son hechos vitales en el trayecto hacia la pérdida de peso; y no son el *final* de ese trayecto, son solo un obstáculo menor en el camino.

TERCERA PARTE

Más allá de la dieta: habitos inteligentes para una vida inteligente

Capítulo 8

SUPLEMENTOS INTELIGENTES

Cuando incorpores las grasas inteligentes a tu dieta, vas a comer una amplia variedad de alimentos nutricionalmente densos. Alimentos que te proporcionarán abundantes vitaminas, minerales, ácidos grasos omega-3 y demás compuestos esenciales que te ayudarán a mejorar tu salud, retrasar el reloj del envejecimiento, experimentar una subida de energía, reducir tu cintura e incluso mejorar tu vida amorosa. Podemos apostar a que notarás mejoría en la memoria y una mayor agilidad mental.

De manera que podrías preguntarte: si todos los alimentos de la *fórmula de las grasas inteligentes* son tan estupendos, ¿qué necesidad hay de suplementos nutricionales? ¿Acaso no nos dicen los expertos que si consumimos una dieta sana podemos conseguir de los alimentos todos los nutrientes que necesitamos?

Bien, sí, lo hacen.

Y están muy equivocados.

Si todos viviésemos en un entorno perfecto en donde los cultivos creciesen en un suelo rico en nutrientes, donde todos nuestros alimentos fuesen biológicos, donde comiésemos una amplia variedad de alimentos vegetales todos los días, donde el aire estuviese limpio y el agua fuese pura, y nuestro nivel de estrés fuese bajo y tomásemos cada día unas horas de sol en bañador, entonces, y solo entonces, podríamos conseguir todas las vitaminas y los minerales básicos de nuestros alimentos, nuestra tierra y nuestro sol; pero ninguno de nosotros vive en un lugar así.

Debido a cómo cultivamos, producimos, procesamos y manipulamos hoy nuestros alimentos, hemos eliminado la mayor parte de «lo bueno» de nuestra cadena alimentaria. Las prácticas modernas de la agricultura y del cultivo del suelo han dado como resultado niveles inferiores de ciertos minerales, como el magnesio y el selenio, en el mismo suelo en el que se cultivan las plantas que consumimos. En cuanto a nuestra exposición al aire limpio y sano y a la luz del sol, poca gente vive en ciudades o pueblos (o incluso en zonas sin desarrollar) donde el aire esté libre de contaminantes. Y con el creciente uso de las cremas solares −necesarias para prevenir el cáncer de piel− no recibimos suficiente exposición a la luz solar, que ayuda a que nuestro organismo produzca la indispensable vitamina D.

¿Sigues preguntándote si podemos conseguir los suficientes minerales y vitaminas por medio de la dieta? Con la *fórmula de las grasas inteligentes* llegarás con toda seguridad a cumplir −y con creces− con los requisitos nutricionales mínimos para lo que los expertos están de acuerdo en definir como nutrientes principales. Pero si verdaderamente deseas una salud óptima −si quieres apoyarte en esa dieta sana y mantener tu salud a la larga−, piensa en los suplementos como en expendedores automáticos de alta tecnología, en los que adquirir de manera rápida y fácil todos los nutrientes que necesita tu cuerpo para mantenerse sano.

¿Qué pasa con las «cantidades diarias recomendadas»?

No somos muy partidarios de las cantidades diarias recomendadas (o CDR). La mayor parte de la gente no es consciente de que se concibieron para responder a la pregunta: ¿qué cantidad de esta vitamina concreta prevendrá una enfermedad relacionada con su deficiencia nutricional en el 97% de la población? Dicho con otras palabras, ¿cuánta vitamina C necesita el ser humano promedio para prevenir el escorbuto? o ¿cuánta vitamina D se necesita para prevenir el raquitismo? Las CDR se desarrollaron durante la Segunda Guerra Mundial como parte de las recomendaciones dietéticas para los soldados y otras personas que vivían con los alimentos racionados. No son —y nunca lo fueron— una buena medida de qué nutrientes precisamos para una salud óptima, y existe una enorme diferencia entre la cantidad mínima que necesitamos para evitar una enfermedad desencadenada por una deficiencia vitamínica concreta y la cantidad óptima que deberíamos consumir para disfrutar de una salud general excelente.

Piénsalo de esta manera: si quieres evitar el raquitismo, asegúrate de que cumples las CDR de vitamina D. Si quieres reducir las enfermedades cardíacas, mejorar la función cerebral, disminuir el riesgo de cáncer, detener la pérdida de masa ósea y prevenir el envejecimiento acelerado, ingiere la cantidad óptima, ¡que es aproximadamente un 300% más que las CDR! Vamos a decirte cómo conseguir esa cantidad, y ahí es donde entran los suplementos.

No todos los suplementos se crean igual

Saber de dónde vienen tus alimentos es una parte esencial de la *fórmula de las grasas inteligentes*, y ocurre exactamente lo mismo con los suplementos. Es muy diferente comprar aceite de pescado procedente de salmones capturados en las inmaculadas aguas de Alaska, preparado a pequeña escala, destilado molecularmente y sometido a un examen de impurezas, que comprar un «aceite de pescado» genérico, no regulado (y sospechosamente barato) que proviene de fuentes sin identificar. Podrías estar tomándote un producto elaborado con peces tóxicos que viven en aguas contaminadas. Con los suplementos, lo mismo que con los alimentos, la calidad importa.

De vez en cuando sale a la luz un estudio que demuestra que muchos suplementos comerciales no contienen lo que dice la etiqueta que contienen. Por ejemplo, en 2015, la revista *Scientific Reports* destacó que solamente el 10% de los productos de aceite de pescado comercializados en Nueva Zelanda incluía la cantidad de ácido eicosapentaenoico y de ácido docosahexaenoico, importantes ácidos grasos omega-3, que se indicaba en las etiquetas. Y todavía peor, el 83% de los productos comerciales de aceite de pescado examinados mostró niveles inaceptables de oxidación, que es una manera sofisticada de decir que los productos estaban rancios.

ConsumerLab.com es una especie de perro guardián para la industria de los suplementos que lleva a cabo exámenes independientes sobre una amplia gama de vitaminas, minerales y demás suplementos nutricionales disponibles comercialmente. Por desgracia, con frecuencia encuentran evidencias de que lo que hay en la botella no corresponde a lo que se dice en la etiqueta. En un examen reciente encontraron «defectos» en casi el 40% de las multivitaminas. ConsumerLab.com ha hallado también probióticos que no contienen el número de organismos vivos que se afirma en la etiqueta, suplementos de magnesio con etiquetas engañosas –incluso uno que solamente tenía el 45% del magnesio que se afirmaba– y suplementos para la pérdida de peso que contenían todo tipo de basura.

Como normalmente los médicos no reciben enseñanzas sobre nutrición (la mayoría de ellos han asistido como mucho a una clase optativa de cuatro horas sobre nutrición en sus años de facultad), a menudo empiezan por sospechar intrínsecamente de los suplementos. Descubrimientos así solo tienden a hacerlos todavía más escépticos, lo que provoca que muchos de ellos indiquen a sus pacientes que eviten completamente los suplementos.

Por desgracia, es una estrategia corta de vista (y desinformada). Más del 80% de los norteamericanos sufren una deficiencia nutricional en tal grado que su salud se ve afectada y su proceso de envejecimiento acelerado. La respuesta al problema de la calidad no es dejar de tomar suplementos, es tomar suplementos *de mejor calidad*. Por desgracia, raramente los encontrarás ni en tu tienda de alimentación de costumbre, ni en los grandes supermercados, ni en la farmacia del barrio.

Las marcas que nosotros mismos tomamos (y que recomendamos a nuestros familiares y amigos) se consiguen normalmente de un proveedor médico con licencia o una empresa seria *online*. La clínica de Steven ofrece productos de Designs for Health, Thorne Research, Metagenics, ProThera y Xymogen. Jonny ofrece a sus clientes productos de Designs for Health, Integrative Therapeutics, Vital Nutrients, Pure Encapsulations, Euro-Pharma, Pharmax y otras marcas disponibles normalmente a través de los profesionales sanitarios, determinadas tiendas *online* y algunas farmacias especializadas. Jonny recomienda también ciertas marcas de mercados a gran escala, y ha encontrado varias de ellas –Barlean's, Reserveage, Terry Naturally, Ocean Blue, Jarrow y Garden of Life– que cumplen sus exigentes requisitos de calidad. (Revelación completa: Jonny es socio de Rockwell Nutrition, una tienda *online* de vitaminas que solo vende marcas de gran calidad.)

Se pueden comprar suplementos con confianza si se siguen unos pocos consejos básicos:

- **Adquiere productos certificados.***
- **Compra a los mejores**. Muchos profesionales de la salud con licencia, como médicos, nutricionistas y quiroprácticos, ofrecen suplementos dietéticos a la venta. Si compras a un proveedor de servicios médicos reputado, es más probable que el producto sea seguro y de alta calidad.
- **Comprueba la fecha**. Se pueden comprar productos de calidad *online*, pero confirma la fecha de caducidad. A veces suplementos caducados, incluso los de fabricantes respetables, encuentran la manera de llegar al mercado y se venden con grandes descuentos por ese motivo. Tú no te comerías un pescado en mal estado, y por ese mismo motivo no deberías tomar aceite de pescado caducado, o nada que haya sobrepasado la fecha límite de venta.
- **No busques gangas**. Un doctor en medicina integrativa, amigo de Jonny, solía tener un póster enmarcado en su consulta de

---

* En el original se menciona el FDA que es el que certifica las buenas prácticas en Estados Unidos, pero cada país tiene sus organismos de control, que regulan y auditan la fabricación de estos productos.

Nueva York que decía: «Hay tres cosas para las que no se deberían buscar gangas: paracaídas, tatuajes y vitaminas». Una posibilidad de ahorrar costes en cualquiera de esas categorías podría ahorrarte dinero de entrada, pero ¿y a la larga? No tanto. Si ves un producto cuyo precio parece demasiado bueno para ser verdad, probablemente lo es.

Recuerda que los suplementos dietéticos son exactamente lo que dicen: suplementos de una buena dieta y un estilo de vida sano, no un sustituto. Si se usan con cabeza, pueden suministrar dosis terapéuticas de nutrientes importantes que son difíciles de conseguir por medio de los alimentos, al menos en cantidades óptimas. También aseguran que el cuerpo obtiene todos los micronutrientes que necesita cada día. El truco, como con todo lo demás, es ser inteligente a la hora de utilizarlos.

Qué recomendamos y por qué

Creemos muchísimo en el concepto de individualidad bioquímica, que esencialmente significa que *todos somos diferentes*. Aunque todos compartimos ciertas características como seres humanos, cada uno de nosotros es metabólica, fisiológica, psicológica, hormonal y bioquímicamente único. Sencillamente, la idea de «talla única» no tiene sitio en las dietas, ni en el ejercicio, ni en la suplementación nutricional. Lo que sigue son los suplementos que hemos tomado nosotros dos, pero eso no quiere decir que creamos que tú deberías tomar exactamente lo mismo. Te recomendamos que trabajes con un profesional de la salud que tenga conocimientos de nutrición, para que elabore el plan individualizado más indicado para ti.

Como mínimo, pedimos encarecidamente que tomes un complejo multivitamínico y que cumplas nuestras recomendaciones para el magnesio, la vitamina K y el aceite de pescado (omega-3), ya que los estudios realizados con seres humanos han mostrado contundentes evidencias clínicas de algunos de sus beneficios —hay unos cuantos más, que explicaremos más adelante—. Por último, te sugerimos

TGA:* el «patrón oro» de los suplementos

Australia, Alemania, Francia y muchos otros países tienen normas sobre la calidad de los suplementos que superan con mucho a las de los Estados Unidos. Por ejemplo, para que un fabricante estadounidense venda sus productos en Australia, estos deben cumplir con las exigentes normas de la TGA. Hacemos mención de los certificados de la TGA porque son normas de calidad extremadamente altas a las que nos gustaría que se adhiriesen más fabricantes. El hecho de que una marca no tenga el certificado TGA no significa que no sea buena, puesto que muchas marcas excelentes no se distribuyen internacionalmente y por lo tanto no han intentado obtenerlo, pero puedes estar totalmente seguro de que las marcas que *sí* lo tienen, tales como Thorne Research and Metagenics, se formulan con los ingredientes de la más alta calidad y cumplen con las normas de calidad más estrictas.

---

* *Therapeutic Goods Agency*. Organismo australiano que regula y controla todos los productos destinados a fines terapéuticos.

también que si quieres perder peso bebas o bien té verde o bien galato de epigalocatequina, un compuesto beneficioso extraído del té verde.

COMPLEJOS MULTIVITAMÍNICOS

Si quieres cubrir ciertas necesidades básicas de vitaminas y minerales simultáneamente, un complejo multivitamínico es un buen comienzo. Sin embargo, no hay un solo complejo multivitamínico que contenga suficiente de *cada una* de las vitaminas y minerales que necesita tu cuerpo. Por ejemplo, ciertos minerales, como el calcio y el magnesio, están constituidos por moléculas que son literalmente demasiado grandes para caber en un complejo multivitamínico, al menos en dosis significativas. Si te has preguntado alguna vez por qué hay ciertos comprimidos y cápsulas que parecen «para caballos», es generalmente porque la estructura molecular de los ingredientes activos es compleja y voluminosa de manera natural. Idealmente, las pastillas no deberían ser demasiado grandes para poder tragarlas cómodamente.

Por eso la dosis de algunos complejos multivitamínicos de alta calidad es frecuentemente de dos o tres pastillas (o más).

Uno de los motivos por los que tu médico de cabecera podría no recomendarte que los tomes es que la mayoría de los estudios llevados a cabo sobre ellos hasta la fecha han utilizado complejos multivitamínicos con ingredientes de mala calidad que ninguno de nosotros dos recomendaríamos. Estos estudios, que han recibido mucha cobertura en la bibliografía médica, no han demostrado disminución en el riesgo de ataques cardíacos y de apoplejías. Por razones que no logramos comprender, los investigadores que han concebido estudios a gran escala sobre los complejos multivitamínicos en el pasado han insistido en que los ingredientes combinados tenían que ser baratísimos (normalmente de solo unos centavos al día), lo que evidentemente limita su eficacia. Además, conseguir voluntarios para los estudios sobre complejos vitamínicos es muy difícil. Una investigación publicada en el prestigiosa *Journal of the American Medical Association* reveló que, para empezar, la gente que participa en estudios sobre complejos multivitamínicos está enormemente mejor que los norteamericanos promedio, lo que desvirtúa sobremanera los beneficios que podrían haberse logrado para esos norteamericanos promedio.

Aun así, a pesar de los ingredientes de mala calidad utilizados, los estudios realizados a nivel nacional sobre complejos multivitamínicos han revelado más beneficios que los que tu médico está dispuesto a admitir. Investigaciones serias han demostrado que tomar diariamente aunque sea un complejo multivitamínico de mala calidad disminuye el riesgo de cáncer y de daños a tu ADN. Creemos que los beneficios de tomar complejos multivitamínicos de alta calidad sobrepasan con mucho a cualquier riesgo, y te recomendamos encarecidamente que te tomes uno a diario. Algunos nombres parecen sugerir que el suplemento se ha elaborado con ingredientes de calidad inferior, semejantes a los que se utilizaron en los estudios a nivel nacional que hemos mencionado. Cuando los veas, empieza a buscar una marca de suplementos que te ofrezcan mayores garantías. Estos son unos cuantos ejemplos:

- Beta caroteno → *en su lugar, busca una mezcla de carotenoides.*
- Alfa tocoferol → *en su lugar, busca una mezcla de tocoferoles.*
- Óxido de magnesio → *en su lugar, busca citrato de magnesio, glicinato de magnesio, malato de magnesio o una forma quelada de magnesio.*
- Ácido fólico → *en su lugar, busca una mezcla de folatos.* La clase de folato más absorbible y activa metabólicamente es el 5-metil-tetrahidrofolato.
- Proporción zinc-cobre > 10-20 → *en su lugar, busca una proporción zinc-cobre que sea de al menos 20 o superior.* Cuando el zinc y el cobre no se hallan en el equilibrio adecuado, pueden aumentar el riesgo de cáncer. La realidad es que se puede obtener todo el cobre que se necesita directamente de los alimentos sanos, de manera que si un suplemento tiene zinc, pero no así cobre (como los alimentos de la *fórmula de las grasas inteligentes*), sería adecuado. Asegúrate de que ingieres al menos entre veinte y veinticinco partes de zinc por cada una de cobre.

Hemos añadido una tabla de la clínica de Steven para resumir los ingredientes de un complejo multivitamínico ideal. Pocas marcas contienen todos estos nutrientes en las dosis exactas y en la forma que se describe, pero a pesar de eso esta tabla puede servirte como una buena plantilla para que la utilices cuando evalúes un complejo multivitamínico.

CANTIDADES RECOMENDADAS PARA UN MULTIVITAMÍNICO INTELIGENTE		
Vitamina, mineral, compuesto	Forma recomendada	Dosis (diaria)*
Vitamina A	Palmitato	2.000 U.I.
Carotenoides	Mezcla de carotenoides	3.000 U.I.
Vitamina D	Colecalciferol (D_3)	2.000 U.I.
Vitamina E	Mezcla de tocoferoles	50 mg (total)

CANTIDADES RECOMENDADAS PARA UN MULTIVITAMÍNICO INTELIGENTE		
Vitamina, mineral, compuesto	Forma recomendada	Dosis (diaria)*
Vitamina K	Vitamina K$_1$ Vitamina K$_2$	500 mcg (total) 300 mcg 200 mcg
Vitamina C	Ácido ascórbico	250 mg
Tiamina (vitamina B$_1$)	Tiamina HCL	50 mg
Riboflavina (vitamina B$_2$)	Riboflavina 5-fosfato	12 mg
Niacina (vitamina B$_3$)	Niacinamida	80 mg
Piridoxina (vitamina B$_6$)	Piridoxal-5-fosfato	20 mg
Ácido fólico (foliatos)	Mezcla de folatos, incluso 5-metiltetrahidrofolato	400 mcg
Vitamina B$_{12}$	Metilcobalamina	500 mcg
Biotina (vitamina B$_7$)		500 mcg
Vitamina B$_5$	Pantotenato cálcico	45 mg
Boro	Glicina bororgánica	2 mg
Cobre	Glicinato quelado de cobre	500 mcg
Cromo	Picolinato de cromo o polinicotinato de cromo	400 mcg
Yodo	Yoduro de potasio	100 mcg
Magnesio	Glicinato quelado de magnesio	20 mg
Manganeso	Glicinato quelado de manganeso	3 mg
Molibdeno	Glicinato quelado de molibdeno	100 mcg
Selenio	Selenometionina	200 mcg
Zinc	Glicinato quelado de zinc	15 mg

*Las dosis se expresan en unidades internacionales (U.I.), miligramos (mg) o microgramos (mcg).

MAGNESIO: DE 400 A 800 MG AL DÍA

El magnesio, el cuarto mineral que más abunda en nuestro cuerpo, es importante para más de trescientas reacciones enzimáticas, muchas de las cuales afectan al corazón. Los investigadores calculan que aproximadamente el 75% de los seres humanos presentan una deficiencia de magnesio –y una deficiencia de este nutriente vital puede afectar de forma negativa a numerosas enfermedades cardíacas.

Entre sus múltiples beneficios, el magnesio te ayuda a relajarte. De hecho, una de las acciones más relajantes que pueden llevarse a cabo es darse un baño con sales de Epson; de ese modo, el cuerpo recibe una gran dosis de magnesio, que se absorbe directamente por la piel. Y si alguna vez un médico integrativo te ha prescrito vitaminas en gotas, ya sabrás que no hay nada como el magnesio para hacerte dormir como un niño.

Asimismo, el magnesio es un cofactor en la fabricación del trifosfato de adenosina, la molécula de la energía celular. Un estudio relacionó las deficiencias de magnesio con las cardiopatías isquémicas, y muchísimos otros encontraron una relación entre los niveles bajos de magnesio y la mala salud cardiovascular.

Este mineral ayuda también a ensanchar y relajar los vasos sanguíneos y las arterias, lo que permite que el corazón bombee sangre con más facilidad, reduciendo de ese modo la presión sanguínea. Hay varios estudios que demuestran que aquellos que consumen más magnesio tienden a tener una presión sanguínea más baja. Y el magnesio ayuda además a rebajar el azúcar en sangre. Tomar magnesio está asociado con muchos más beneficios, como los siguientes:

- Dormir mejor.
- Disminución de los calambres musculares.
- Mejor control de la presión sanguínea.
- Mejor control del azúcar en sangre.
- Reducción del estreñimiento.
- Disminución de las migrañas.
- Disminución de las arritmias cardíacas y, como resultado, del riesgo de muerte repentina por ataque cardíaco.

Estos son algunos ejemplos de alimentos ricos en magnesio (y también son perfectos para la *fórmula de las grasas inteligentes*).

CONTENIDO DE MAGNESIO EN LOS ALIMENTOS		
	Tamaño de la ración	Contenido de magnesio en miligramos
Frutos secos y semillas		
Pipas tostadas de calabaza	30 g	151
Quinoa (seca, sin cocer)	¼ de taza	89
Almendras	30 g	78
Nueces de Brasil	30 g	107
Anacardos	30 g	74
Cacahuetes	30 g	50
Legumbres		
Alubias blancas en lata	½ taza	67
Vainas de soja (edamame), cocidas	½ taza	74
Frijoles, cocidos	½ taza	60
Pescado (cocinado)		
Fletán	120 g	120
Salmón	120 g	138
Verduras de hoja		
Espinacas congeladas	½ taza	81
Acelgas	1 taza	76
Corazones de alcachofa	½ taza	50

Suplementos inteligentes de magnesio

El magnesio es una forma eficaz de tratar el estreñimiento, si utilizas la forma correcta (citrato de magnesio). Es mejor que evites las formas de óxido de magnesio de este suplemento, que pueden producir lo contrario del estreñimiento: frecuentes viajes indeseados al cuarto de baño. Para su mejor absorción, elige quelato, malato o glicinato de magnesio, aunque es muy probable que los encuentres mezclados.

Frecuentemente verás el calcio y el magnesio juntos, y a veces con otros nutrientes, en lo que se vende como fortalecedores de los huesos. Solo tienes que recordar que el magnesio y el calcio tienen una relación ligeramente complicada, ya que el segundo bloquea la

La controversia del calcio

Durante décadas fue un tópico nutricional: todo el mundo tenía que tomar suplementos de calcio para tener huesos fuertes, sobre todo las mujeres. Ahora ya no estamos tan seguros.

En un estudio, investigadores del Instituto Nacional del Cáncer y de varias otras organizaciones analizaron los datos de trescientos ochenta y ocho mil hombres, de cincuenta a setenta años de edad, en seis estados diferentes y en dos grandes áreas metropolitanas de los Estados Unidos.[*] Hicieron un seguimiento de doce años a los participantes. Comparados con aquellos que no utilizaban suplementos, los que consumían más de 1.000 mg al día de calcio en forma de suplemento mostraron un riesgo significativamente mayor de muerte por enfermedad cardíaca al final del estudio. El problema era que los investigadores no calcularon cuánto calcio consumían los hombres en sus dietas, ni si ingerían el magnesio suficiente para equilibrar el calcio adicional.

Se trata solamente de un estudio de observación, no un estudio clínico, pero se agrega a la preocupación creciente entre muchos profesionales de la salud de que, con respecto a los suplementos de calcio, es posible que se nos haya ido la mano.

El hecho es que necesitamos calcio, sobre todo para la salud ósea. También es un aliado importante en la lucha contra el aumento de peso. Si no consumes al menos de 600 a 800 mg de calcio al día, podrías engordar. Sobre todo están en riesgo las mujeres menopáusicas.

Pero es posible sobrepasarse. A pesar de que la CDR de calcio es de 1.000 mg al día para personas de entre diecinueve y cincuenta años de edad, esa cantidad se refiere al *calcio total obtenido a través de la dieta y los suplementos juntos*. Según parece, mucha gente tiene la impresión de que debe tomar esos 1.000 mg al día, en forma de suplementos, sin tener en cuenta el aporte de calcio que les supone su alimentación. Y eso es un error. Por ejemplo, en un estudio publicado en el *Journal of the American Medical Association*, las participantes que tenían una ingesta dietética diaria de calcio por encima de los 1.400 mg y que también tomaban suplementos presentaban un riesgo cardiovascular más elevado que aquellas que ingerían el mismo calcio dietético y no tomaban suplementos.

---

* Kuehn BM. «La alta ingesta de calcio está ligada con las enfermedades cardíacas y la muerte» *JAMA*, 2013; 309 (10): 972.

Eso no quiere decir que creamos que no deberías tomar nunca suplementos de calcio, aunque siempre hay que respetar la proporción correcta con el magnesio, idealmente de 2:1. Pero sí creemos que deberías consumir la mayor parte del calcio, si no todo, de las fuentes alimentarias, lo que no parece que sea un problema para ninguno de los sexos.

Solo si no satisfaces tus necesidades de calcio por medio de la dieta, deberías acudir a los suplementos para completarlas. Recuerda: las recomendaciones se refieren a la ingesta *total* de calcio, ¡y no solamente a la ingesta de calcio suplementario!

Te mostramos algunas excelentes fuentes alimentarias de calcio para que te ayuden a alcanzar de 800 a 1.000 mg diarios de calcio en tu dieta:*

- Leche de almendra, enriquecida con calcio: 500 mg por taza.
- Soja y leche de coco enriquecidas con calcio: 300 mg por taza.
- Leche de vaca (todos los tipos): 300 mg por taza.
- Yogur corriente: 400 mg por taza.
- Yogur al estilo griego: 300 mg por taza.
- Alubias blancas cocidas: 128 mg por taza.
- Edamame: 100 mg por taza.
- Col rizada y demás verduras verdes cocidas: 125 mg por taza.
- Almendras: 75 mg (30 g).

Haz la suma de tu ingesta de calcio en un día normal. Si tomas menos de entre 800 y 1.000 mg al día, añade un suplemento que cubra únicamente lo que te falte. A la hora de comprarlo, evita el carbonato de calcio –el más extensamente comercializado, ya que es la forma más barata de calcio–. A veces está contaminado con plomo y puede provocar problemas gastrointestinales como el estreñimiento, sobre todo si no se toma con alimentos; asimismo, sus tasas de absorción son malas. En lugar de eso, elige calcio ligado a las vitaminas o quelato de calcio (malato quelado de calcio o glicinato quelado de calcio) para una mejor absorción. El citrato de calcio es también una posibilidad, pero la absorción no es tan buena como la que tienen las formas queladas o ligadas a proteínas.

---

* No incluimos el queso curado, aunque 30 g proporcionan 100 mg de calcio. Esa cantidad es pequeña, y ya que el queso curado (biológico) es una grasa neutra, no creemos que sea una fuente importante de calcio, porque es probable que no lo consumas más de una vez al día si sigues nuestras recomendaciones.

absorción del primero. Se toman mejor en una proporción calcio-magnesio de 2:1.

VITAMINA K: DE 250 A 1.000 MCG AL DÍA

La vitamina K es fundamental para la coagulación sanguínea, para la salud de los huesos y para prevenir la calcificación de las arterias; sin embargo, la mayoría de los norteamericanos no alcanza la ingesta mínima de ella.

La vitamina K fue identificada por primera vez como fundamental para la coagulación normal de la sangre (la «K» viene de la palabra alemana para coagulación, *Koagulieren*), sin la cual se podría sangrar hasta morir por cualquier corte sin importancia. Con el tiempo hemos llegado a darnos cuenta de que la vitamina K es esencial también para la salud de los huesos y de las arterias. Sin ella, los huesos pierden calcio, mientras que las arterias se vuelven rígidas y duras debido al calcio que se adhiere a sus paredes.

Existen dos formas de vitamina K: la K_1 y la K_2. Esta última es la más potente; ayuda a reducir la calcificación de las arterias y mantiene el calcio en los huesos, que es donde debe estar; pero a menos que consumas grandes cantidades de productos fermentados de soja (como el alimento japonés *natto*), no vas a encontrar mucha en tus platos. Es fácil conseguir de los alimentos la vitamina K_1, y la mayoría de las verduras de hoja están atiborradas de ella. Unos cuantos suplementos contienen vitaminas K_1 y K_2, incluidas varias de las marcas que recomendamos, pero la mayoría de los complejos vitamínicos no proporciona ni de cerca lo suficiente para la salud a largo plazo.

¿Cuánta vitamina K_1 se necesita para la coagulación? La CDR *mínima* para la coagulación correcta se sitúa aproximadamente en 100 mcg al día, pero a nosotros no nos interesa una nutrición de «salario mínimo».

Estas son algunas fuentes estupendas de vitamina K_1 que sobrepasan ese mínimo saludablemente:

- Col rizada o col silvestre (berza) cocida (1 taza): 1.000 mcg.
- Espinacas o remolachas cocidas (1 taza): de 700 a 900 mcg.

- Brécol o coles de Bruselas (1 taza): 220 mcg.
- Repollo cocido o espárragos (1 taza): unos 150 mcg.
- Cebollas (½ taza): 110 mcg.

Suplementos inteligentes de vitamina K

Si tomas vitamina D y calcio, absorberás más calcio; pero si tus niveles de vitamina K son bajos, este mineral se depositará en tus arterias en lugar de en tus huesos. Nada bueno. Asegúrate de que cumples tus necesidades de vitamina K si estás tomando vitamina D o suplementos de calcio. Si no consigues la suficiente cantidad de los alimentos, tómate un suplemento de vitamina K. Muchos de estos suplementos combinan una mezcla de vitaminas K_1 y K_2 —debería incluir al menos 500 mcg, con 300 mcg de vitamina K_1 y 200 de vitamina K_2—. Muchos especialistas clínicos recomiendan ahora 1.000 mcg de ambas formas, una mezcla fácil de encontrar en algunas de las mejores empresas de suplementos.

OMEGA-3 (ACEITE DE PESCADO): DE 1 A 2 G AL DÍA

La gente ha vivido siempre junto a los océanos, los lagos y los ríos y ha dependido de una dieta rica en pescado durante más de cien mil años. Nuestra salud depende de nutrientes clave del pescado, empezando con las grasas que proporcionan: esos famosos ácidos grasos de cadena larga omega-3.

Los ácidos grasos de cadena larga omega-3, llamados comúnmente aceite de pescado, se desarrollan con el plancton y las algas de aguas frías. Las gambas los consumen, y luego peces cada vez más grandes, por lo que van ascendiendo por la cadena alimentaria en concentraciones cada vez más altas, que acaban en los mayores peces de agua fría, como el salmón.

El aceite de pescado de nuestras dietas afecta positivamente a nuestro corazón de varias maneras. Disminuye el riesgo de sufrir una apoplejía o un ataque cardíaco, mejora la sensibilidad a la insulina y disminuye el riesgo de muerte súbita por ataque cardíaco.

Ciertas investigaciones han demostrado que los suplementos de aceite de pescado reducen los niveles de triglicéridos hasta un 40%. La Agencia para la Investigación y la Calidad de la Atención Sanitaria de los Estados Unidos analizó ciento veintitrés estudios sobre los omega-3 y llegó a la conclusión de que «los ácidos grasos omega-3 han demostrado un efecto grande y significativo sobre los triglicéridos: una disminución neta de entre el 10 y el 33%». El efecto es más pronunciado sobre todo en aquellos participantes que comenzaron los estudios con los triglicéridos altos. Incluso la Asociación Norteamericana del Corazón recomienda 1 g al día para la mayor parte de la población, y para aquellos que tienen que bajar sus niveles de triglicéridos, entre 2 y 4 g de dos ácidos grasos omega-3 que se encuentran en el aceite de pescado –ácidos eicosapentaenoico y docosahexaenoico (EPA y DHA, respectivamente, por sus siglas en inglés).

Los omega-3 reducen también la inflamación –consideramos que la inflamación es uno de los impulsores más importantes de las enfermedades cardíacas y, como ya sabes ahora, está ligada con enfermedades que van desde la obesidad hasta la diabetes y el cáncer–. Sobre todo el EPA y el DHA se cuentan entre las moléculas más antiinflamatorias jamás descubiertas. Nuestros cuerpos fabrican nuestros propios compuestos antiinflamatorios, llamados *eicosanoides*, con los omega-3, de modo que es vitalmente importante conseguir una cantidad suficiente de ellos.

En Gran Bretaña, a los supervivientes de ataques cardíacos se les prescriben ahora suplementos de aceite de pescado para toda la vida, siguiendo las directrices del Instituto Nacional para la Salud y la Excelencia en la Atención Médica. Muchos médicos consideran también que la suplementación con ácidos grasos omega-3 es parte importante del tratamiento nutricional de la diabetes y del síndrome metabólico, que aumentan significativamente el riesgo de enfermedades cardíacas.

El 60% del cerebro (en peso) está compuesto de grasa, y el 25% de esa grasa es DHA. Con razón tu abuela llamaba al pescado «alimento para el cerebro». Los estudios demuestran que tomar aceite de pescado mejora de hecho la función cerebral. Los niveles bajos de omega-3 están asociados también con tasas más altas de depresión y de ansiedad. Y los estudios epidemiológicos indican que tomar aceite de pescado previene la pérdida de memoria.

Suplementos inteligentes de omega-3

Los dos ácidos grasos omega-3 que se encuentran en el pescado —el EPA y el DHA— son los omega-3 más estudiados y los que aportan más beneficios demostrados. Lee las etiquetas de los suplementos y mira la cantidad que contienen de cada uno de ellos, puesto que esa es la única parte del aceite de pescado de la que tienes que preocuparte. Si un gran almacén vende cápsulas de «1.000 mg de aceite de pescado», que no te engañen: tienes que ver cuántos de esos 1.000 mg son verdaderamente EPA y DHA (eso lo verás en la etiqueta de información nutricional). Recuerda calcular tu dosis en función de la cantidad de EPA y de DHA, no de la cantidad total de aceite de pescado. Si una cápsula de 1.000 mg de aceite de pescado contiene 300 mg de EPA y 200 de DHA, esa cápsula cuenta como 500 mg. Te recomendamos que tomes entre 1.000 y 2.000 mg de la combinación de ambos ácidos al día.

Algunos alimentos vegetales —como las semillas de lino y de chía— contienen omega-3, pero se trata de un omega-3 de cadena media, en lugar de los omega-3 de cadena larga que se encuentran en el pescado. La mayoría de los beneficios comprobados de los ácidos grasos de cadena larga omega-3 provienen de fuentes marítimas, no de fuentes de origen vegetal. El omega-3 del aceite de lino se llama ácido alfa-linoleico. En el cuerpo puede convertirse en EPA y DHA, pero la transformación es ineficaz y solo un pequeño porcentaje —probablemente, el 5%— acaba como EPA y DHA. Sin embargo, las semillas de lino tienen muchos otros beneficios para la salud además de su contenido en omega-3. Por ello recomendamos comer semillas de lino molidas.

Si eres vegetariano, podrías tomar ensaladas de algas varios días a la semana, o un suplemento de algas con DHA como una manera eficaz de beneficiarse de los ácidos grasos omega-3.*

Vitamina D: de 2.000 a 3.000 U. I.

La vitamina D es una superestrella, uno de los suplementos más importantes que se pueden tomar. Esta vitamina es nada menos que:

- Una luchadora contra el cáncer.
- Un componente fundamental de las hormonas sexuales.
- Una pieza clave en el fortalecimiento óseo.
- Una gran aliada en la prevención de enfermedades. Las poblaciones que no obtienen la suficiente vitamina D por medio de la luz solar tienen un mayor riesgo de desarrollar esclerosis múltiple, enfermedades cardíacas y alzhéimer.
- Una excelente cómplice para el rendimiento físico (sobre todo para las personas mayores).

Incluso la pérdida de peso se ve afectada positivamente por la vitamina D. En un estudio, los investigadores midieron los niveles sanguíneos de vitamina D en treinta y ocho personas obesas antes y después de una dieta de once semanas que contenía unas 750 calorías diarias menos que lo que necesitaban para mantener su peso. Ya la dieta baja en calorías por sí misma debería haber causado que adelgazasen; pero los investigadores averiguaron que por cada nanogramo por mililitro (ng/ml) de aumento en los niveles sanguíneos de vitamina D, los participantes perdían unos 200 g de peso, lo que indica que la vitamina D podría tener un efecto sobre el metabolismo de las grasas. Nuestro reciente estudio de las bases de datos del Centro Masley para la Salud Óptima, presentado en una asamblea de la Universidad

---

* Uno de los muchos maravillosos beneficios del aceite de pescado es hacer más fluida la sangre. Esto normalmente es bueno, pero si estás tomando anticoagulantes sanguíneos como la warfarina (Coumadin) o si tienes algún problema médico que suponga coagulación sanguínea o sangrado, asegúrate de hablar con tu médico sobre cualquier dosis de más de 2 g, ya que puede aumentar el riesgo de sangrado.

Norteamericana de la Nutrición en 2015, mostraba que los pacientes con exceso de peso perdían más kilos si se aumentaba su ingesta de vitamina D.

Esta no es la primera vez que se ha relacionado la vitamina D con el peso. Por ejemplo, hace tiempo que se demostró que la diabetes es significativamente más preponderante en personas con bajos niveles sanguíneos de vitamina D. Y un estudio demostró que suplementar la dieta con vitamina D mejoraba la sensibilidad a la insulina, una medida de lo bien que metaboliza el cuerpo los carbohidratos (es mucho más probable que las personas *resistentes* a la insulina tengan problemas con el azúcar en sangre y con el peso).

Dependiendo de tu tamaño y tu estado de salud, nuestra dosis diaria recomendada de vitamina D es de 2.000 a 3.000 U.I., aunque ciertas personas con problemas de absorción de esta vitamina podrían necesitar 5.000 U.I. al día. Por lo general, los complejos multivitamínicos no contienen la dosis óptima de vitamina D, de manera que muy frecuentemente se necesita un suplemento adicional.

Por fortuna, existe una forma de vigilar los niveles de vitamina D. Un sencillo análisis de sangre, conocido como análisis 25-hidroxi vitamina D, te dirá de manera muy precisa cuál es tu nivel. La mayoría de los expertos recomiendan que los niveles sean de alrededor de 50 ng/ml, aunque algunos de ellos indican que el intervalo óptimo debe situarse entre los 40 y los 70 ng/ml. Aunque están en desacuerdo acerca de qué nivel en sangre es potencialmente tóxico, creemos que tú deberías tener el tuyo por debajo de 70, solo para estar seguros. Los estudios han demostrado que dosis de hasta 10.000 U.I. al día durante cinco meses —muchísimo más que lo que nosotros recomendamos— no producen toxicidad; pero eso es solo a corto plazo, no para un plan de tratamiento a largo plazo.

Suplementos inteligentes de vitamina D

Aconsejamos encarecidamente que se elijan suplementos de vitamina D_3. La vitamina D como suplemento está disponible en dos formas: D_2 (ergocalciferol), una forma puramente vegetariana elaborada con levaduras irradiadas, y D_3 (colecalciferol), una forma hecha de lana de ovejas. Aunque ha habido un par de estudios que han llegado a la conclusión de que ambas son igualmente válidas, la mayoría de los expertos recomiendan la vitamina D_3 como la forma más potente y absorbible, y nosotros estamos de acuerdo con esta recomendación. Un estudio realizado en 2011, publicado en el *Journal of Clinical Endocrinology and Metabolism* averiguó que los suplementos de D_3 eran un 87% más potentes a la hora de elevar los niveles de vitamina D en la sangre que la misma dosis de suplementos de D_2. De manera que si eliges la vitamina D_2, es probable que tengas que tomar dosis cuatro o cinco veces mayores que las que recomendamos, y como tus niveles en sangre variarán muchísimo, se hará todavía más importante que los compruebes.

PROBIÓTICOS

Los probióticos apoyan a las bacterias saludables que viven en nuestro intestino. Tenemos más bacterias en nuestro intestino que células en el cuerpo, y no podríamos sobrevivir sin esos beneficiosos amigos. Las bacterias intestinales saludables luchan contra las perjudiciales, disminuyen la inflamación, metabolizan medicamentos y hormonas, nos ayudan a perder peso, protegen nuestro corazón y nuestro cerebro y colaboran en la absorción de nutrientes. En pocas palabras, son esenciales para la vida.

Lo ideal es tener más bacterias intestinales «buenas» que «malas». Cuando esta ecuación se desequilibra, todo se ve afectado, desde la absorción y asimilación de nutrientes hasta la digestión y la función inmune, pasando por el aumento de peso.

Las bacterias beneficiosas del intestino necesitan fibra para sobrevivir. Con la dieta norteamericana estándar, deficiente en fibra, miles de millones de esas bacterias pasan hambre hasta morir. Te tomas un ciclo de antibióticos, y masacras a miles de millones más. Mientras tanto, con el número de bacterias benéficas significativamente reducido, las perjudiciales campan a sus anchas, como las malas hierbas en un jardín. La ecología interna del jardín de tus intestinos se ha destruido. La buena noticia es que se puede reconstruir ese jardín interior tomando suplementos probióticos, o comiendo alimentos ricos en probióticos como el yogur con bacterias vivas o los fermentados, como el chucrut (se requiere que para que un yogur afirme en la etiqueta «cultivos vivos y activos» tenga al menos cinco mil millones de bacterias «amigas» por ración). Por lo general, no es necesario ingerir de cinco mil millones a diez mil millones de este tipo de bacterias al día durante varios meses para restaurar un tracto intestinal agotado; ciertos suplementos proporcionan de treinta mil millones a sesenta mil millones de bacterias por píldora para ayudarte a restaurar más rápidamente el equilibrio.

En la clínica de Steven, si se te prescribe un antibiótico para luchar contra, por ejemplo, una enfermedad como la pulmonía, tienes que tomar un suplemento probiótico junto con el antibiótico durante un mínimo de treinta días. Aun así, también deberás comer las diez raciones de fibra (30 g) al día que indicamos para mantener a esas bacterias nuevas; de lo contrario, pasarán hambre hasta morir.

Si has estado privado de fibra, te recomendamos que tomes un suplemento probiótico que contenga al menos de cinco mil millones a diez mil millones de bacterias durante un mínimo de dos meses para restaurar la salud de tus intestinos. A largo plazo, come alimentos ricos en probióticos y sigue disfrutando de esas diez raciones de fibra todos los días.

EXTRACTO DE TÉ VERDE: DE 250 A 500 MG

Nosotros somos grandes aficionados al té por sus beneficios para la salud y como bebida energética en general. Aunque todos los tés son estupendos, con propiedades antioxidantes y antiinflamatorios, un compuesto concreto del té verde, llamado galato de epigalocatequina (EGCG, por sus siglas en inglés), se ha aislado y puede tomarse como suplemento. Si no bebes habitualmente al menos cuatro tazas de té verde al día, el EGCG es un suplemento que deberías tener en cuenta.

El EGCG es un miembro de la familia de las sustancias químicas que se encuentran en el té llamadas *catequinas*, que a su vez son miembros de una clase mayor de sustancias químicas de las plantas llamadas *polifenoles*. Se cree que los polifenoles son responsables de una gran parte de los beneficios para la salud del té, pero el EGCG en concreto tiene un interés especial. Desencadena la producción de calor corporal, o *termogénesis* (*thermos* significa «calor» y *génesis*, «crear») —es posible que conozcas el proceso de termogénesis por su nombre más común: quemar grasas—, por lo que es de gran interés para quienes intentan controlar su peso.

En un estudio de 2010 publicado en el *Journal of the American College of Nutrition*, los investigadores agruparon en tres categorías al azar a treinta y cinco sujetos obesos con síndrome metabólico. El grupo de control bebió cuatro tazas de agua al día, el segundo cuatro tazas de té verde y el tercero dos tazas de suplemento de té verde EGCG más cuatro tazas de agua (tanto el grupo de solo té como el del suplemento más agua recibió la misma cantidad de EGCG al día, ya proviniese del té o de los suplementos). Los investigadores encontraron que el grupo que bebía té verde y el que tomaba suplementos de EGCG experimentaron una disminución del peso y del índice de masa corporal. Los del grupo de control no experimentaron ninguna disinución.

Esta no es la primera vez que el té verde o los suplementos de té verde han mostrado un efecto positivo sobre varios factores de riesgo para la salud y sobre la pérdida de grasa y de peso corporal. Un estudio de 2009 averiguó que una mezcla de polifenoles del té, derivados del té verde, mejoraba el metabolismo de los lípidos (grasas) y de la glucosa (azúcar) en los animales, así como la sensibilidad a la insulina, y equilibraba la tasa metabólica de la quema de grasas con la tasa metabólica del depósito de grasas (¡lo que significa que no se almacenaba grasa extra!).

El té verde ayuda a quemar calorías

El consumo de té verde conduce a un aumento significativo de la quema de calorías, a una disminución del peso corporal y a una reducción de la circunferencia de la cintura, al tiempo que no se producen cambios reales en el ritmo cardíaco ni en la presión sanguínea. Los investigadores sospechan que esto se consigue posiblemente, entre otras causas, porque prolonga los efectos de la norepinefrina, uno de los estimulantes químicos del cuerpo. Hace mucho tiempo que la medicina tradicional china viene recomendando el té verde como un tónico general para la energía y para toda clase de usos y enfermedades, como los dolores de cabeza, los dolores corporales, la digestión, la depresión, la mejora del sistema inmune y la desintoxicación.

Todo esto tiene sentido. En un estudio llevado a cabo en 1999 y publicado en el *American Journal of Clinical Nutrition*, los investigadores midieron la expansión de la energía (calorías quemadas) de diez hombres jóvenes y sanos a los que se les dio al azar o un extracto corriente de té verde (375 mg de catequinas y 150 de cafeína), o 150 mg de cafeína sola, o un placebo inerte. Se crea o no, la cafeína no era mejor que el placebo a la hora de acelerar el metabolismo, pero los jóvenes que recibieron el extracto de té verde quemaban un promedio de 78 calorías más al día. Un estudio de 2005, publicado en el *British Journal of Nutrition*, averiguó que la quema de calorías era un poco más alta —aproximadamente 178 calorías al día— con una combinación de 200 mg de cafeína y cualquier dosis de EGCG que examinaron (desde 90 hasta 400 mg).

Aunque la cantidad de calorías quemadas al día no es enorme, resulta significativa. Si se tienen en cuenta todos estos beneficios, el EGCG es, indiscutiblemente, una opción excelente para añadir a un programa de suplementos: el hecho de que los estudios demuestren que no provoca efectos negativos en absoluto (por ejemplo, no hay aumento en el ritmo cardíaco), sumado al hecho de que tiende a estimular la quema de calorías y de grasas.

La nutricionista Shari Lieberman, en su libro *Dare to Lose*, indica que el té verde estimula el metabolismo en un grado mayor que una cantidad comparable de cafeína sola. Y añade: «Parece que [...] el EGCG estimula la producción de noradrenalina, que a su vez acelera el metabolismo. Los estudios han demostrado que utilizar té verde, incluso sin restringir ningún alimento (dieta), provoca pérdida de peso; utilizándolo con un plan para adelgazar, debe de proporcionar resultados excelentes».

Además de la pérdida de peso, el té verde ofrece otros beneficios. Los bebedores de té tienen un riesgo menor de ataques cardíacos y de apoplejías, menos enfermedades de las encías, mejor densidad ósea y menos cantidad de fracturas. Te animamos a que disfrutes de tres o cuatro tazas de té verde al día y, si necesitas ayuda con la pérdida de peso y no te gusta el té verde, piensa en tomar un suplemento EGCG.

Aunque nos hemos centrado en el EGCG, cualquier tipo de té aporta múltiples beneficios, de modo que disfrútalo mientras no esté edulcorado. Sin embargo, el té verde tiene la mayor concentración de EGCG.

Vitamina C, ¿dónde estás?

Es posible que te hayas dado cuenta de que no hemos incluido la vitamina C –uno de los antioxidantes más importantes del mundo– en nuestra lista de suplementos adicionales. Eso no es porque no creamos que sea importante, porque sí lo creemos.

Un gran estudio, publicado en 2011, averiguó que cuanto más baja sea la cantidad de vitamina C en sangre, más alto será el riesgo de fallo cardíaco. Los daños oxidantes contribuyen en gran medida a las enfermedades importantes, y la vitamina C es uno de los antioxidantes disponibles más poderosos, de manera que conseguir la suficiente por medio de los alimentos y los suplementos es de prioridad alta.

Creemos que deberías tomar (al menos) 1.000 mg de vitamina C al día por medio de la dieta y los suplementos (Jonny lo situaría un poco más alto y Steven un poco más bajo, pero los dos estamos de acuerdo en que 1.000 mg es una dosis adecuada). Hemos partido del supuesto de que se incluyen 205 g en tu complejo multivitamínico (que podría no ser verdad siempre) y que estarías consumiendo al menos 750 mg de vitamina C procedentes de la alimentación si sigues las recomendaciones de la *fórmula de las grasas inteligentes*.

Si tu ingesta de vitamina C está por debajo de los 1.000 mg al día provenientes de la dieta y los complejos multivitamínicos, te recomendamos un suplemento adicional.

Curcumina: 500 mg al día (la dosis varía entre 400 y 1.000 mg)

Curcumina es el nombre que se le da a un grupo de compuestos llamados *curcuminoides*, unos compuestos antiinflamatorios activos que se encuentran en la cúrcuma, la superespecia. La curcumina no es solamente un poderoso antiinflamatorio, sino que también proporciona beneficios protectores antioxidantes, antitrombóticos y cardiovasculares. Entre otras funciones, reduce el colesterol oxidado LDL.

Debido a estas poderosas propiedades, la curcumina se utiliza para disminuir la inflamación de las articulaciones que se da en la artritis. Como hemos mencionado en el capítulo 2, se ha utilizado en estudios sobre la prevención y el tratamiento del cáncer, y los investigadores la emplean para reducir la pérdida de memoria. Un estudio de 2012, publicado en el *British Journal of Pharmacology*, descubrió que la curcumina puede preservar la función del corazón después de un ataque cardíaco.

Nosotros creemos que tiene mucho más «potencial», por eso la tomamos todos los días.

Consejos inteligentes sobre la curcumina

La curcumina no se absorbe muy bien, y es muy improbable que se consiga suficiente de los alimentos, incluso si se añade cúrcuma a todo lo que se come. Para conseguir 500 mg de curcumina a diario tendrías que ingerir unas tres cucharadas soperas colmadas de cúrcuma todos los días. De modo que lo mejor es acudir a los suplementos. Aun así, la curcumina se absorbe mal, y se ha informado de que las marcas baratas están contaminadas con metales pesados, lo que hace que una curcumina de alta calidad sea un producto esencial si quieres beneficiarte de ella. Busca las marcas de calidad que hemos recomendado antes, en este capítulo.

Coenzima Q10: de 60 a 200 mg

La coenzima Q10 (o CoQ10) es un nutriente de importancia vital que recarga los hornos de producción de energía de las células

(las mitocondrias). Es uno de los mejores nutrientes para la energía, y puesto que las células cardíacas producen más energía que cualquier otro órgano, la CoQ10 y el corazón están hechos el uno para el otro de manera natural. De hecho, esta coenzima se ha aprobado en Japón desde 1974 como fármaco para tratar el fallo congestivo cardíaco, por ser tan eficaz ayudando al corazón a producir energía.

Prácticamente todas las células de nuestro cuerpo producen CoQ10, pero al ir envejeciendo se producen cantidades cada vez menores. Y no creas que va a ser diferente con los alimentos que consumas: la CoQ10 se encuentra solo en pequeñas cantidades, principalmente en los órganos de animales (corazón, hígado y riñones). Otros alimentos que la contienen, como las sardinas y la carne de vaca, incluyen cantidades minúsculas. Necesitarías comerte una tonelada de esos alimentos para llegar siquiera a los 30 mg al día, la dosis mínima para personas sanas que necesitan protección general.

La CoQ10 es necesaria para que tu cuerpo fabrique trifosfato de adenosina (ATP, por sus siglas en inglés), la «gasolina» que hace funcionar las células y moverse los músculos. La ATP es especialmente crucial para la salud del corazón, puesto que este es el tejido más metabólicamente activo y necesita un suministro constante de esas moléculas energéticas.

La CoQ10 puede también reducir la presión sanguínea. Un meta-análisis, publicado en 2007 en el *Journal of Human Hypertension*, revisó doce ensayos clínicos diferentes y encontró que la gente que recibe suplementos de CoQ10 experimenta una reducción significativa en la presión sanguínea, comparada con sujetos de control que no recibían suplementos. No es de extrañar que varios estudios hayan demostrado una correlación muy fuerte entre la gravedad de la enfermedad cardíaca y la deficiencia de CoQ10.

El corazón contiene en realidad las mayores concentraciones de esta coenzima del cuerpo. Dicho sencillamente, a tu corazón le *encanta* la CoQ10.

Suplementos inteligentes de coenzima Q10

Recientemente se ha dado una cierta controversia en la comunidad de la nutrición sobre qué forma de CoQ10 es mejor tomar: la ubiquinona o el ubiquinol. Los fabricantes han ofrecido CoQ10 como ubiquinona durante años. Por eso es la forma que más se encuentra todavía en los suplementos y la que han estudiado la mayor parte de las investigaciones. Ahora las empresas de suplementos ofrecen la CoQ10 como ubiquinol, y muchos creen que este, la forma activa de CoQ10 en el cuerpo, es más potente y que se absorbe mejor. Todavía está abierto el debate sobre si una forma es mejor que la otra. Nosotros creemos que uno no puede equivocarse con ninguna de ellas, aunque a la gente que tiene problemas para absorber este nutriente le iría mejor con el ubiquinol (que es más caro).

Quienes necesitan indudablemente suplementos de CoQ10 son aquellos que toman fármacos con estatinas, el tipo principal de medicación que se utiliza para reducir el colesterol. Los fármacos con estatinas agotan de manera significativa la CoQ10, bajando los niveles aproximadamente un 20%, de modo que si estás tomando estatinas es muy importante que lo suplementes con este nutriente. Si no tomas estatinas, te recomendamos de 60 a 100 mg al día de un producto de alta calidad que tenga una absorción excelente. Puedes pedirle a tu médico que compruebe tu nivel de CoQ10 para confirmar que tomas las dosis adecuadas. Un nivel sanguíneo de entre 1,5 y 2,5 es lo óptimo.

Lo más importante que se debe considerar con respecto a la CoQ10 es su absorción. Las tabletas tienen por lo general una tasa de absorción del 1%, muy baja. Las cápsulas de base oleosa deberían tener una tasa de absorción del 4% al menos. Algunas marcas de alta calidad, como Thorne and Designs for Health, indican tasas de absorción superiores al 8%. Si tomas CoQ10, no intentes ahorrar dinero comprando una forma barata que no pase a tu torrente sanguíneo. En este caso, en realidad pagar más por una mayor calidad puede ahorrarte dinero.

Resveratrol: de 100 a 250 mg (de trans-resveratrol)

El resveratrol –un nutriente antienvejecimiento que se encuentra principalmente en el vino tinto y en la piel de las uvas negras– protege las arterias contra los coágulos sanguíneos, mejora su elasticidad y reduce la presión sanguínea y el colesterol oxidado LDL. Se trata de un poderoso compuesto antioxidante y antiinflamatorio, e inhibe varias enzimas inflamatorias. Las investigaciones recientes demuestran que también ayuda a controlar el azúcar en sangre y que tiene un efecto positivo sobre la resistencia a la insulina en los diabéticos. El resveratrol también impide que ciertas moléculas se adhieran a las paredes arteriales, donde crean inflamación.

El resveratrol sobrerregula –término científico que indica que «sube el volumen»– algunos de los genes de la longevidad que se activan por la restricción de calorías. Los estudios han demostrado que disminuir la ingesta de calorías al menos un 20% a la larga puede hacer más lento el proceso del envejecimiento. La dificultad evidente es cuando uno se siente hambriento todo el tiempo. El resveratrol imita algunos de los beneficios de esa activación de los genes de la longevidad a la vez que te permite que sigas una dieta normal y saludable.

Suplementos inteligentes de resveratrol

La parte activa del resveratrol se llama *trans-resveratrol*, y es este ingrediente activo el que proporciona los beneficios. Si lees la letra pequeña de la etiqueta, la mayoría de los suplementos de resveratrol dirá algo como «normalizado al 10% de trans-resveratrol», que suena muy bien, pero que en realidad significa que solamente el 10% de lo que hay en la pastilla es la clase de resveratrol que en realidad te interesa. Así que, por ejemplo, si una cápsula contiene 500 mg de resveratrol, pero ha sido normalizada al 10% de trans-resveratrol, tú solamente tomas unos 50 mg de trans-resveratrol por cápsula.

Aunque la dosis óptima exacta del trans-resveratrol se desconoce, la mayoría de los expertos está de acuerdo en que entre 100 y 250 mg es una cantidad significativa. Lee la etiqueta.

Es posible que tú personalmente no necesites tomar cada uno de los suplementos que hemos examinado aquí, pero estas son nuestras recomendaciones en combinación con la *fórmula de las grasas inteligentes*. Tu médico de cabecera, o un nutricionista, debería ser capaz de adaptar un régimen para tus necesidades bioquímicas únicas. Ajusta nuestras recomendaciones de suplementos para complementar los nutrientes que consumes con los alimentos a tu caso concreto y con un presupuesto que puedas permitirte. Para conocer más detalles sobre cuántas pastillas debes tomar y el precio de los suplementos de calidad, visita www.SmartFat.com. Como ya te hemos dicho, nuestra recomendación mínima básica es que te tomes un complejo multi-vitamínico de alta calidad con la adecuada vitamina D todos los días, y que de una combinación de alimentos y suplementos obtengas tus necesidades de magnesio, vitamina K y aceite de pescado para una salud óptima.

No obstante, recuerda que los suplementos son nada más y nada menos que lo que afirman ser: suplementos, y que solo pueden ser un complemento a un plan saludable de comidas. Nunca deben tomar el lugar de una dieta saludable de grasas inteligentes, pero en muchos casos pueden añadir muchas ventajas.

El mentor de Jonny, el nutricionista Robert Crayhon, dijo una vez sobre los suplementos: «Existen dos errores comunes en lo que respecta a los suplementos nutricionales: creer que no hacen nada y creer que lo hacen todo».

No podríamos estar más de acuerdo.

Mención muy honorable: el cítrico bergamota

Hay otros suplementos que también pueden ser útiles, y no dejamos de aprender cada vez más sobre sus beneficios. Por ejemplo, investigaciones emergentes sobre el extracto de la naranja bergamota –una fruta nativa de Italia que se utiliza para dar sabor al té Earl Grey– indican que puede mejorar los síntomas del síndrome metabólico disminuyendo el azúcar en sangre y los triglicéridos y aumentando el colesterol HDL.

Capítulo 9

VIVIR INTELIGENTEMENTE

La *fórmula de las grasas inteligentes* es una forma segura, comprobada científicamente y eficaz de perder peso, de restaurar tu salud y de recuperar tu energía. Pero esto *no* es todo.

Es posible que esta afirmación te haga pensar: «Ahora viene el capítulo de toda la palabrería sobre el estilo de vida y todo eso». Confía en nosotros —como has hecho hasta ahora—, es todo menos palabrería. Lo que haces *además de elegir los alimentos* es vitalmente importante para tu calidad de vida.

Comer grasas inteligentes te garantiza en la práctica que estarás poniendo combustible de la mayor calidad en tu depósito personal de energía. Ese cambio ya por sí solo tendrá un efecto global espectacular, inmediato y positivo, desde tu peso hasta tu nivel de energía; pero eso es solamente el principio.

¿Ves?, tu cuerpo es como tu automóvil: por buena que sea la gasolina que le pongas en el depósito, eso no es lo único que precisa para que el motor funcione bien. Necesita también bujías, necesita cambios de aceite, necesita un mantenimiento regular... Solo entonces funcionará el motor óptimamente.

Lo que nos trae a este capítulo

Comer según la *fórmula de las grasas inteligentes* es únicamente la primera parte de un programa de cinco. Nos hemos pasado buena parte de este libro hablando de los alimentos –la gasolina de tu depósito– porque comer de forma inteligente tendrá los efectos más rápidos y más espectaculares sobre tu bienestar en conjunto, por no mencionar tu peso. Pero los alimentos son solamente el principio. Ahora vamos a considerar las otras cuatro: el ejercicio, la reducción del estrés, el dormir y las relaciones.

No te saltes este capítulo, por favor. Al emplear tiempo en cada una de las cuatro áreas de las que hablamos en él, tendrás prácticamente garantizado que tus resultados se pondrán en modo turbo, aumentarás tu energía y tu vigor y te sentirás más ligero, más libre... ¡y más feliz!

A fin de cuentas, nadie lee un libro como este si no cree que puede ayudarle a tener una vida mejor; y una de las claves para una vida mejor es gestionar uno de los únicos parámetros que puedes medir a diario: tu propia energía. Cuando se tiene energía sin límites, se tiende a tener un entusiasmo sin límites. Se empieza a ser más optimista; se ve el lado bueno de las cosas y se actúa en correspondencia, suponiendo que lo que se hace puede establecer realmente una diferencia. La gente repara en uno de una manera diferente. Parecerás más ligero, y quizá tengas ese aspecto.

Pero para obtener todos esos beneficios de la *fórmula de las grasas inteligentes* –beneficios que sabemos que también pueden ser para ti–, tendrás que hacer algunas otras cosas además de comer correctamente.

Ejercicio inteligente

No nos andemos con rodeos. El ejercicio es el más potente «fármaco» antienvejecimiento inventado jamás. El ejercicio moderado diario –definimos más adelante qué entendemos por eso– reduce el riesgo de diabetes, obesidad, depresión, cáncer y enfermedades cardíacas. También puede luchar contra el mayor miedo que tienen los miembros de la generación de la explosión demográfica: la pérdida de la mente (pocas enfermedades generan más miedo entre los de esa generación que el alzhéimer).

Dale un empujoncito al cerebro

Hemos sabido desde hace mucho tiempo que el ejercicio fortalece el corazón y mejora la salud cardiovascular. Tiene sentido, ¿verdad? El corazón es un músculo, y si lo ejercitas se pondrá más fuerte, justo como el bíceps o el cuádriceps. Y el trabajo del corazón —en todo caso, uno de ellos— es bombear oxígeno y nutrientes a todas las células, todos los órganos y todos los tejidos del cuerpo de manera que puedan funcionar óptimamente.

Uno de esos órganos que necesitan oxígeno y nutrientes es el cerebro. Así que resulta obvio que si quieres mantener tu cerebro sano, dinámico y en marcha, tendrás que seguir suministrándole todo lo que necesita para que las cosas sigan marchando eficazmente. ¡Y qué casualidad, la mejor manera de hacerlo es que tu corazón siga bombeando! No es de sorprender que gran cantidad de investigaciones hayan demostrado que el ejercicio mejora, de hecho, la función cerebral. Estudios publicados por el Centro Masley para la Salud Óptima confirman que mantener la forma física mejora la función ejecutiva y el rendimiento cerebral.

Hasta hace poco nadie estudió si el ejercicio tenía un efecto sobre la autonomía del cerebro. Recientemente se ha descubierto que parece que ocurren cambios físicos en el cerebro —todos ellos positivos— como resultado del ejercicio aeróbico. De hecho, ¡ahora es posible decir con certeza científica que el ejercicio aeróbico hace que tu cerebro *crezca*!

Esto fue lo que ocurrió: el doctor Arthur Kramer y sus colegas de la Universidad de Illinois tomaron un grupo de sesenta personas mayores, sanas pero sedentarias, y estudiaron sus cerebros utilizando imágenes por resonancia magnética (MRI). Se dividió a los participantes en dos grupos iguales. La mitad de ellos empezó un programa de ejercicios aeróbicos suaves y fáciles, y la otra mitad un programa de tonificación y estiramientos.

El programa de ejercicios aeróbicos comenzó despacio, con una caminata de quince minutos diarios. Después de unos dos meses, los sujetos ya pasaban entre cuarenta y cinco y sesenta minutos andando tres días por semana (la mayoría hizo unos cuantos kilómetros durante esa época, ya que caminaban a unos seis kilómetros por hora), y siguieron haciéndolo durante seis meses.

Transcurrido ese tiempo, a todos los participantes se les realizó otra resonancia magnética y Kramer y sus colegas analizaron la materia gris y la blanca de sus cerebros. La «sustancia gris», como recordarás de la clase de ciencias, está compuesta por las verdaderas neuronas cerebrales, las «unidades computacionales», mientras que la «materia blanca» está formada por axones, o interconexiones entre las neuronas. Los investigadores querían comprobar si la conexión entre ejercicio y mejoría funcional del cerebro que se había observado en muchísimos estudios sobre el tema iba acompañada de algún cambio físico.

Y lo estaba. Asombrosamente, los sujetos del grupo de ejercicios aeróbicos mostraban un aumento de volumen en la materia gris *y* en la materia blanca de sus cerebros.

Lo que hay que extraer de todo esto está muy claro, sobre todo para aquellos de nosotros que estamos interesados en mantener nuestros cerebros sanos y operativos hasta los ochenta años o más: ¡el ejercicio! Y lo mejor es que no hace falta hacer mucho ejercicio para lograrlo. Según Kramer, la cantidad de ejercicio que se necesita para lograr este efecto reconstructivo es bastante modesta: basta con caminar entre cuarenta y cinco y sesenta minutos tres veces por semana. Es una confirmación maravillosa de por qué el ejercicio moderado es una parte tan importante de nuestro programa de nutrición.

Steven ha publicado estudios realizados en su propia clínica que demuestran que la combinación de dieta de grasas inteligentes y ejercicio –de treinta a sesenta minutos, cinco días a la semana– aumenta la velocidad cerebral y el rendimiento ejecutivo nada menos que un 30%: ¡un excelente incremento de la agudeza mental!

¿Qué ejercicio me conviene más?

Existen muchas maneras de ponerse en forma. La gente se apasiona por el yoga, los ejercicios aeróbicos, el entrenamiento con pesas, el circuito de entrenamiento, el método interválico, el entrenamiento balístico, el pilates, el *kickboxing*, los ejercicios con plataforma y el crossfit, solo por mencionar algunos. De hecho, cualquiera de ellos puede proporcionar beneficios significativos. En definitiva, el mejor programa de ejercicios para ti es el programa *que sigues* en realidad.

Cuando a principios de los años noventa Jonny empezó su carrera de entrenador en Equinox, un club de *fitness* situado en Nueva York, acudía una mujer al gimnasio que, según todos los entrenadores de la plantilla, era el espécimen en mejor forma física que la humanidad había visto jamás. Todos estaban ansiosos por saber qué combinación mágica de ejercicios de cardio y pesas había hecho esa mujer para estar en esa increíble forma física, ya que esperaban copiar su rutina de ejercicios y utilizarla con sus clientes. Al final, uno de los entrenadores se dirigió a ella y le preguntó tímidamente:

—¿Te importaría decirnos cómo has llegado a estar en una forma tan extraordinaria?

Su respuesta, dicha con la pronunciación lenta de Texas, fue:

—Echando el lazo al ganado.

La idea es que prácticamente cualquier ejercicio funciona mientras *lo hagas*. Por lo tanto, nuestra «prescripción» para el ejercicio va a ser más general y abstracta que específica y concreta. Existen toneladas de libros, vídeos y programas que te dirán exactamente qué ejercicios hacer y en qué orden; y pueden llevarte por entrenamientos que van desde lo fácil hasta lo moderado, lo difícil e incluso lo descabellado.

Más que ofrecerte una rutina de ejercicios concreta, preferimos darte unas cuantas pautas generales, que se resumen en dos: *trabaja el corazón* y *trabaja los músculos*. Si te comprometes a ser activo todos los días, pronto te sentirás atraído por algunas formas de ejercicio más que por otras, y al final acabarás con aquellas que mejor encajen en tu estilo de vida. Es posible incluso que encuentres que dejas de pensar en el ejercicio como «ejercicio» y en lugar de eso pase a formar parte de tu vida.

Sigue caminando

Andar es probablemente la forma de ejercicio menos controvertida y más estudiada, un acto que tiene numerosos beneficios demostrados sin prácticamente desventaja alguna. Como mínimo, prueba a andar de tres a cinco días por semana. No se necesita inversión alguna, ni equipamiento especial, ni gimnasio; nada de nada.

Una cantidad significativa de investigaciones emergentes en el campo del ejercicio habla de los beneficios de los entrenamientos cortos e intensos (el método interválico). Esta clase de entrenamiento –conocido también como método interválico de alta intensidad– se basa en la idea de que se obtienen más beneficios de un entrenamiento si se alternan períodos de intenso esfuerzo con otros de «descanso activo».

De manera que, por ejemplo, si estás haciendo *jogging* o caminando rápidamente en una cinta de andar a una velocidad cómoda de, digamos, 6 km/h, el entrenamiento interválico te haría elevarla a 9 km/h de treinta a sesenta segundos, y luego bajarla a 5 km/h durante un minuto de «recuperación» (es decir, de descanso activo). Un período de alta intensidad (velocidad de la cinta: 9 km/h) alternando con otro de descanso activo (velocidad de la cinta: 5 km/h) constituiría un «juego», y se pueden realizar hasta diez juegos así en un entrenamiento, todo en menos de treinta minutos. Diez minutos en la cinta alternando entre «alta intensidad» y «baja intensidad» pueden ser tan eficaces como treinta a un ritmo lento y mantenido (sin desafíos). Con esta clase de entrenamientos practicas ejercicio de forma más inteligente, no necesariamente de manera más dura. Consigues lo mismo –si no más– y en menos tiempo.

Puedes incorporar el modelo interválico de entrenamiento a tu andar diario muy fácilmente, incluso si acabas de comenzar o si vuelves a empezar después de un parón prolongado. Cuando camines a tu ritmo normal, prueba a acelerar durante treinta segundos. A continuación disminuye la velocidad mientras recuperas el aliento y luego repite la secuencia. Ampliarás los límites de tu estado de forma física en muy poco tiempo.

Úsalo o piérdelo: entrenamiento con pesas

Además de seguir moviéndote, necesitarás hacer algo para preservar los músculos, y por lo general eso significa *entrenarse con pesas*. Si no haces alguna forma de entrenamiento de fuerza (pesas), perderás aproximadamente medio kilo de músculo por año. Recuerda que el músculo no solo te da un buen aspecto, sino que también es el lugar donde se queman más calorías; de manera que cuando pierdes músculo, en realidad estás perdiendo algunos de los hornos quemacalorías de tu cuerpo, lo que significa que estás disminuyendo la velocidad de tu metabolismo. Puesto que hay menos sitios donde quemar calorías, las que comas se almacenan más fácilmente como grasa, y la forma de tu cuerpo cambia espectacularmente, incluso si tu peso permanece estable. El músculo es tu mejor amigo en la batalla contra los michelines. Cuando se habla de músculos, el viejo dicho es cierto: «Úsalo o piérdelo». Si quieres estar (o seguir) delgado, sería mejor que los usases.

Te sugerimos que te entrenes con pesas al menos dos veces por semana. No tiene por qué ser un entrenamiento largo, interminable y agotador. Nosotros le dedicamos a nuestro entrenamiento con pesas menos de treinta minutos. Jonny hace una tabla de ejercicios, uno por cada zona corporal importante —pecho, espalda, hombros, bíceps, tríceps, piernas y abdomen—, luego descansa un minuto y repite la tabla dos veces más. El tiempo que suele permanecer en el gimnasio es de unos veinticinco minutos. Steven hace dos días de entrenamiento para fortalecer la parte superior del cuerpo y dos días para fortalecer el tronco y la parte inferior del cuerpo, alternándolos en ejercicios que duran aproximadamente de quince a veinte minutos. Al contarte esto pretendemos transmitirte la idea de que hay muchas maneras de conseguir el mismo objetivo.

Sí, lo divertido también es ejercicio

Por último, está lo divertido: *aquello que no parece ejercicio, pero que lo es.* Dar un paseo, sacar al perro a caminar, cuidar del jardín, jugar al tenis —en plan *amateur*, evidentemente— (una curiosidad: los jugadores profesionales de tenis tienen los ritmos cardíacos en descanso más bajos de todos los deportistas. Y el ritmo cardíaco en descanso es una medida estupenda del estado de forma general. Si tu ritmo cardíaco en descanso es bajo [menos de sesenta latidos por minuto] –como ocurre con los deportistas de élite–, ¡significa que tu corazón no tiene que trabajar tanto!). Encuentra algo que te guste hacer, y luego *hazlo*.

Para inspirarse merece la pena prestar atención a los descubrimientos del Registro Nacional del Control del Peso, que está realizando un rastreo de las actividades de personas que vencieron en el juego de la pérdida de peso. Se trata del estudio prospectivo más amplio que jamás se haya hecho sobre el éxito de la pérdida de peso a largo plazo. El registro sigue a más de diez mil individuos que han adelgazado al menos quince kilos y han mantenido su peso durante un año o más, ¡aunque de promedio han perdido unos pasmosos treinta kilos y no los han recuperado durante cinco años!

Han emergido varios patrones de conducta de estos descubrimientos, pero uno de ellos tiene un interés excepcional: el 90% de los participantes realiza ejercicio durante una hora al día, aproximadamente. Las mujeres informan de que queman un promedio de 2.545 calorías por semana gracias a la actividad física, y los hombres un promedio de 3.293. La actividad más común es andar, practicada por el 76% de los participantes. Adicionalmente, un 20% levanta pesas, otro 20% va en bicicleta y un 18% hace ejercicios aeróbicos.

Recomendaciones para el ejercicio

Aquellos de vosotros que queréis perder peso y mantenerlo os preguntaréis cuáles son nuestras recomendaciones *mínimas*. Y aquellos que seáis más ambiciosos, cuáles son nuestras recomendaciones *óptimas*.

Para las recomendaciones mínimas, creemos que la combinación de andar –o cualquier otra forma de ejercicio aeróbico– al menos tres o cuatro veces a la semana y el entrenamiento con pesas dos veces por semana es la mejor plantilla básica desde la que construir un programa personal de actividades. Si combinas este nivel básico de ejercicios con el plan de comidas de la *fórmula de las grasas inteligentes*, tendrás prácticamente asegurados grandes resultados, y estamos bastantes seguros de que te gustará lo que veas en el espejo.

Nuestras recomendaciones óptimas son las siguientes:

1. Entrenamiento aeróbico de cinco a seis días por semana, con alguna combinación de lo que sigue:

   • Entrenamiento interválico de alta intensidad (HIIT, por sus siglas en inglés) al menos dos o tres días a la semana.
   • Una o dos horas de actividad divertida moderada, como largos paseos, excursiones a pie, montar en bicicleta o jugar al tenis o al golf, dos días por semana (no deben coincidir con los días HIIT).

2. Entrenamiento de fuerza al menos dos días por semana.
3. Practicar yoga, nadar o hacer estiramientos prolongados al menos una vez por semana.

Nuestras recomendaciones mínimas te proporcionarán grandes resultados; pero si eres capaz de seguir el plan óptimo, te verás y te sentirás todavía mejor. Sin embargo, recuerda que, como hemos dicho, *el mejor programa de ejercicios es el que haces en realidad*, de manera que elige algo que sea realista para ti y que sea probable que mantengas a largo plazo.

REDUCCIÓN INTELIGENTE DEL ESTRÉS

Cuando Jonny habla a su público sobre el estrés, siempre saca a relucir al caso de Cindy Gore.

Cindy y su marido, Russell, vivían en Nueva Orleans. Allí estaban en agosto de 2005, cuando el huracán Katrina arrasó la ciudad y su casa se inundó con casi tres metros de agua. Ellos se subieron al desván y esperaron a los helicópteros de rescate. Russell abrazó a su mujer y le susurró al oído palabras tranquilizadoras, mientras le decía que no tuviese miedo.

—Lo siguiente que recuerdo –le dijo Russell al periodista de la CNN Gary Tuchman– es que estaba hablando con ella, se inclinó hacia mí y vi que estaba muerta.

Cindy Gore –una mujer sana y fuerte de cincuenta y tantos años– había muerto de estrés.

Este acontecimiento desgarrador ilustra algo que mucha gente pasa por alto: el estrés mata. Es posible que no mate tan espectacular y rápidamente como ocurrió en el caso de Cindy Gore, pero mata, despacio e insidiosamente. Puede exacerbar (e incluso iniciar) brotes de dolencias «menores» como el herpes, el asma, las alergias y el acné, y empeora prácticamente todas las enfermedades degenerativas, desde el cáncer hasta la diabetes pasando por las enfermedades cardíacas. Hace más lenta la recuperación de afecciones graves. En el cerebro, encoge el hipocampo, una zona íntimamente involucrada con la memoria y el pensamiento. Aumenta el riesgo de enfermedades cardiovasculares. Y disminuye la eficacia del sistema inmunitario (Jonny considera el estrés como uno de los «cuatro jinetes del envejecimiento», y algunos podrían decir que es el «jinete» más mortal de todos).

El estrés es mucho más que una mera molestia o un hecho incómodo de la vida moderna. Acorta la vida verdaderamente y con toda probabilidad es el enemigo más poderoso de la salud y de la longevidad. No te decimos todo esto para asustarte, sino para hacerte consciente de que la gestión del estrés *no* es un lujo. Si quieres disfrutar de la vida saludable que la *fórmula de las grasas inteligentes* puede darte, tienes que lidiar con el estrés de una manera productiva. Ignorarlo no es una alternativa.

El estrés: historial fisiológico

El estrés es un conjunto multidimensional y complejo de respuestas y señales hormonales y bioquímicas que afectan prácticamente a todo el cuerpo. Literalmente, el estrés *no* «está solo en tu cabeza»: se pueden medir los niveles en sangre (y saliva) de hormonas concretas relacionadas con él (como el cortisol y la dehidroepiandrosterona). Y, como ocurre con muchas otras cosas que desearíamos que no nos atacasen —el deseo de consumir azúcar, por ejemplo—, la respuesta del estrés juega un papel muy importante para nuestra supervivencia.

Imagínate que estás descansando tranquilamente en el Serengeti africano, y que de repente te ataca un león hambriento. ¿Qué es lo que haces? Evidentemente te pones a correr como un loco, o agarras el arma que tengas más cerca para luchar con la fiera; pero incluso antes de que decidas conscientemente qué vas a hacer, tu cuerpo ya se ha puesto en acción. Una zona muy pequeña llamada *amígdala*, que está situada en lo más profundo del cerebro, registra el peligro antes de que tú seas consciente de él y envía inmediatamente un mensaje al «controlador de tráfico aéreo» de las hormonas de tu cerebro, conocido como *hipotálamo*. El hipotálamo transmite una señal hormonal a la glándula pituitaria, que a su vez manda una señal hormonal al objetivo previsto de toda esta comunicación trepidante: las glándulas adrenales, que se asientan encima de los riñones. Todo esto ocurre más aprisa de lo que puedas tardar en apretar el botón «enviar» después de escribir un correo electrónico.

Las glándulas adrenales son las responsables de segregar poderosas hormonas —el cortisol y la adrenalina— que ponen en marcha inmediatamente una serie de mecanismos imprescindibles para que puedas escaparte del león. En primer lugar, hacen que tu corazón se acelere. Acto seguido, detienen otras operaciones metabólicas que no se necesitan justo en ese momento, como la digestión (¿para qué molestarse en digerir alimentos si tú estás a punto de *convertirte* en alimento?). Las hormonas del estrés son como la primera marcha del cuerpo, ideadas para sacarte de una emergencia y prepararte para luchar o para huir. Por eso se las conoce como «hormonas de lucha o huida».

Las hormonas del estrés son las responsables de que te pongas instantáneamente en alerta, completamente preparado, listo para la acción. La sangre corre por tus venas, tu presión sanguínea sube, tus pupilas se dilatan (de manera que puedas ver adónde vas cuando corres), tu azúcar en sangre se eleva (la necesitarás como energía) y tu corazón se acelera. Todo esto es imprescindible si quieres sobrevivir a un león o a cualquier otra emergencia. A fin de cuentas, si no fuese por las hormonas del estrés, no reaccionarías de manera diferente ante un león que ante un concierto de piano de Mozart, y eso no sería muy bueno para la supervivencia de la especie.

En el pasado, nuestra fisiología nos programó para sobrevivir a situaciones de vida o muerte, como enfrentamientos con leones, tigres y osos. Y como ocurre con la primera marcha de un automóvil, esta maquinaria metabólica estaba concebida para no utilizarla con frecuencia. El problema es que las primitivas regiones del cerebro en las que todo esto ocurre no conocen la diferencia entre un león y un atasco de tráfico, o entre un oso salvaje y un jefe exigente. El estrés casi constante de la vida diaria pone nuestra fisiología en alerta perpetua; y cuando se permanece en un estado continuo de estrés, el cortisol siempre está alto, y eso no son buenas noticias.

Los niveles elevados de cortisol aumentan la resistencia a la insulina, el síndrome metabólico y las enfermedades cardíacas; reducen la actividad del sistema inmunitario –por eso los corredores de maratones, que someten a sus cuerpos a un enorme estrés físico durante una carrera, frecuentemente enferman una semana después–, y dañan los músculos y hace que tu cuerpo engorde, sobre todo alrededor de la cintura –la temible grasa abdominal que te da «forma de manzana»–; y esa grasa abdominal es la más activa metabólicamente y la más peligrosa del cuerpo, con lo que se aumenta sobremanera el riesgo de toda clase de enfermedades (como las cardíacas).

Por eso, la gestión del estrés no es un «accesorio» optativo de la *fórmula de las grasas inteligentes*, sino algo esencial para su éxito.

En la época en que Jonny era entrenador experto en el Equinox Fitness Club, tuvo como clientes a cierta cantidad de mujeres que se entrenaban como locas, pero que parecían incapaces de cambiar sus cuerpos. Para ellas era extremadamente difícil lograr unos músculos prietos y tonificados, e igualmente difícil perder grasa abdominal. Por raro que parezca, parecía que muchas de ellas en realidad la *ganaban* (por supuesto, muchas seguían dietas pobres en grasas, lo que explicaría parte del problema, pero no todo). Jonny pudo comprender el motivo solamente muchos años después: el estrés.

Los elevados niveles de cortisol acaban con tus músculos, te añaden grasa abdominal y te mantienen lejos de poder obtener todos los beneficios posibles de la *fórmula de las grasas inteligentes*. Por eso es tan sumamente importante que hagas algo todos los días para moderar el estrés y rebajar el cortisol.

Aquí es donde intervienen la respiración profunda, la relajación, la meditación y determinados ejercicios calmantes, como el taichí, el yoga, el *chi kung* y los estiramientos, que pueden ayudar a rehabilitar el cuerpo y restaurar los daños que un cortisol constantemente elevado ha producido en él por cortesía de la vida moderna.

Lo mejor de la reducción del estrés es que es fácil, divertida, relajante y nada cara. Todo lo que hay que hacer es encontrar algo que guste hacer y luego hacerlo.Quizá sea leer una novela, o tomar un relajante baño de sales, o dar un paseo después de cenar. Claro está que la meditación, el yoga y demás actividades semejantes son estupendas, pero se puede perder cierta presión y calmar la fisiología con un esfuerzo todavía menor. *Simplemente, relájate.* Reserva un tiempo para ti, y hazlo a diario. Quienes tienen a su cargo gente a la que cuidar experimentan muchos problemas en este sentido; parece que estuviesen programados para atender las necesidades de los demás y con frecuencia se olvidan de las suyas propias. Si eres así, sería conveniente que recordases lo que nos dicen en los aviones: ponte primero tú *tu propia* máscara de oxígeno, *antes* de ayudar a la persona que está a tu lado, incluso si esa persona es tu hijo.

Existen multitud de libros sobre cómo gestionar el estrés, así como programas para ayudarte a lograrlo, pero hay algo muy fácil que puedes hacer ahora mismo y que establecerá una diferencia. Haz este ejercicio todos los días, y te garantizamos que te sentirás mejor y que tu salud mejorará al mismo tiempo.

Recomendaciones para el estrés: practica la respiración profunda

Durante diez minutos al día, realiza este sencillo ejercicio de respiración profunda:

1. Siéntate en silencio en una postura cómoda (o échate sobre la espalda, con las palmas de las manos hacia arriba).
2. Cierra los ojos.
3. Relaja todos los músculos uno a uno, empezando en tus pies y ascendiendo poco a poco.
4. Inspira profundamente por la nariz y espira por la boca.
5. Concéntrate solo en tu respiración, pero no te preocupes si tu mente divaga (porque lo hará); simplemente vuelve a prestar atención a tu respiración.

Conforme espiras, dite a ti mismo una palabra de calma silenciosamente. Puede ser tan sencilla como *paz, alegría, amor, silencio* y hasta *gratitud*.

DORMIR INTELIGENTEMENTE

Sin duda, una de las mejores medidas para comprobar la calidad de vida es el nivel de energía. Cuando se dispone de muchísima energía, por lo general se disfruta de una buena calidad de vida. Cuando el nivel es bajo sucede todo lo contrario.

Es posible que te hayas dado cuenta de que muchísimos de nosotros no tenemos mucha energía en la actualidad;: siempre estamos cansados, nos arrastramos en el trabajo, no podemos despertarnos por las mañanas y cuando por fin podemos salir de la cama, estamos atontados. La irritabilidad –compañera inevitable del cansancio– es una presencia constante. Nuestro trabajo, nuestra vida sexual, nuestras relaciones y nuestra salud se resienten.

¿Por qué sucede esto? ¿Por qué estamos cansados todo el rato? Uno de los principios de la ciencia, conocido como *principio de parquedad*, sostiene que la explicación más sencilla de un fenómeno es frecuentemente la mejor; o, como uno de los profesores universitarios de Jonny dijo una vez: «Cuando oigas galopar al otro lado de la ventana, no empieces a buscar cebras». Dicho de otra manera, cuando busques una explicación, empieza por lo más evidente (en el caso del galope, busca un caballo). La causa evidente de nuestra declinante energía está justo ante nuestras narices: no dormimos lo suficiente.

Todo tiene que ver con el ritmo

Antes de la invención de la electricidad estábamos mucho más en armonía con nuestros ritmos biológicos, o *circadianos* (del latín *circa*, que significa «aproximadamente, cerca de», y *diem*, «día»). La actividad de las ondas cerebrales, la producción de hormonas y toda clase de funciones metabólicas reguladoras están profundamente conectadas con nuestros ritmos circadianos. Esos mismos ritmos, que son una parte tan fundamental de nuestra constitución biológica, se desencadenan realmente por acontecimientos externos; los más importantes son la luz y la oscuridad. Fundamentalmente, nuestros cuerpos vienen equipados con el *software* para dormir cuando está oscuro y despertar cuando hay luz. Cuando nuestros patrones de sueño se desvían de ese programa, los sistemas metabólico y hormonal se desajustan y nos sobrevienen toda clase de problemas (lo que constituye una de las muchas razones por las que los trabajadores a turnos sufren tantísimos problemas de salud).

Dormir afecta a cómo trabajamos, cómo nos relacionamos con la gente, cómo actuamos, cómo tomamos decisiones, cuánta energía tenemos y cómo nos sentimos en general. El efecto de dormir, o su carencia, es profundo e influye en toda nuestra existencia. Dormir demasiado poco deprime nuestro sistema inmunitario, eleva nuestras hormonas del estrés y, de pasada, nos engorda (sabíamos que esto atraería tu atención).

La llamada del despertador: aumento de peso

Si la relación entre no dormir lo suficiente y engordar es una sorpresa para ti, ten en cuenta esto: dormir afecta sobremanera a nuestras hormonas, y en lo que se refiere al aumento de peso, las hormonas son fundamentalmente las que están al mando. Dormir mal, o no dormir lo suficiente, es un obstáculo para la compleja interacción de las hormonas que controlan el apetito y el peso corporal.

Varias investigaciones han descubierto que un sueño de corta duración está relacionado con una reducción de la leptina (la hormona que le dice al cerebro que uno está lleno; ver el capítulo 2, donde se habla más de la ella) y con mayores niveles de grelina (una hormona que le señala al cerebro que estás hambriento), lo que prácticamente te obliga a comer. Con una cantidad *menor* de la hormona que te dice que estás lleno y *mayor* de la hormona que te dice que estás hambriento, no es de sorprender que los científicos vengan observando desde hace tiempo una asociación entre los períodos cortos de sueño habitual y el aumento de peso.

Y esto se pone peor.

Investigaciones recientes han demostrado que no dormir lo suficiente reduce la capacidad de las células de responder a la insulina. Es posible que te acuerdes de la capacidad que tienen las células para «escuchar» a la insulina, un estado muy de desear llamado sensibilidad a la insulina (ver el capítulo 2), que es la marca distintiva del peso sano y de la buena salud en general. Su contrario, la resistencia a la insulina, es un estado celular nada deseable que se da cuando las células ya no «prestan atención» a la insulina. Las células, sobre todo las musculares, cierran la puerta cuando llama la insulina con su carga de azúcar. El azúcar acaba por ir a las células grasas (y todo el mundo sabe cómo termina todo). La resistencia a la insulina, como te hemos mostrado antes, es una marca distintiva de la diabetes y de la obesidad, y un gran factor de riesgo para las enfermedades cardíacas.

La falta de sueño te hace resistente a la insulina. Y no importa lo genialmente que comas, si tu insulina no funciona de forma adecuada —si las células no la están escuchando—, es muy probable que engordes. ¿Empiezas a ver por qué dormir es tan importante para tu éxito con la *fórmula de las grasas inteligentes*?

En un estudio, J. L. Broussard y sus colegas de la Universidad de Chicago hicieron que en dos ocasiones —con un mes de separación entre ellas— siete adultos jóvenes, sanos y delgados, viviesen en un laboratorio del sueño durante cuatro días. Consumieron comidas idénticas y no se les permitía tomar tentempiés. En la primera parte del estudio, los sujetos se pasaban ocho horas y media en la cama cada una de las cuatro noches que pasaron en el laboratorio del sueño. En la segunda parte del estudio, les permitieron dormir solamente cuatro horas y media por noche, de manera que al final de la segunda parte del estudio se les había privado del sueño unas catorce horas.

Tras cada uno de los períodos de cuatro días, los investigadores midieron la respuesta a la insulina de los participantes. También recogieron células grasas para medir cómo reaccionaban esas células a la insulina después de aquellas horas de privación de sueño.

Los resultados fueron desalentadores. Después de cuatro noches de privación de sueño, la capacidad general de los participantes para responder a la insulina había disminuido un 16%, ¡y eso en sujetos jóvenes y sanos después de solo cuatro noches de no dormir lo suficiente! Es fácil imaginarse el caos metabólico que sufren los más mayores —y menos resistentes— después de años sometidos a una merma de sueño. No es una imagen muy alentadora.

Lo que ocurre exactamente cuando dormimos y, sin ir más lejos, por qué tenemos que dormir, sigue siendo un cierto enigma, incluso para los científicos que estudian este fenómeno. Y aunque no se comprende del todo por qué exactamente necesitan dormir nuestros cuerpos, se sabe que lo *necesitan*. Dormir genera hormonas, como la del crecimiento humano, la hormona «antienvejecimiento» definitiva que solamente se libera durante las fases profundas del sueño (la hormona del crecimiento humano te ayuda a construir músculo y a quemar grasas, a la vez que estimula la regeneración y la reproducción celulares). Durante el sueño profundo el cuerpo produce también *melatonina*, una hormona que ayuda a regular el ciclo del sueño y que desarrolla cierta actividad anticancerígena.

Una buena noche de sueño tiene un efecto positivo sobre las hormonas; por el contrario, una carencia de sueño tiene un efecto negativo. La falta de sueño es un elemento estresante, que provoca que se libere más cortisol (la hormona del estrés), el cual, como hemos visto, puede crear grasa abdominal, colapsar los músculos, encoger el cerebro y deprimir el sistema inmunitario (también puede hacerte comer de más).

La arquitectura del sueño (y qué sucede
cuando los cimientos se agrietan)

Para valorar lo importante que es dormir para la salud –y por qué dormir descansada, profunda, amplia e ininterrumpidamente puede ser una de las cosas más importantes que puedes hacer para controlar tu peso y recuperar tu salud–, ayuda saber algo de lo que se llama *arquitectura del sueño*. El sueño se divide en dos categorías: el sueño REM (o de movimientos oculares rápidos, por sus siglas en inglés) y el sueño no REM.

El sueño no REM se divide en cuatro etapas. La primera es ese período en el que te vas desplazando de estar despierto a dormirte (recuerda esas cabezadas que das entrada la noche mientras ves la televisión). En la segunda etapa, los movimientos oculares se detienen, las ondas cerebrales empiezan a ser más lentas, los músculos se relajan, el ritmo cardíaco baja y la temperatura corporal comienza a caer. Las etapas tercera y cuarta se conocen conjuntamente como sueño de ondas lentas y se caracterizan porque el cerebro emite unas ondas llamadas delta. Durante el sueño de ondas lentas, la presión sanguínea y la temperatura corporal caen un poco más, la respiración se hace todavía más lenta y el cuerpo está completamente inmóvil.

Y luego tenemos el sueño REM, la joya de la corona, el no va más del sueño profundo y reparador. Aquí es donde el reparto de personajes de tu territorio de los sueños viven y bailan (el sueño REM es la única etapa en la que se sueña). Un ciclo completo de sueño consiste en las cuatro etapas de sueño no REM más el sueño REM, y transcurre a lo largo de entre noventa y cien minutos. Idealmente, este ciclo se repite unas cuatro o seis veces por noche.

Pero conforme vamos envejeciendo, todo cambia. Cuesta más dormirse. El porcentaje de tiempo que pasamos en cada etapa se transforma: nos pasamos un poco más de tiempo en la primera y la segunda etapas, y un poco menos en las etapas tercera y cuarta y en el sueño REM (lo que quiere decir que permanecemos menos tiempo en el sueño profundo). En cualquier caso, los adultos sanos aún deberían pasar aproximadamente el 25% de su tiempo dormidos en el sueño REM, y cuando eso se perturba ocurren toda clase de cosas, ninguna de ellas buena (este es el motivo por el que la privación del sueño se utiliza como tortura).

Ya sabes cómo afecta el sueño al peso y que no dormir lo suficiente incrementa el estrés; pero el sueño es fundamental también para la memoria, el humor y la función cognitiva. La falta de sueño, por otro lado, está relacionada con un aumento de la ira, la ansiedad y la tristeza, lo que conlleva una mala calidad de vida. El estudio de Brussard y colegas del que te hablamos anteriormente reveló que cuando a los sujetos solamente se les permitía dormir cuatro horas y media por noche, mostraban de manera significativa más estrés, cansancio mental e ira.

La falta de sueño también afecta al sistema inmunitario. En un estudio muy ingenioso, los investigadores vacunaron contra la gripe a dos grupos de hombres. Al primer grupo solamente se le permitió dormir cuatro horas por noche durante cuatro noches, mientras que al segundo grupo se le permitió dormir normalmente. Diez días después de que se les administrara la vacuna, el grupo privado de sueño presentaba una respuesta inmunitaria significativamente más baja que el grupo que dormía normalmente. De hecho, ¡los que dormían de menos producían en realidad menos de la mitad de los anticuerpos que luchan contra la gripe!

Conclusión: presta atención a tu sueño. Algunas personas dicen: «Ya dormiré cuando esté muerto», algo que no trae consigo nada positivo. Con esta actitud se desdeñan los enormes beneficios metabólicos, hormonales y antienvejecimiento del sueño profundo y reparador.

Recomendaciones para el sueño

Nos gustaría que pasar una buena noche de sueño se convirtiese en tu prioridad –todas las noches–. Es fundamental para la salud, la longevidad, el desempeño y la cintura. Y aunque cada uno tenga sus necesidades individuales de sueño, creemos que siete horas por noche es el número mágico que se precisa para gozar de una salud óptima

(Steven duerme de siete a ocho horas; Jonny, seis). Algunos consejos para dormir mejor, avalados por la experiencia, son los siguientes:

- *Mantén la habitación a oscuras.* Los estudios indican que incluso la luz más tenue puede interrumpir la producción de melatonina. Stephen Lockley, investigador del sueño de la Universidad de Harvard, asegura que la luz por la noche es parte del motivo de que mucha gente no duerma lo suficiente.
- *Mantén fresca la habitación.* Los expertos del sueño señalan que la temperatura ideal para dormir es de unos 20 grados. Una caída suave de la temperatura corporal induce el sueño, y que eso ocurra es más fácil en una habitación más fresca.
- *No te quedes dormido nunca con la televisión encendida.* No hay nada reconfortante ni reparador en una banda sonora de noticias, anuncios publicitarios y reposiciones del *show* de las Kardashian. Esos sonidos de la televisión se meten en tu cerebro, perturban tu sueño y con frecuencia provocan sueños con los productos que se publicitan en la televisión. Es posible que creas que necesitas tener la televisión encendida para calmarte y dormir, pero te equivocas. Prueba con el silencio, dormirás mejor.

No solamente es importante la *cantidad* de luz, sino que los diferentes tipos de iluminación te ayudan a despertar y a dormir:

- Levántate con luz brillante. Eso combina con la subida de cortisol por la mañana y te ayuda despertarte. Es magnífico si puedes salir a la luz del sol por la mañana nada más despertar. Si te resulta imposible, plantéate la opción de someterte a una iluminación brillante de espectro amplio durante los primeros treinta o sesenta minutos después de despertarte por la mañana.
- Utiliza luz rojo-anaranjada antes de ir a dormir, sobre todo si padeces de insomnio. De una a dos horas antes de ir a la cama, lleva gafas de ese color o pon en tu dormitorio puntos de luz

roja, que simula la puesta de sol y estimula a tu cerebro a producir melatonina y hacerte dormir.

- Evita el trasfondo blanco de las pantallas de televisión o de ordenador una o dos horas antes de irte a la cama, ya que la luz blanca le dice a tu cerebro más primitivo que se despierte.

RELACIONES INTELIGENTES

Uno de los libros más populares de los últimos años –*The Blue Zones: Lessons for Living Longer from the People Who've Lived the Longest* (Las zonas azules: lecciones para vivir más de la gente que más ha vivido)– lo escribió un periodista, Dan Buettner, que viajó por cuatro partes del mundo denominadas «zonas azules»: la isla japonesa de Okinawa; la isla de Cerdeña, en Italia; la península Nicoya, en Costa Rica, y Loma Linda, en el estado de California, y más concretamente la comunidad adventista del Séptimo Día, establecida allí (una quinta zona azul –la isla griega de Ikaria– se identificó hace poco).

Las zonas azules tienen las mayores concentraciones de individuos centenarios y saludables del mundo. Date cuenta de que hemos dicho «saludables»: no son personas que estén simplemente aferradas a la vida en hospitales o en residencias de ancianos; son personas fuertes y activas en su gran mayoría, que cuidan el jardín, pastorean o se ocupan de la tierra. Buettner quería comprobar si se daban puntos en común entre las gentes de las zonas azules para intentar comprender qué las mantenía tan sanas más allá de los noventa o incluso de los cien años. Después de todo, ¿no sería estupendo aprender sus secretos?

Los habitantes de las zonas azules tenían de hecho ciertas cosas en común, pero no tantas como podrías creer. No todos ellos seguían la misma dieta (aunque ninguno de ellos comía alimentos procesados y la dieta de todos ellos era rica en fibra). Con toda certeza no ponían un pie en el gimnasio y no tomaban suplementos alimenticios. Y aunque la mayoría eran activos, no todos realizaban las mismas actividades. En última instancia, resulta que existen poquísimos elementos relacionados con la dieta, el ejercicio, el sueño o el estrés que sean comunes entre las gentes sanas más longevas del mundo.

Menos uno.

Hay una categoría única de la actividad humana que es prácticamente universal en todas las culturas del mundo en las que sus miembros disfrutan por lo general de una salud extraordinaria y viven mucho tiempo. Es lo más cercano que tenemos a una «verdad universal» sobre la salud. Y casi no tiene nada que ver con lo que comemos, con cómo dormimos o cómo hacemos ejercicio. Si pusieras esa verdad universal en una placa en la pared, se podría leer:

NO HAY SALUD SIN UN FUERTE TEJIDO SOCIAL

Simplemente, no existe una sola sociedad longeva en ninguna parte del mundo que no tenga un conjunto de fuertes relaciones sociales: la familia, la comunidad, los lugares de culto, los rituales, las actividades y todas las demás estructuras que acompañan a un grupo cohesionado. Sin esa estructura social nos sentiríamos como en una isla desierta, donde nos consumiríamos silenciosamente en unos cuantos años.

Hace tiempo que los psicólogos utilizan el término *inteligencia emocional* como atajo para definir la capacidad de manejar empáticamente las relaciones interpersonales. Se cree extensamente que la inteligencia emocional es una de las claves del éxito profesional y personal. En este libro utilizamos esta expresión para significar la suma total de todo lo que en nuestras vidas esté vinculado a nuestras relaciones con los demás y con nuestras propias emociones y a nuestra capacidad de comunicarnos. Si podemos emplear el poder de nuestras emociones, seremos capaces de utilizarlas para facilitar la resolución de problemas, la comunicación y —quizá lo más importante para nuestra salud— nuestra relación con aquellos que nos rodean.

Nuestros pensamientos y nuestras emociones tienen efectos potentes sobre nuestra fisiología. Es posible que no seas capaz de «pensar hasta adelgazar», pero sin duda puedes «pensar hasta caer enfermo». De hecho, existe todo un campo de la ciencia, legítimo, conocido como *psiconeuroinmunología*, que estudia cómo influyen nuestros pensamientos en nuestra salud, en nuestro sistema inmunitario y en nuestra resistencia a las enfermedades. Todo aquello en lo que pensamos —en qué nos concentramos y ponemos nuestra energía— afecta a nuestra presión sanguínea, a nuestro ritmo cardíaco, a la cantidad de hormonas que liberamos en el cuerpo, ¡e incluso a nuestros niveles de colesterol!

Una gran parte de lo que llamamos inteligencia emocional es cómo nos relacionamos e interactuamos con los demás. No es un accidente que los miembros de matrimonios bien avenidos vivan más que los solteros. Estudios cardíacos realizados con graduados en la Universidad de Carolina del Norte han descubierto que tener un compañero durante la mediana edad protege contra la muerte prematura. Otras investigaciones han demostrado que la gente casada tiene un riesgo menor de desarrollar enfermedades cardiovasculares.

Por supuesto, la clave del matrimonio —o, más apropiadamente, la clave de la *relación*— es la calidad y el carácter de esa relación. Las relaciones fuertes y por lo general saludables, aportan toda clase de beneficios, pero un matrimonio estresante no otorga beneficios en absoluto. La escritora e historiadora Stephanie Coontz dice que «cuando separamos los buenos matrimonios de los malos, aprendemos que la clave es la relación, no la institución» (que conste que Steven lleva felizmente casado veintiocho años y que Jonny mantiene una relación de compromiso a largo plazo). De hecho, para la gente que no tiene muchas relaciones, o que estas son débiles, el riesgo de morir prematuramente es entre dos y cuatro veces mayor que el de quienes tienen fuertes lazos sociales. Esto es cierto independientemente de la raza, de la edad, de la salud física, de fumar o no, de consumir alcohol, de la actividad física, del estatus socioeconómico e incluso de la obesidad.

Creemos que se puede establecer una base firme con la idea de que los beneficios para la salud de cualquier relación con éxito tienen mucho que ver con la atención que se presta a algo o alguien fuera de nosotros mismos. Y existen algunas investigaciones ingeniosas que apoyan esta teoría. En los años setenta, una psicóloga de Harvard llamada Ellen Langer dio a cada uno de los residentes de una residencia de ancianos una planta. A la mitad de ellos se les dijo que la planta la cuidaría el personal del centro, y a la otra mitad se le dijo que la planta era responsabilidad suya. La gente que cuidó la planta tenía menos visitas médicas, mejores resultados médicos, mejores análisis de sangre y puntuaciones más altas en prácticamente todas las medidas de bienestar que los investigadores fueron capaces de establecer. Cuidar de una planta, sencillamente, mejoró de forma significativa su salud de manera medible. ¡Y eso solo con una planta! Imagina lo que podría ocurrir cuando cuidas de los demás, cuando haces trabajo voluntario, cuando te involucras en una organización benéfica o en un albergue o cuando realizas cualquier actividad que distraiga la atención de ti mismo y contribuya al bienestar de los demás. «Se supone que los seres humanos no deben tener vidas solitarias –dice John Rowe, el anterior presidente de la Fundación McArthur para la red de investigaciones sobre el envejecimiento–. Hablar, tocar y relacionarse con los demás es esencial para nuestro bienestar».

¿Cuál es la idea con la que hay que quedarse? Creemos que está claro: todos y cada uno de los estudios sobre personas sanas muestran un punto en común: se relacionan con los demás. Tienen amigos, y no hablamos de los «me gusta» de Facebook, hablamos de personas de la vida real, con las que interactúan cara a cara y de las que se ocupan. La gente sana tiene relaciones, se preocupa por aquellos que tiene a su alrededor y emplea su energía en algo útil para los demás. A los científicos les gustaría estudiar a centenarios sanos que vivan aislados, pero hay un problema: no existen.

Ciertos individuos desafían todas las «reglas» del vivir sano: no comen bien, fuman, no hacen ejercicio, no cuidan sus cuerpos. Y aun así, por algún milagro de la lotería genética, parece que prosperan y viven mucho tiempo. Pero es casi imposible hacer eso aisladamente, no se puede vivir bien y mucho sin contactos con la familia o con el cónyuge, o con los grupos sociales, la comunidad, una institución religiosa o alguna otra entidad social que le dé significado y objetivo a la vida.

Nos hemos pasado la mayor parte de nuestra vida adulta estudiando a la gente, y cuanto más aprendemos, tanto más profundamente respetamos lo poco que sabemos. Hemos cambiado muchas veces lo que creemos sobre los alimentos y el ejercicio en nuestros cincuenta y cinco años de experiencia conjunta en el campo de la salud; pero hay una creencia que ambos albergamos y aplicamos de manera independiente y sistemática para todo en nuestras vidas profesionales: las personas quieren contribuir, quieren hacer que las cosas sean diferentes, quieren vivir vidas con significado, quieren que importe que ellos hayan estado allí y quieren hacer el bien.

Tanto si somos conscientes de ello como si no, tanto si lo expresamos como si no, tanto si tenemos éxito como si no, la verdad es que el deseo de contribuir para hacer diferentes las cosas para los demás está en el núcleo de lo que significa ser humano. Es lo que hace que la vida sea maravillosa y satisfactoria. Esto es lo que las gentes de Okinawa llaman *ikigai*: una razón de ser, un propósito.

Si tuviésemos una enseñanza general que dejarte —una enseñanza que hiciera que todo lo que hayas aprendido en este libro valga la pena— sería esta: *encuentra tu propósito*. Y vive conforme a él todos y cada uno de los días. Esperamos que este libro te haya proporcionado las herramientas para hacer exactamente eso.

Disfruta del viaje.

JONNY Y STEVEN

Capítulo 10

RECETAS INTELIGENTES

Aquí encontrarás más de cincuenta recetas que forman parte del plan de treinta días de la *fórmula de las grasas inteligentes*. Steven, formado como chef y nutricionista cualificado, ha desarrollado y ajustado todas estas recetas exclusivamente para este libro (puedes encontrar más en nuestra página web www.SmartFat.com). Esperamos que te inspiren para que hagas tus propias variaciones. Tómate la libertad de experimentar y cambiar los sabores y los ingredientes, o prepáralos con la técnica culinaria que prefieras (ten presente que el tiempo de preparación, la información sobre raciones y, lo más importante, el contenido nutricional de cada plato corresponda con la receta según figura impresa aquí).

Sin embargo, antes de que te pongas a cocinar nos gustaría que hicieras un poco de limpieza del hogar, sobre todo en tu frigorífico y en los armarios de la cocina (¡y no te olvides de ese cajón donde guardas los caramelos que te sobraron de Halloween!). Ya sabes qué tirar: desde las grasas tontas hasta los carbohidratos azucarados y los alimentos preparados. Te hemos armado con un montón de información sobre qué no comer y qué no poner en el carrito de la compra.

También tienes que saber lo que *deberías* tener a mano para que te ayude a preparar platos verdaderamente inteligentes. Encontrarás consejos y sugerencias sobre varios ingredientes en las mismas recetas, pero vamos a concentrarnos en algunos que te permitirán elaborar fácilmente una comida o un tentempié inteligente.

LA DESPENSA INTELIGENTE: HIERBAS AROMÁTICAS Y ESPECIAS

El sabor es una parte tan fundamental de la *fórmula de las grasas inteligentes* como lo son las propias grasas inteligentes, las proteínas y la fibra, porque los sabores excelentes significan que mantendrás esta manera de comer durante toda tu vida. Los sabores excelentes significan también nutrición excelente, y excelentes beneficios para la salud. Como señalamos en el capítulo 2, muchas hierbas aromáticas y especias poseen propiedades antiinflamatorias y antienvejecimiento, y por eso las utilizamos generosamente en nuestra cocina.

Esta es la lista de hierbas aromáticas secas y especias de nuestra «repisa de especias inteligentes», seguida por una lista de sabores frescos para tener a mano, que incluye un cierto número de hierbas aromáticas que se pueden cultivar en casa, incluso si no se te dan bien las plantas.

HIERBAS AROMÁTICAS SECAS Y ESPECIAS

- Aderezo de hierbas aromáticas secas italianas.[*]
- Finas hierbas.
- Tomillo.
- Orégano.
- Eneldo.
- Pimentón.
- Pimienta de Cayena molida.
- Pimiento rojo deshidratado.

---

[*] Busca una combinación de hierbas italianas como el orégano, el tomillo, la albahaca, el romero y la mejorana. Evita las mezclas para «aderezos», porque pueden contener ingredientes no herbales.

- Granos de pimienta negra enteros (para tener pimienta negra recién molida).
- Mezcla de especias para *curry*.
- Canela.
- Cardamomo.
- Sal marina.

Sabores frescos para tener a mano:
- Ajo.
- Jengibre.
- Perejil.
- Cilantro.
- Albahaca.
- Menta.
- Romero.

Los cinco últimos de la lista –perejil, cilantro, albahaca, menta y romero– son fáciles de cultivar en macetas o en un parterre pequeño del jardín (pero ten cuidado con la menta, que lo invade todo; ¡es casi *demasiado* fácil de cultivar! Sin embargo, su sabor fresco y su versatilidad son insuperables). La ventaja de cultivar hierbas aromáticas es que se puede cosechar lo que no se utilice al final de la estación, secarlo, congelarlo o picarlo y mezclarlo con un poquito de aceite de oliva virgen extra y tener a mano un gran estallido de sabor veraniego incluso en mitad del invierno.

La despensa inteligente: aceites (y puntos de humeo)

Nosotros dos tenemos mucho cuidado a la hora de elegir los aceites que utilizamos para cocinar, porque cuando se les aplica calor, cambia –y se estropea– la composición de las, por otra parte beneficiosas, sustancias que contienen. Aplícales demasiado calor y convertirás una grasa inteligente en una grasa tonta.

Considera, por ejemplo, el aceite de oliva virgen extra, el representante por excelencia del mejor de los aceites. Se elabora simplemente prensando las aceitunas para extraer el jugo, sin sustancias químicas o refinado industrial y a temperaturas que no deterioran el aceite (es decir, por debajo de los 30 grados). La gente paga mucho más dinero por el aceite de oliva virgen extra y luego lo utiliza para *todo* lo que necesita cocinar, incluso si lo hace a altas temperaturas.

Gran error.

Piénsalo. En principio, ¿por qué pagas tanto por el aceite virgen extra? Para conseguir todos esos polifenoles tan espectacularmente sanos, no dañados por el calor o las sustancias químicas. Entonces, ¿por qué calientas este aceite tan cuidadosamente elaborado, repleto de beneficiosos compuestos, a una temperatura tan alta que destruye su composición?

No tiene mucho sentido, ¿verdad?

Existe un término para la temperatura a la que los aceites empiezan a estropearse: el *punto de humeo*. Cuando se calienta un aceite hasta que humea, se deterioran los valiosos nutrientes que contiene. Peor aún, el aceite se transforma en algo dañino de ingerir. Si tomas una grasa inteligente –como el aceite de oliva virgen extra o el aceite de coco sin refinar– y lo calientas más allá de su tolerancia a la temperatura, acabas de convertir una grasa inteligente en una tonta.

De manera que presta atención a la guía de temperaturas que te mostramos en la página 246 y no utilices nunca un aceite a una temperatura que lo haga humear (pero no te obsesiones con esto; si por casualidad quemas un aceite de vez en cuando accidentalmente, solo tienes que retirar la sartén del fuego, limpiarla con una servilleta de papel y volver a empezar).

Qué aceites debes tener en la despensa

Para cocinar a fuego fuerte: te sugerimos que elijas uno o dos aceites para cocinar a fuego fuerte, como el de aguacate, el de nueces pacanas, el de oliva extraligero o el *ghee* (mantequilla clarificada; mira más adelante en nuestra receta del estofado de carne las instrucciones para prepararlo). De todos estos, los aceites de aguacate y de nueces pacanas están llenos de nutrientes y son grasas inteligentes; el de oliva extraligero y el *ghee* son grasas neutras.

Para cocinar a fuego medio-alto: los aceites para fuego medio-alto son probablemente los que más se utilizan (Steven los recomienda principalmente para dorar la carne o el pollo, o para cocinar verduras). Buenas alternativas para un fuego medio-alto son el aceite de oliva virgen (¡pero no el virgen *extra*!), el de almendra, el de avellanas y el de nueces de macadamia, todos los cuales son grasas inteligentes.

Para cocinar a fuego medio: utiliza alternativas inteligentes ricas en nutrientes, como el aceite de oliva virgen extra y el aceite de coco sin refinar.

Para cocinar a fuego medio-bajo: emplea el aceite de oliva virgen, el aceite de sésamo sin refinar y el aceite de nueces sin refinar.

Para cocinar a fuego bajo: usa el aceite de pistacho.

Para aliños de ensalada y para añadir sabor (en crudo): elige aceites ricos en nutrientes, con el de oliva virgen extra dirigiendo la marcha. El de lino, rico en lignina, se puede utilizar también para aliños (pero *nunca jamás* para cocinar). Otros aceites que funcionan bien para este propósito son el de sésamo, el de pistacho y el de nuez. Los aceites de oliva virgen extra, de pistacho y de nuez son todos ellos grasas inteligentes.

Mira las tablas que aparecen a continuación para conocer las temperaturas de cocción adecuadas para cada aceite, los puntos de humeo y las temperaturas máximas de cocción. Lo que importa: utiliza el aceite adecuado, ¡pero utilízalo a la temperatura correcta! Eso es lo básico en la cocina inteligente.

ACEITES APROPIADOS PARA FUEGO FUERTE, MEDIO Y BAJO	
Temperatura de cocción	Aceite apropiado
Fuego fuerte (230-340°)	Aceite de aguacate, aceite de semillas de uva, aceite de pecán, ghee (mantequilla clarificada), aceite de oliva extraligero
Fuego medio-alto (190-230°)	Aceite de oliva virgen, aceite de almendra, aceite de nuez refinado, aceite de nuez de macadamia, aceite de coco refinado
Fuego medio (160-190°)	Aceite de oliva virgen extra, manteca, mantequilla, aceite de coco sin refinar
Fuego medio-bajo (120-160°)	Aceite de semillas de sésamo sin refinar, aceite de nuez sin refinar
Fuego bajo (105-120°)	Aceite de pistacho

ACEITES, PUNTOS DE HUMEO Y TEMPERATURA MÁXIMA DE COCCIÓN		
Aceite	Punto de humeo	Temperatura máxima de cocción
Aceite de almendra	221°	Media-alta
Aceite de aguacate	271°	Alta
Aceite de aguacate, virgen	204°	Media
Mantequilla	176°	Media
Mantequilla, clarificada	251°	Alta
Aceite de coco, refinado	204°	Media
Aceite de coco, sin refinar	176°	Media-baja
Aceite de semillas de uva	251°	Alta
Aceite de avellana	221°	Media-alta
Manteca	193°	Media
Aceite de nuez de macadamia	204°	Media
Aceite de oliva, virgen	215°	Media-alta
Aceite de oliva, virgen extra	204°	Media
Aceite de oliva, extraligero	243°	Alta
Aceite de nuez pacana	243°	Alta
Aceite de pistacho	121°	Baja
Aceite de sésamo, sin refinar	176°	Media-baja
Aceite de nuez, refinado	204°	Media
Aceite de nuez, sin refinar	160°	Media-baja

ALIMENTOS ADICIONALES DE LA DESPENSA INTELIGENTE

Caldos: biológicos y bajos en sodio, de verduras, de pollo y de carne.

Productos básicos en lata o tarro:* *alubias* (blancas, rojas, cualquier variedad que te guste) y lentejas; corazones de alcachofa (en agua o en aceite de oliva); salmón salvaje y sardinas (en agua o en aceite de oliva); tomates enteros, troceados o triturados; pimientos rojos asados; salsa marinara (biológica, sin azúcares añadidos); leche de coco en lata.

Chocolate negro: biológico, con al menos un 70% de cacao.

Cereales: arroz salvaje, quinoa, avena cortada.

Leche de coco: los productos de leche de coco varían muchísimo. La leche de coco en lata es espesa y rica en grasas, la bebida de leche de coco en tetrabrik es mucho más fluida y más baja en grasas. Nosotros utilizamos la leche de coco para platos con *curry* y para salsas y las bebidas de leche de coco en tetrabrik para bebidas como los batidos proteínicos.

Frutos secos y mantequillas de frutos secos: almendras (enteras y troceadas), nueces, nueces pacanas, pistachos, avellanas y nueces de macadamia (consejo: compra los frutos secos a granel y congélalos o guárdalos en tarros de vidrio o en recipientes de acero inoxidable), mantequilla de almendra, mantequilla de cacahuete natural.

Polvos proteínicos: suero de leche biológica y procedente de animales alimentados con pasto, proteína en polvo de soja o guisantes y arroz de cultivo biológico; ver nuestro batido de grasas inteligentes para más información.

Vinagres y salsas: vinagre de vino tinto, vinagre balsámico, salsa de pimientos picantes (como el tabasco), tamari sin gluten.

Lácteos: yogur biológico, normal y al estilo griego, leche de soja, de coco y de almendra biológica y sin edulcorar (para tus batidos

---

* Busca latas libres de BPA, o compra los productos en tarros de vidrio, si puedes. El bisfenol-A (BPA) es un compuesto potencialmente tóxico que se encuentra en el revestimiento plástico de las latas de metal y en las botellas y en los recipientes de almacenaje hechos de plástico. A pesar de que algunos fabricantes han dejado de utilizarlo, todavía está en las tiendas. Por eso preferimos artículos de la despensa que estén en tarros de vidrio, así como recipientes para almacenaje que sean de vidrio o de acero inoxidable.

grasa-inteligente), o leche biológica de vaca, mantequilla biológica, queso parmesano y huevos de gallinas de alimentación biológica y criadas en libertad.

Frutas y verduras frescas: los siguientes artículos se mantendrán bien: limones, limas y naranjas de cultivo biológico, cebollas, patatas y boniatos, zanahorias y apio. Consejo: mantén las zanahorias y el apio frescos y listos para comer preparándolos y poniéndolos en recipientes de vidrio con un poco de agua para que estén frescos y crujientes.

¡Los aguacates son un alimento básico en la *fórmula de las grasas inteligentes*! Compra tres o cuatro y deja que maduren en la encimera de la cocina. Una vez estén maduros (tienen que estar un poco blandos —pero no demasiado— cuando los aprietas), dispones de uno o dos días para utilizarlos. Puedes hacer más lento el proceso de maduración poniéndolos en el refrigerador, pero te recomendamos que los consumas en cuanto estén listos. Consejo: acelera el proceso de maduración poniendo cada uno de los aguacates en una bolsa de papel con media manzana. ¡Realmente funciona!

Carnes y pescados (escoge proteínas limpias): biológicos, procedentes de animales alimentados con pastos y pescados en libertad. Cómpralos a granel y congélalos.

Nota sobre la seguridad en las carnes y pescados: hasta hace poco, enjuagar la carne y el pescado antes de cocinarlos era lo que se recomendaba comúnmente; pero los investigadores han descubierto que algunos cocineros domésticos reparten sin darse cuenta en sus cocinas bacterias causantes de enfermedades si las salpican con jugos o agua contaminada y no limpian a fondo los fregaderos, las encimeras, las tablas de cortar y demás zonas después de aclarar y secar a palmadas estos productos. Si cocinas alimentos a la temperatura adecuada, *deberías* matar todas las bacterias; el problema es que no siempre cocinamos los alimentos a una temperatura lo suficientemente alta.

Utiliza el sentido común cuando manejes carne y pescado crudos. Y si eliges aclararlos, asegúrate de que limpias el área de preparación cuidadosamente para evitar la contaminación cruzada (por desgracia, es falso que los productos de animales criados biológicamente

Verduras frescas: ¿biológicas o no?

¿Te estás preguntando si deberías comprarlo todo biológico en lo que se refiere a las frutas y verduras frescas? No tienes por qué. Algunos artículos –como las cebollas, el repollo, los espárragos, los aguacates, los guisantes y el brécol (que para nosotros es un alimento básico)– por lo general están libres de pesticidas pesados, pero otros –sobre todo esos que tienen pieles finas y permeables– son más vulnerables y deberías optar por alternativas biológicas.

Estas son algunas frutas y verduras frescas que deberías comprar de cultivo biológico: manzanas, fresas, cerezas, melocotones, peras, apio, tomates cherry, patatas, pimientos morrones y verduras de hoja como las espinacas y la lechuga. Comprueba en la lista más puesta al día y más completa del Grupo de Trabajo Medioambiental las frutas y verduras frescas que sea más probable que contengan niveles altos y bajos de residuos de pesticidas (las doce sucias y las quince limpias), en www.ewg.org. La buena noticia es que estos productos, biológicos, están cada vez más disponibles y a precios competitivos.

tengan menos bacterias que los criados convencionalmente, pero existe un aspecto positivo: a esos animales no les dan antibióticos, de modo que cualquier bacteria que haya en su carne es mucho menos probable que sea resistente a los fármacos. Si te estás tratando de alguna enfermedad, los medicamentos que tomas funcionarán).

Nota sobre las técnicas de cocción: limpiar adecuadamente y cocinar a la temperatura correcta es una manera de rebajar el riesgo de que haya bacterias en la carne y el pescado, pero también adobarlos. Adobar con zumo de limón vinagre o salsa teriyaki (que lleva vinagre) reduce de forma natural el riesgo de que se produzcan aminas heterocíclicas, unos desagradables compuestos cancerígenos que se forman cuando las llamas de la parrilla llegan a las grasas y los jugos animales. Ese sonido crepitante es agradable, pero los compuestos que pueden formarse como resultado son peligrosos. ¡Adobar los reduce en un 80%! Y lo que es más, adobar significa que la carne retendrá mejor la humedad, lo que evita que los alimentos a la parrilla se queden secos.

Y no te olvides de llenar el congelador

Frutas y verduras congeladas: frutas del bosque, cerezas y melocotones congelados (es más barato comprarlos congelados que frescos) y verduras de cultivo biológico, especialmente espinacas y hojas de col rizada para tu batido de grasas inteligentes.

Carnes y pescados: cómpralos frescos y congélalos, o cómpralos congelados. ¡No te quedarás nunca sin proteínas limpias si mantienes lleno el congelador! Adquiere el pescado congelado envasado al vacío; así evitarás la mayoría de las quemaduras que le provoca el congelador y sabe mucho mejor.

Utensilios y recipientes indispensables que hay que tener en la cocina

Por último, te mostramos la lista de Steven con los veinte artículos que hay que tener en la cocina: utensilios, cacerolas y sartenes. Él les saca mucho partido a todos ellos cuando prepara las recetas que estás a punto de disfrutar. ¡Feliz cocina y feliz comida!

1. Cuchillo de chef (cuanto más largo, mejor) y uno más pequeños para mondar, además de unas tijeras de cocina.
2. Al menos dos tablas de cortar.
3. Sartenes para saltear (mediana y grande; si solamente tienes una, la más grande es mejor). Evita las de aluminio, las de hierro forjado y las recubiertas de teflón y demás recubrimientos plásticos; utiliza las de acero inoxidable o de aluminio anodizado.
4. Cazos (pequeño y mediano).
5. Olla sopera grande (de al menos 8 l).
6. Colador.
7. Escurridor.
8. Olla a vapor (olla a presión).
9. Cucharas para medir.
10. Tazas de vidrio para medir (de 1 y de 2 tazas).
11. Batidora/licuadora (Steven prefiere Vita Mix).
12. Cucharas de madera (cuadrada y oval).

13. Paletas (una ancha, la otra larga y estrecha).
14. Pelador, rallador de queso y microcepillo para la cáscara de los cítricos.
15. Procesador de alimentos y batidor de huevos.
16. Bandeja para horno (de 24 x 32 cm).
17. Bandeja para tartas.
18. Papel para hornear, incluyendo el que tiene borde.
19. Recipientes de vidrio para almacenaje con tapas herméticas (no almacenes ni cocines tus alimentos en plástico).
20. Cuencos de vidrio o de metal.

LAS RECETAS

Desayuno

Batido de grasas inteligentes

Este es nuestro batido mañanero básico, cargado de proteínas, con grasa inteligente y fibra añadidas. Es ideal cuando no se tiene tiempo para preparar un desayuno completo y también es rápido y estupendo como almuerzo, tentempié o postre. Mira en el recuadro de la página siguiente consejos para conseguir lo máximo de los batidos e investiga las sabrosas variaciones que siguen. Para conseguir una mayor variedad, cambia la fruta o el sabor de tus polvos proteínicos: vainilla, fresa y chocolate.

Puedes hacer inteligente cualquier batido de proteínas que prepares simplemente con añadirle una cucharada de mantequilla de fruto seco, de aceite MCT, de semillas de chía o de lino o de aceite de fruto seco, incluso de aceite de coco.

Tiempo de preparación: 2 minutos
Raciones: 1 (2 ½ tazas)

> 20 g de polvo proteínico (1-2 cucharadas) (suero de leche, soja o guisantes y arroz de cultivo biológico)
> 250-330 cc de leche de almendra, sin edulcorar
> 1 taza de las frutas del bosque congeladas que elijas
> 1 puñado de espinacas o de hojas de col rizada, congeladas
> 1 ración de la grasa inteligente que elijas: 1 cucharada de mantequilla de almendra o de aceite MCT; 1 o 2 cucharadas de semillas de chía o de lino o 1 cucharada de aceite de fruto seco

Poner los ingredientes en la batidora primero a baja velocidad, y luego ir subiendo hasta la velocidad máxima.

Batidos inteligentes

Tanto si preparas nuestro batido de grasas inteligentes básico como una de nuestras variaciones, te ofrecemos unos cuantos consejos:

- Recuerda: puedes hacer inteligente cualquier batido añadiendo 1 cucharada de aceite de fruto seco, de aceite MCT, de mantequilla de almendra o de harina de fruto seco (frutos secos molidos), o 1-2 cucharadas de semillas de chía o de lino. La mayoría de las grasas inteligentes no cambiarán el sabor afrutado de tu batido. Experimenta con lo que más te guste.
- Si tu polvo proteínico contiene menos de 5 g de fibra, añade un suplemento de fibra como las semillas de chía o de lino, o algún suplemento de marca debidamente certificada, para conseguir al menos esa cantidad (5 g extra de fibra).
- Utiliza frutas del bosque de cultivo biológico congeladas, o cerezas u otra fruta. Se pueden comprar artículos biológicos congelados más baratos que los frescos, están listos para utilizarlos cuando quieras y le añaden una textura refrescante a tu batido.
- Congela espinacas y col rizada para los batidos. Coloca las hojas frescas en bolsas de plástico con autocierre, ponlas en el congelador junto a tu reserva de frutas del bosque congeladas y siempre tendrás a mano los ingredientes clave (si las hojas de col rizada son muy grandes, trocéalas un poco antes de congelarlas). Nota: también puedes utilizar espinacas y col rizada frescas en tus batidos, pero a nosotros nos gustan las congeladas por su textura y porque son más prácticas.
- Cuando te prepares un batido, bébelo enseguida. Después de diez o quince minutos sus componentes empiezan a separarse y se pierde la textura adecuada.

Batido de grasas inteligentes de vainilla, arándanos y espinacas

Steven se toma este batido la mayoría de las mañanas. Sustituye la col rizada por la espinaca y utiliza más líquido si te gustan los batidos más ligeros. Una taza de arándanos le añade fibra (3,5 g). Agrégale un suplemento de fibra, excepto si utilizas un polvo proteínico que tenga al menos 5 g de fibra.

2 cucharadas de polvo proteínico de vainilla*

250-333 g de leche de almendra sin edulcorar

1 taza de arándanos biológicos congelados

1 puñado de hojas de espinaca congeladas

1 cucharada de mantequilla de almendra

Poner los ingredientes en una batidora y batir hasta que la mezcla esté suave, más o menos 1 minuto.

Contenido de nutrientes por ración

Calorías: 325	Proteínas: 21,5 g
Fibra: 13 g	Carbohidratos: 26,7 g
Sodio: 226 mg	Grasas: 14,1 g

Batido de vainilla, cereza y col rizada

Este es otro de nuestros favoritos para alternar con el de arándanos.

2 cucharadas de polvo proteínico de vainilla*

300 g de leche de almendra sin edulcorar

1 taza de cerezas biológicas congeladas

1 puñado de col rizada troceada y congelada

1 cucharada de semillas de chía

---

* O utiliza cualquier polvo proteínico de suero biológico. Nuestro polvo proteínico Smart Fat® incluye 6 g de fibra. Si el tuyo no lo tiene, recuerda añadir un suplemento de fibra adicional.

Poner los ingredientes en una batidora y batir hasta que la mezcla esté suave, más o menos 1 minuto.

Contenido de nutrientes por ración

Calorías: 325	Proteínas: 22,5 g
Fibra: 14,7 g	Carbohidratos: 34 g
Sodio: 290 mg	Grasas: 10,8 g

Batido de grasas inteligentes de chocolate y fresa

Nos encanta la combinación del chocolate y la fresa; ¡es deliciosa!

2 cucharadas de polvo proteínico de chocolate*
250-330 g de leche de almendra sin edulcorar
1 taza de fresas biológicas congeladas
1 cucharada de aceite MCT

Poner los ingredientes en una batidora y batir hasta que la mezcla esté suave, más o menos 1 minuto.

Contenido de nutrientes por ración

Calorías: 348	Proteínas: 22 g
Fibra: 10,3 g	Carbohidratos: 16 g
Sodio: 270 mg	Grasas: 19,5 g

Batido de grasas inteligentes de chocolate, cerezas y espinacas

El chocolate y las cerezas van muy bien juntos, y ni te darás cuenta de las espinacas.

---

* O utiliza cualquier polvo proteínico de suero biológico. Nuestro polvo proteínico Smart Fat® incluye 6 g de fibra. Si el tuyo no lo tiene, recuerda añadir un suplemento de fibra adicional.

2 cucharadas de polvo proteínico de chocolate*

300 g de leche de almendra sin edulcorar

1 taza de cerezas biológicas congeladas

1 puñado de hojas de espinaca congeladas

1 cucharada de mantequilla de almendra

Poner los ingredientes en una batidora y batir hasta que la mezcla esté suave, más o menos 1 minuto.

Contenido de nutrientes por ración

Calorías: 376	Proteínas: 27,5 g
Fibra: 12,5 g	Carbohidratos: 31,5 g
Sodio: 292 mg	Grasas: 14 g

Tortilla de cebolla dulce, pimiento rojo y col rizada

Esta es una maravillosa manera de incluir huevos en el menú. Es rápido y fácil, y llena la cocina de una irresistible fragancia a hierbas aromáticas. Puedes prepararla para desayunar, almorzar o cenar. Utiliza siempre huevos biológicos de gallinas criadas en libertad como proteína limpia. Si tienes un proveedor de la zona, sácale partido a la nutrición y al formidable sabor de los huevos frescos de granja.

Tiempo de preparación: 10 minutos
Raciones: 2

4 cucharaditas de aceite de oliva virgen

½ cebolla dulce, cortada en dados

¼ de cucharadita de sal marina

⅛ de cucharadita de pimienta negra molida

½ cucharadita de hierbas aromáticas secas

1 pimiento rojo mediano, en rodajas finas

2 tazas de col rizada fresca (o espinacas)

---

* O utiliza cualquier polvo proteínico de suero biológico. Nuestro polvo proteínico Smart Fat® incluye 6 g de fibra. Si el tuyo no lo tiene, recuerda añadir un suplemento de fibra adicional.

6 huevos grandes biológicos

2 cucharadas de queso parmesano rallado

2 cucharadas de perejil fresco troceado (como decoración)

Calentar a fuego medio-alto una sartén, añadir 2 cucharaditas de aceite y saltear la cebolla con la sal, la pimienta y las hierbas aromáticas durante 2 minutos. Reducir el fuego a medio, añadir el pimiento rojo y la col rizada o las espinacas y saltear otros 2 minutos. Mientras tanto, batir los huevos en un cuenco.

Cuando las verduras salteadas estén casi a punto, mezclarlas con los huevos en un cuenco. Limpiar rápidamente la sartén con una servilleta de papel, agregar las restantes 2 cucharaditas de aceite de oliva, y añadir la mezcla de huevos y verduras a la sartén caliente. Levantar los extremos de la tortilla e inclinar la sartén para permitir que el huevo sin cocinar se vierta hacia el extremo y se cuaje. Cuando esté casi hecha, espolvorear el queso rallado por encima, doblar la tortilla por la mitad, espolvorear el perejil y servir.

Contenido de nutrientes por ración

Calorías: 372

Fibra: 3 g

Sodio: 567 mg

Proteínas: 23 g

Carbohidratos: 16,3 g

Grasas: 25 g

Frittata

Una sabrosa frittata va bien en cualquier comida, justo como las tortillas. Esta es sencilla de preparar y atractiva a la hora de servir.

Tiempo de preparación: 10-15 minutos

Tiempo de horneado: 15-20 minutos

Raciones: 2

1 cucharada de aceite de oliva virgen

2 tazas de setas en rodajas (champiñones o shiitake)

¼ de cucharadita de sal marina

¼ de cucharadita de pimienta negra molida

1 cucharadita de hierbas aromáticas secas

1 taza de corazones de alcachofa cortados en cuartos y escurridos

4 cebolletas medianas, cortadas en dados

2 tazas de espinacas frescas

1 tomate pequeño, cortado en dados

6 huevos grandes biológicos

½ taza de leche entera biológica (o de crema agria biológica)

½ taza de queso gruyer rallado

Precalentar el horno a 175º.

Calentar a fuego medio una sartén de 22 x 25 cm que luego se pueda meter en el horno. Poner el aceite, las setas, la sal, la pimienta negra y las hierbas aromáticas. Saltear durante 3-5 minutos removiendo de vez en cuando, hasta que las setas estén blandas. Añadir los corazones de alcachofa, las cebolletas, las espinacas y el tomate; cocinar removiendo de vez en cuando hasta que las espinacas estén lacias, aproximadamente otros 2 minutos.

Batir los huevos en un cuenco y añadir, removiendo, la leche y la mitad del queso. A continuación agregar, sin dejar de remover, la mezcla de las setas. Verter el contenido en la sartén, cubrir con el resto del queso y calentar 1 minuto hasta que los huevos empiecen a cuajar.

Pasar la sartén al horno. Hornear durante 15-20 minutos. La frittata debe tener la textura de las natillas: temblorosa y apenas cuajada; si la parte de arriba está firme, se ha cocinado demasiado. Después de hornear, cambiar el horno a la posición parrilla durante 2-3 minutos, justo lo suficiente para dorar ligeramente la parte superior de la frittata. Servir inmediatamente; si se deja en la sartén, se pasará de cocción.

Contenido de nutrientes por ración

Calorías: 644	Proteínas: 34 g
Fibra: 7 g	Carbohidratos: 25 g
Sodio: 644 mg	Grasas: 42,5 g

Avena cortada de grasas inteligentes

Este cereal caliente fácil de preparar es bajo en azúcar y proporciona la fibra y las proteínas que se necesitan para mantener tus niveles de energía durante el día.

Tiempo de preparación en la parrilla: 3 minutos, más 20-30 minutos de fuego lento
Tiempo de preparación en el microondas: 3 minutos, más 8 minutos de cocción
Raciones: 1

1 taza de agua

¼ de taza de avena cortada

⅛ de cucharadita de canela molida

1 pellizco de sal marina

1 cucharada de polvo proteínico de vainilla (con 10-12 g de proteína)

½ taza de leche de almendra (o de leche biológica de vaca)

2 cucharadas de almendras troceadas (o de

cualquier otro fruto seco troceado)

½ taza de frutas del bosque frescas (o de otra fruta en rodajas)

Si se preparan en una cacerola, llevar agua a ebullición. Añadir la avena, la canela y la sal; reducir el fuego a bajo y cocer a fuego lento durante 20-30 minutos, o hasta que la avena esté tierna pero todavía masticable. Cinco minutos antes de servir, añadir, removiendo, el polvo proteínico y la leche. Añadir los frutos secos y la fruta.

Si se prepara en un microondas, mezclar el agua, la avena, la canela, la sal y el polvo proteínico en un cuenco grande de cristal. Cocinar en el microondas durante 8 minutos. Servir con leche de almendra, frutos secos y fruta.

Contenido de nutrientes por ración

Calorías: 332
Fibra: 7,6 g
Sodio: 263 mg

Proteínas: 20 g
Carbohidratos: 37,5 g
Grasas: 12 g

Tentempiés y aperitivos

Pepino con ostras ahumadas y aguacate

En lugar de comer ostras con galletitas saladas, pruébalas con pepino cortado en rodajas finas. ¡Crujiente y refrescante! Las ostras son un alimento inteligente ya que están cargadas de zinc, proteínas, arginina y ácidos grasos omega-3. Si no puedes encontrar latas de ostras ahumadas en aceite de oliva en tu tienda, es posible que tengas que pedirlas *online*. No compres ostras enlatadas en aceite de semillas de algodón (¡es una grasa tonta!).

Tiempo de preparación: 5 minutos
Raciones: 2

90 g de ostras ahumadas (enlatadas en aceite de oliva), escurridas

1 aguacate mediano maduro

1 cucharada de zumo de limón

⅛ de cucharadita de sal marina

¼ de cucharadita de pimentón

1 diente de ajo mediano, picado o machacado

2 cucharaditas de cilantro fresco troceado fino (o de perejil)

1 pepino mediano, en rodajas finas

Un toque de salsa picante (optativo)

Escurrir las ostras. Machacar el aguacate y mezclarlo con el zumo de limón, la sal, el pimentón, el ajo y el cilantro. Repartir las rodajas de pepino en una fuente para servir. Poner una cucharada de la mezcla del aguacate sobre cada rodaja y cubrir con una o dos ostras ahumadas. Para darle un toque diferente, añadir un toque de la salsa picante favorita.

Contenido de nutrientes por ración

Calorías: 261
Fibra: 6,7 g
Sodio: 315 mg

Proteínas: 10,3 g
Carbohidratos: 18,6 g
Grasas: 18,8 g

Pera, queso gorgonzola, nueces y frambuesas

En lugar de tomar queso con galletas saladas, prueba esta alternativa más saludable y que te hace la boca agua. Puedes emplear cualquier variedad de pera o de manzana y utilizar tu tipo preferido de queso y cualquier clase de baya. Consejo: corta el queso en lonchas de manera que tengas suficientes para cada rodaja de fruta. Para una presentación más atractiva, utiliza las nueces en mitades.

Tiempo de preparación: 5 minutos
Raciones: 2

1 pera mediana, en rodajas
60 g de queso gorgonzola, en lonchas finas
30-60 g de nueces, preferiblemente en mitades
¼ de taza de las frutas del bosque frescas que elijas

Repartir las rodajas de pera en una fuente para servir y cubrir cada una con una loncha de queso, las nueces y las frutas del bosque.

Contenido de nutrientes por ración

Calorías: 309   Proteínas: 10,2 g
Fibra: 7,4 g   Carbohidratos: 20 g
Sodio: 513 mg   Grasas: 23 g

Salsa de cangrejo y aguacate

Esta deliciosa salsa sabe mejor recién hecha, de manera que haz solo lo que te vayas a comer en ese momento. Puedes servirla con rodajas de pepino, o de pimiento, o con hojas de endivia *baby*. Utilizar carne de cangrejo de buena calidad —la que puedas encontrar— ¡es fundamental! Los cangrejos recién capturados son evidentemente los mejores, pero los refrigerados que se venden en muchas tiendas pueden ser excelentes. Asegúrate de comprobar la fecha de caducidad si utilizas cangrejos refrigerados.

200 g de carne de cangrejo, escurrida

2 cucharadas de zumo de limón

1 aguacate, machacado

¼ de cucharadita de sal marina

⅛ de cucharadita de pimienta negra

⅛ de cucharadita de pimienta cayena (o al gusto)

1 cucharada de perejil finamente picado

Mezclar todos los ingredientes y servir inmediatamente

Contenido de nutrientes por ración

Calorías: 115	Proteínas: 10 g
Fibra: 3 g	Carbohidratos: 4,4 g
Sodio: 445 mg	Grasas: 6,7 g

Cangrejo con salsa de mango y aguacate

Con esta salsa elegante y sabrosa se prepara un superaperitivo o una comida ligera. Como en la receta anterior, trata de conseguir la carne de cangrejo de mejor calidad que puedas.

Tiempo de preparación: 20-30 minutos
Raciones: 4

200 g de carne de cangrejo, escurrida

½ pimiento rojo, cortado en dados pequeños

2 cebolletas medianas, cortadas en dados pequeños

El zumo de ½ limón

1 pepino sin semillas grande, en rodajas de unos 3 mm de grosor

Salsa de mango y aguacate

1 mango mediano, pelado y cortado en dados

1 aguacate mediano maduro (pero firme), cortado en dados

El zumo de ½ limón mediano

⅛ de cucharadita de sal marina

⅛ de cucharadita de pimienta cayena

¼ de taza de cilantro troceado

Mezclar la carne de cangrejo con el pimiento, la cebolleta y el zumo de limón. En un cuenco aparte, mezclar el mango, el aguacate, el zumo de limón, la sal, la pimienta cayena y el cilantro. Repartir las rodajas de pepino en una fuente de servir y cubrir cada una con una cucharada de la mezcla del cangrejo, y luego con una cucharada de la salsa de mango y aguacate. Servir inmediatamente.

Contenido de nutrientes por ración

Calorías: 167
Fibra: 4,8 g
Sodio: 375 mg

Proteínas: 11 g
Carbohidratos: 18 g
Grasas: 7 g

Guacamole con jícama y pimiento rojo

El guacamole es imprescindible para Steven y Nicole, su esposa. Compran tres o cuatro aguacates cada semana y se dedican a hacer variaciones de este plato. ¡Los aguacates son una de nuestras grasas inteligentes preferidas!

Tiempo de preparación: 10 minutos
Raciones: 4

1 raíz de jícama mediana, pelada y cortada en rodajas

1 pimiento rojo mediano, cortado en tiras de 2,5 cm de ancho

El zumo de 1 lima

1 aguacate grande

¼ de cebolla dulce, picada

½ taza de cilantro fresco troceado

⅛ de cucharadita de sal marina

⅛ de cucharadita de pimienta negra molida

Pimienta cayena molida al gusto (⅛-¼ de cucharadita)

Cilantro y salsa picante

Preparar la raíz de jícama: pelar la piel marrón para dejar a la vista la carne blanca, luego rebanar en rodajas finas. Regar las piezas de jícama y de pimiento con la cuarta parte del zumo de lima. Colocar sobre una fuente para servir.

Cortar el aguacate en trozos pequeños y mezclarlos en un cuenco de servir con el resto del zumo de lima, la cebolla, el cilantro, la sal, la pimienta negra y la pimienta cayena. Adornar con ramitos de cilantro. Añadir salsa picante al gusto.

Contenido de nutrientes por ración

Calorías: 148
Fibra: 11,7 g
Sodio: 84,8 mg

Proteínas: 2,5 g
Carbohidratos: 21,6 g
Grasas: 7 g

Ensaladas

Ensalada de aguacate, pepino y garbanzos

Los garbanzos están llenos de sabor y de nutrientes, y nosotros hacemos buen uso de ellos en la *fórmula de las grasas inteligentes*. Puedes utilizar los que vienen en tarro de vidrio si no quieres prepararlos; solo tienes que aclararlos bien. Esta ensalada es fácil de preparar; disfrútala como un acompañamiento o como una comida ligera. Tostar un poco las almendras (o cualquier fruto seco en crudo que utilices en las recetas) siempre resalta su sabor.

Tiempo de preparación: 10 minutos
Raciones: 2

1 taza de garbanzos cocidos, aclarados y escurridos

½ pepino sin semillas, troceado

2 tomates medianos, troceados

½ taza de perejil, troceado

2 dientes de ajo, picados

⅛ de cucharadita de sal marina

⅛ de cucharadita de pimienta negra

2 cucharadas de aceite de oliva virgen extra

1 cucharada de vinagre de vino tinto

1 aguacate mediano, en rodajas

1-2 cucharadas de almendras troceadas, ligeramente tostadas

En un cuenco para ensaladas, mezclar los garbanzos, los pepinos, los tomates y el perejil (reservar 2 cucharadas de perejil para decorar). En un cuenco pequeño, mezclar el ajo, la sal, la pimienta, el aceite y el vinagre y añadirlos a la ensalada. Remover bien y dividir en dos fuentes. Adornar cada una con el aguacate, las almendras troceadas y el resto del perejil. Servir inmediatamente.

Contenido de nutrientes por ración

Calorías: 462	Proteínas: 11,5 g
Fibra: 13,4 g	Carbohidratos: 40 g
Sodio: 195 mg	Grasas: 31,2 g

Las alubias y los garbanzos cocidos en casa se pueden congelar en pequeñas porciones con su propio líquido de cocción. Haz una tanda grande, divídela en porciones de 1 o 2 tazas y congélalas.
Descongélalos en el frigorífico o en el microondas.

Ensalada de gambas, hinojo y alubias blancas con vinagreta a la naranja

Las alubias en lata o en tarro son muy prácticas en recetas como esta, aunque las cocidas en casa tendrán un sabor aún mejor.

Tiempo de preparación: 15-20 minutos
Raciones: 2

Adobo para las gambas

El zumo de ½ naranja mediana (ver las instrucciones)

1 cucharadita de pimentón

1 cucharadita de sal marina

450 g de gambas grandes, peladas y limpias

Ensalada

1 cucharada de aceite de almendra

1 bulbo mediano de hinojo, en rodajas de unos 3 cm de grosor

⅛ de cucharadita de sal marina

2 tazas de rúcula

4 tazas de verduras de hoja verde mezcladas, de cultivo biológico

1 taza de alubias blancas hervidas, aclaradas y escurridas

Aliño

2 cucharadas de aceite de oliva virgen extra

1 cucharada de vinagre de vino tinto

2 dientes de ajo medianos, picados

1 cucharada de cáscara de naranja, rallada

1 cucharada de zumo de naranja

⅛ de cucharadita de pimienta negra molida

Optativo

1 cucharada de queso parmesano rallado

6 tomatitos cherry, cortados por la mitad

Antes de hacer zumo con la naranja, rallar 1 cucharada de la cáscara y reservar; después de hacer el zumo, reservar 1 cucharada (la chucharada de ralladura y la de zumo).

Mezclar el resto del zumo de naranja, el pimentón y la sal marina en un cuenco grande y añadir las gambas; dejar en adobo como mínimo 10 minutos, o hasta varias horas en el refrigerador.

Calentar una sartén a fuego medio. Añadir el aceite de almendra y saltear las rodajas de hinojo con sal durante 3 minutos, removiendo de vez en cuando. Mientras se cocina el hinojo, escurrir las gambas y ponerlas en la sartén, cubrir y remover de vez en cuando hasta que estén cocidas y de color rosa, unos 3-4 minutos. Desechar el líquido sobrante del adobo.

Colocar todos los ingredientes de la ensalada en un cuenco grande de servir. Mezclar todos los ingredientes del aliño en un cuenco pequeño. Mezclar la ensalada con el aliño. Añadir las gambas y el hinojo a la ensalada y adornar con el queso rallado y los tomatitos cherry.

Contenido de nutrientes por ración

Calorías: 604	Proteínas: 57 g
Fibra: 10,6 g	Carbohidratos: 35,2 g
Sodio: 721 mg	Grasas: 27,1 g

Ensalada de alubias blancas

Las alubias son excelentes en una ensalada fría cuando se las mezcla con hierbas aromáticas y verduras crujientes. Refrigera las alubias antes de utilizarlas, ya que se requiere que estén frías para este plato de acompañamiento que también puede ser un almuerzo ligero. Utiliza las alubias blancas que prefieras, pero asegurándote de que no estén blandas, sino firmes.

Tiempo de preparación: 10-15 minutos
Raciones: 2

2 tazas de alubias blancas cocidas, escurridas y refrigeradas

2 cucharadas de aceite de oliva virgen

½ cebolla mediana, cortada en dados

¼ de cucharadita de sal marina

¼ de cucharadita de pimienta negra molida

1 cucharadita de hierbas aromáticas secas

2 tallos medianos de apio, cortados en dados

4 dientes de ajo medianos, picados

1 zanahoria mediana, rallada

½ taza de perejil, cortado fino

2 cucharadas de queso parmesano rallado

Poner las alubias en un cuenco grande para ensaladas. Calentar una sartén a fuego medio y añadir el aceite seguido rápidamente de la cebolla, la sal, la pimienta y las hierbas aromáticas. Saltear durante 2 minutos, removiendo de vez en cuando; añadir el apio y saltear otros 2 minutos. Agregar el ajo y saltear un minuto más. Retirar la sartén del fuego e incorporar el cuenco de las alubias. Añadir, removiendo, la zanahoria rallada, el perejil y el queso parmesano. Servir inmediatamente, o refrigerar y servir después.

Contenido de nutrientes por ración

Calorías: 380
Fibra: 2 g
Sodio: 506 mg

Proteínas: 57 g
Carbohidratos: 35,2 g
Grasas: 27,1 g

Vinagreta inteligente para aliñar

Steven utiliza muchísimo una variación de este aliño tan versátil. Es estupendo en las ensaladas, pero también las puedes utilizar para tus verduras preferidas, crudas o al vapor. Con dos cucharadas se obtienen cuatro raciones.

2 cucharadas de vinagre balsámico (o de vinagre de
vino tinto con aceite ligero de fruto seco)

1 cucharada de vino blanco

5 cucharadas de aceite de oliva virgen extra (se puede variar
utilizando aceite de aguacate o el de nueces que se prefiera)

½ cucharadita de tomillo seco

¼ de cucharadita de sal marina

¼ de cucharadita de pimienta negra recién molida

2 dientes de ajo medianos, picados finos

½ -1 cucharadita de mostaza de Dijon (optativo)

Mezclar los ingredientes y servir.

Contenido de nutrientes por ración

Calorías: 125
Fibra: 0,1 g
Sodio: 120 mg

Proteínas: 0,1 g
Carbohidratos: 1,3 g
Grasas: 14 g

Sopas

Borscht

Esta clásica sopa eslava de invierno es deliciosa, sustanciosa y llena de color. Casi todos los borscht que se sirven en Rusia incorporan carne y son un plato principal, pero por lo general en los países occidentales hacemos una versión vegetariana y la servimos como primer plato. Se puede preparar la receta con carne (de animales alimentados en pastos) o sin ella. Si optas por la versión vegetariana, simplemente sáltate el primer paso (dorado de la carne) y sigue con el resto de la receta. Nota: si no puedes encontrar crema agria biológica, utiliza la desgrasada, porque si no puedes comer sano, ¡come para no engordar!

Tiempo de preparación: 20 minutos
Tiempo de cocción a fuego lento: 30 minutos
Raciones: 6

4 remolachas medianas

2 cucharadas de aceite de oliva virgen

650 g de carne de paleta, cortada en trozos pequeños (optativo)

1 cebolla blanca mediana, cortada en dados

¼ de cucharadita de sal marina

½ cucharadita de pimienta negra molida

½ cucharadita de eneldo seco

1 cucharadita de semillas de alcaravea

2 zanahorias medianas, en dados de unos 2 cm

2 tallos medianos de apio, troceados

2 tazas de patatas, cortadas en trozos pequeños

2 tazas de col lombarda cortada ligeramente

4 dientes de ajo medianos, cortados en daditos

2 tazas (o 1 lata de 400 g) de tomate troceado

6 tazas de caldo biológico de verduras o de carne bajo en sodio

Optativo

½ taza de crema agria biológica (o desgrasada) o yogur biológico

¼ de taza de cebolleta cortada en dados

Llevar a ebullición 6 tazas de agua. Aclarar las remolachas y recortar las raíces y la parte superior. Echarlas en el agua hirviendo durante 1 minuto (para quitarles la piel mejor). Dejar que se enfríen y después pelarlas. Cortar dos remolachas en dados de unos 2 cm y rallar las otras dos. Reservar.

Calentar una cacerola grande a fuego medio-alto, añadir el aceite de oliva y la carne, removiendo de vez en cuando hasta que todas las piezas estén doradas, unos 5 minutos. Sacar la carne y reservar.

Agregar la cebolla a la cacerola y saltear con la sal, la pimienta, el eneldo y las semillas de alcaravea durante 2-3 minutos, hasta que las semillas amarilleen ligeramente sin llegar a dorarse. Añadir las remolachas cortadas en dados y las ralladas a la cacerola y remover. Después las zanahorias, el apio, las patatas, la col, el ajo, los tomates, la carne y el caldo. Llevar a ebullición suave, luego bajar el fuego y hervir a fuego lento 30 minutos (si se hace con carne, quitar la espuma que se forme en la superficie).

Servir en cuencos individuales y adornar con la crema agria o el yogur y las cebolletas.

Contenido de nutrientes por ración

Calorías: 530	Proteínas: 40 g
Fibra: 5 g	Carbohidratos: 24,6 g
Sodio: 694 mg	Grasas: 30 g

Habito muy recomendable: si tienes un poco de tiempo extra los fines de semana, prepara una gran tanda de sopa que puedas ir disfrutando durante la semana. Asimismo, las sopas y los estofados desarrollan más sabor un día o dos después de la preparación, así que son ideales como sobras.

Sopa de la semana

Esta es una sopa típica que Steven prepara los fines de semana para los almuerzos de toda la semana siguiente. Nota: utiliza salsa de adobo biológica en tarro, o visita nuestra página web para ver nuestra receta (www.SmartFat.com).

Tiempo de preparación: 20 minutos
Tiempo de cocción lenta: 10 minutos
Raciones: 6-8

2 cucharadas de aceite de oliva virgen

1 cebolla dulce mediana, cortada en dados

½ cucharadita de sal marina

½ cucharadita de pimienta negra molida

1 cucharadita de hierbas aromáticas secas

1 taza de setas en rodajas

2 zanahorias medianas, cortadas en dados

2 tallos medianos de apio, cortados en dados

1 batata mediana, pelada y cortada en cubitos de unos 2 cm

1 taza de salsa de adobo

4 tazas de caldo biológico de verduras o de pollo bajo en sodio

2 tazas de brécol cortado en trozos pequeños

400 g de alubias blancas o rojas de tarro, aclaradas y escurridas

400 g de garbanzos de tarro, aclarados y escurridos

Calentar una olla sopera grande a fuego medio-alto y agregar el aceite, la cebolla, la sal, la pimienta negra y las hierbas aromáticas. Saltear 2-3 minutos, removiendo de vez en cuando, hasta que la cebolla esté transparente. Después añadir, removiendo, las setas, las zanahorias, el apio y la batata. Reducir el fuego a medio y cocinar otros 5 minutos, removiendo unas cuantas veces. Añadir el adobo y el caldo y llevar a ebullición suave. Reducir el fuego a bajo, añadir el brécol, las alubias y los garbanzos y cocer a fuego lento 10 minutos.

Contenido de nutrientes por ración

Calorías: 243
Fibra: 10 g
Sodio: 653 mg

Proteínas: 11,6 g
Carbohidratos: 38 g
Grasas: 5,7 g

Sopa de calabaza con hinojo y jengibre

Esta sopa delicada y elegante está especialmente indicada para el otoño y el principio del invierno, cuando la calabaza —una gran fuente de fibra y de beta-caroteno— está de temporada. Los suculentos sabores del jengibre y del hinojo van perfectamente con la calabaza.

Tiempo de horneado: 35-45 minutos
Tiempo de preparación: 20 minutos
Tiempo de cocción lenta: 10 minutos
Raciones: 6

1 calabaza mediana (1-1 ½ kilo)

2 cucharadas de aceite de almendra (o del aceite de frutos secos que se prefiera)

½ cebolla mediana, troceada

½ cucharadita de sal marina

½ cucharadita de pimienta negra molida

1 cucharada de jengibre pelado y rallado

1 cucharadita de curry en polvo

1 taza de hinojo ligeramente troceado (solo el bulbo, guardar las hojas para adornar)

¼ de taza de vino blanco

2 tazas de caldo biológico de verduras o de pollo, bajo en sodio

1 taza de crema biológica o de mitad y mitad (o de leche entera biológica)

Precalentar el horno a 205°. Cortar la calabaza por la mitad a lo largo, quitar las semillas y hornear cara abajo en una bandeja para horno ligeramente aceitada durante 35-45 minutos, hasta que esté lo bastante blanda como para poder sacar la carne con una cuchara. Reservarla.

Calentar una cacerola grande a fuego medio-alto y añadir el aceite. Saltear la cebolla con sal y pimienta hasta que quede transparente, 2-3 minutos. Añadir el jengibre, el curry en polvo y el hinojo. Calentar 2-3 minutos, removiendo de vez en cuando. Añadir el vino; después de unos 30 segundos, agregar el caldo y toda la crema excepto ¼ de taza. Remover y apartar del fuego. Hacerlo puré en una batidora o en un procesador de alimentos.

Añadir la pulpa de la calabaza a esos ingredientes hechos puré. Batir o procesar hasta que esté suave, 1-2 minutos. Volver a poner todo en la cacerola y cocinar unos 10 minutos.

Para servir, verter en cuencos individuales, adornar con hojas de hinojo y añadir una pequeña espiral de crema.

Contenido de nutrientes por ración

Calorías: 167	Proteínas: 3,3 g
Fibra: 5,8 g	Carbohidratos: 19,4 g
Sodio: 401 mg	Grasas: 8,7 g

Platos principales

AVES

Pollo asado con hierbas mediterráneas

Se puede cambiar el sabor del pollo asado variando la mezcla de hierbas que se utilice. Las hierbas italianas son estupendas, pero para dar un toque francés, utiliza hierbas provenzales (los sabrosos tomillo, romero, mejorana, orégano y, optativamente, lavanda). El pollo asado es uno de los platos más sencillos de preparar; solamente hay que dejar el suficiente tiempo para el horneado.

Tiempo de preparación: 10 minutos
Tiempo de horneado: 65-75 minutos
Raciones: 4

1 pollo entero biológico, de entre 1 ½ y 2 kg
3 cucharadas de aceite de oliva virgen
1 cucharada de hierbas aromáticas secas
1 cucharadita de sal marina
½ cucharadita de pimienta negra molida

Precalentar el horno a 220°. Aclarar el pollo y secarlo a pequeños toques con servilletas de papel. Embadurnar toda la piel con el aceite, las hierbas, la sal y la pimienta.

Poner el pollo en una bandeja de asar en la posición central del horno durante 5 minutos; después reducir la temperatura a 205° durante 60-70 minutos (hasta que el termómetro para carne metido profundamente en el muslo marque 70°). Cambiar el horno a la posición parrilla durante 3-5 minutos más, o hasta que la piel se dore (la temperatura final debería ser de 74°).

Sacar del horno y dejar reposar 10 minutos para que los jugos se redistribuyan antes de trincharlo. Servir en una bandeja.

Contenido de nutrientes por ración

Calorías: 546
Fibra: 0 g
Sodio: 605 mg

Proteínas: 48 g
Carbohidratos: 0 g
Grasas: 40 g

Estofado marroquí de pollo

Cargado de sabor y lleno de especias, este plato de sabor exótico es sorprendentemente sencillo de elaborar. Para variar la receta, prueba otras proteínas, como el cordero o la ternera, y no dudes en probar también con otras verduras.

Tiempo de preparación y de cocción: 25-30 minutos
Tiempo de cocción lenta: 10 minutos
Raciones: 4

3 cucharadas de aceite de oliva virgen

650 g de muslos de pollo deshuesados, cortados en piezas de 1,5 cm

1 cebolla blanca mediana, troceada

¼ de cucharadita de sal marina

3 tallos medianos de apio, troceados

1 zanahoria mediana, troceada

3 calabacines medianos, troceados

1 cucharada de curry en polvo (o bien, 2 cucharaditas de cúrcuma seca y 1 cucharadita de comino molido)

1 cucharadita de pimentón

½ cucharadita de canela molida

⅛-½ cucharadita de pimienta cayena molida (al gusto)

1 lata de 400 g de tomate troceado (o 2 tazas del fresco)

2 tazas de repollo troceado

1 taza de caldo de verduras o de pollo bajo en sodio

1 taza de leche de coco en lata (o de leche entera biológica)

¼ de taza de hojas de menta fresca troceada

1 cucharada de zumo de limón

30 g (más o menos un puñado) de almendras troceadas y tostadas

Calentar una olla grande a fuego medio-alto, añadir el aceite y saltear los trozos de pollo 5-7 minutos, removiendo de vez en cuando, hasta que estén ligeramente dorados. Sacar el pollo y reservar. En la misma olla, añadir la cebolla y la sal, bajar el fuego a medio y saltear removiendo un poco durante 2 minutos. Añadir el apio, la zanahoria, los calabacines y las especias y cocinar otros 2 minutos, removiendo de vez en cuando.

Añadir, removiendo, los tomates, el repollo, el pollo dorado y el caldo. Una vez burbujee, reducir el fuego a bajo, añadir la leche de coco y cocer a fuego lento 10 minutos. Mientras se cuece, tostar las almendras en una sartén aparte a fuego medio-bajo durante 1-2 minutos, hasta que estén calientes, pero no doradas. Reservar.

Agregar sin dejar de remover la menta y el zumo de limón y servir en cuencos. Adornar con las almendras tostadas.

Contenido de nutrientes por ración

Calorías: 650
Fibra: 4,1 g
Sodio: 672 mg

Proteínas: 39 g
Carbohidratos: 49 g
Grasas: 22 g

Albóndigas de pavo

Estas albóndigas saben muy bien servidas con *ratatouille* o salsa de adobo (ver ambas recetas en www.SmartFat.com).

Tiempo de preparación: 10-15 minutos
Tiempo de cocinado: 10-15 minutos
Raciones: 3

½ cebolla mediana, picada

3 cebolletas, cortadas en dados

2 huevos batidos

4 cucharadas de salsa de adobo

½ taza de queso parmesano rallado

½ cucharadita de sal marina

½ cucharadita de pimienta negra

1 cucharadita de hierbas aromáticas secas

¼ de taza de harina de garbanzo (o ¼ de

taza de garbanzos machacados)

¼ de taza de perejil, troceado

450 g de pavo biológico picado (preferiblemente de pechuga)

3 cucharadas de aceite de oliva virgen

Mezclar todos los ingredientes en un cuenco y formar bolas de entre 3 y 4 cm. Calentar una sartén grande a fuego medio. Añadir el aceite y saltear las albóndigas de pavo hasta que se doren un poco, dándoles la vuelta cada 2 minutos aproximadamente. Una vez doradas (se necesitan unos 10-12 minutos), reducir el fuego a bajo, cubrir y cocinar otros 2-4 minutos hasta que las albóndigas estén listas. Si no tienes una sartén grande, haz las albóndigas en dos tandas, es mejor que llenar demasiado la sartén.

Contenido de nutrientes por ración

Calorías: 483
Fibra: 2,4 g
Sodio: 839 mg

Proteínas: 39 g
Carbohidratos: 12 g
Grasas: 33,5 g

Es posible que te preguntes por qué en nuestras recetas de aves no necesariamente especificamos pollo o pavo sin piel. A fin de cuentas, la mayoría de las «dietas» fruncen el ceño ante el hecho de comer pieles crujientes. Con la *fórmula de las grasas inteligentes*, si estás utilizando aves alimentadas biológicamente en libertad —es decir, proteínas limpias— puedes comerte la piel; si no es así, déjala aparte. Una vez más: si no puedes comer limpio, come magro.

Lomitos de pavo salteados con hierbas aromáticas

Este delicioso plato es muy fácil de preparar. Se pueden sustituir los lomitos de pavo por muslos de pollo.

Tiempo de preparación y de cocción: 15 minutos
Raciones: 3

450 g de lomitos de pavo, cortados en tiras de 30 cm

1 cucharada de aceite de oliva virgen

1 cucharadita de hierbas aromáticas

½ cucharadita de sal marina

¼ de cucharadita de pimienta negra molida

1 cucharadita de pimentón

⅛-¼ de cucharadita de pimienta cayena (optativo)

1 cucharada de perejil troceado

Mezclar bien en un cuenco las tiras de pavo con el aceite, las especias y las hierbas. Calentar una sartén a fuego medio-alto. Saltear el pavo, dándole vueltas de vez en cuando, hasta que esté ligeramente dorado por todas partes, unos 5-8 minutos. Servir con brécol al vapor aliñado con Vinagreta inteligente o con Salsa inteligente de limón y mantequilla.

Contenido de nutrientes por ración

Calorías: 203	Proteínas: 37 g
Fibra: 0 g	Carbohidratos: 0 g
Sodio: 472 mg	Grasas: 5,4 g

Pollo rebozado con nueces pacanas y hierbas aromáticas

El pollo rebozado con frutos secos es especialmente sabroso. Esta receta pide aceite de nuez pacana, pero se puede utilizar casi cualquier fruto seco para el rebozado.

Tiempo de preparación: 20-25 minutos
Tiempo de horneado: 20-25 minutos
Raciones: 4

1 cucharadita de aceite de nuez pacana

4 pechugas deshuesadas de pollo biológico (de unos 120 g cada una)

1 huevo biológico

1 taza de nueces pacanas ligeramente molidas

½ cucharadita de sal marina

1 cucharadita de tomillo seco (o hierbas aromáticas, o finas hierbas)

⅛ de cucharadita de pimienta negra

4 dientes de ajo medianos, picados

Precalentar el horno a 220°. Recubrir ligeramente una bandeja para horno con el aceite de nuez (consejo: remojar una toalla de papel en el aceite y restregarla por la bandeja para recubrirla).

Aclarar las pechugas de pollo y secarlas a palmadas con servilletas de papel. Batir el huevo en un cuenco y reservar. Calentar una sartén a fuego medio y tostar ligeramente las nueces pacanas molidas con la sal, el tomillo, la pimienta y el ajo durante 1-2 minutos. Pasar ¼ de la mezcla a una fuente. Rebozar las pechugas con el huevo y la mezcla de las nueces y colocarlas en la bandeja aceitada (desechar lo que sobre del huevo y de la mezcla de nueces). Hornear 20-25 minutos, hasta que estén tiernas.

Contenido de nutrientes por ración

Calorías: 390	Proteínas: 39 g
Fibra: 2,5 g	Carbohidratos: 4,7 g
Sodio: 395 mg	Grasas: 24 g

Pollo *tandoori*

Este plato tiene un sabor maravilloso y se prepara rápidamente, pero es necesario planearlo con tiempo porque se necesitan al menos 4 horas para adobarlo. Consejo: prepara el adobo por la mañana o la noche anterior y adoba el pollo durante todo el día; después, mét.elo en el horno cuando llegues a casa.

Tiempo de preparación: 20 minutos
Tiempo de adobo: 4-24 horas
Raciones: 4

900 g de muslos de pollo biológico (o cualquier otra parte)

1 limón mediano biológico

½ cebolla mediana, cortada en dados

1 taza de yogur biológico sin desnatar

2 cucharaditas de pimentón

1 cucharadita de pimienta cayena molida

1 cucharada de jengibre recién rallado (o 1
cucharadita de jengibre molido)

1 cucharadita de especias para curry molidas (o cúrcuma molida)

½ cucharadita de sal marina

½ cucharadita de pimienta negra molida

1 cucharadita de pimentón

La piel de 1 limón mediano, cortada en daditos

2 cucharadas de cilantro picado (o perejil)

Marcar ligeramente la superficie del pollo con un cuchillo afilado pequeño (eso permite que el adobo penetre en la carne) y ponerlo en un cuenco grande. Cortar el limón por la mitad y exprimir el zumo sobre el pollo, retirando las pepitas (no desechar las dos mitades del limón). Dejar el pollo en el adobo de zumo de limón 5-10 minutos.

En un cuenco más pequeño, mezclar el yogur, la cebolla, el pimentón, la pimienta cayena, el jengibre, la cúrcuma, la sal y la pimienta. Verter la mezcla sobre el pollo, cubrir y adobar de 4 a 24 horas. Cortar en dados la cáscara de las dos mitades del limón y reservar.

Cuando el adobo esté listo, poner el horno en la posición parrilla. Sacar el pollo del adobo y colocarlo en un plato para horno ligeramente aceitado (desechar el adobo sobrante). Esparcir el pimentón y la cáscara de limón cortada en daditos sobre el pollo y hornear en la posición más alta, aproximadamente a 10-15 cm del fuego, durante 5-8 minutos, dándole la vuelta hasta que ambos lados estén ligeramente dorados. Reducir el fuego a 205° y hornear otros 10-15 minutos hasta que un termómetro para carnes insertado en el trozo mayor llegue a los 74°. Añadir el cilantro picado y servir.

Contenido de nutrientes por ración

Calorías: 535	Proteínas: 42 g
Fibra: 0,5 g	Carbohidratos: 7 g
Sodio: 505 mg	Grasas: 6,6 g

Pollo salteado al estilo Oriente Medio

Los sabores del cardamomo y el jengibre de este plato son extraordinarios. Si prefieres una proteína diferente, puedes utilizar carne, pescado o tofu (el pescado y el tofu se cocinan más rápidamente que el pollo o la carne).

Tiempo de preparación y cocción: 15-20 minutos
Raciones: 2

2 cucharadas de aceite de oliva virgen

1 cebolla mediana, picada

½ cucharadita de sal marina

¼ de cucharadita de pimienta negra molida

450 g de muslos de pollo biológico

½ cucharadita de cardamomo molido

1 cucharada de jengibre recién rallado (o 1

cucharadita de jengibre en polvo)

⅛ de cucharadita de canela

2 dientes de ajo medianos, cortados en daditos

Calentar una sartén a fuego medio-alto, añadir el aceite, luego la cebolla, la sal y la pimienta negra y saltear, removiendo de vez en cuando, durante 2 minutos. Añadir el pollo y calentar, removiendo ocasionalmente hasta que esté ligeramente dorado, unos 4-5 minutos. Reducir el fuego a medio-bajo y añadir el cardamomo, el jengibre, la canela y el ajo; cocinar a fuego lento 3-5 minutos hasta que el pollo esté listo (cuando la pieza más gruesa esté bien hecha o llegue a los 74° en el termómetro para carnes).

Contenido de nutrientes por ración

Calorías: 626	Proteínas: 40 g
Fibra: 1 g	Carbohidratos: 6,5 g
Sodio: 765 mg	Grasas: 48,5 g

Brochetas de pollo *satay* envueltas en repollo

Este plato se puede preparar con antelación, así que es perfecto cuando esperas invitados. Puedes decidir si hacerlo picante —utiliza tu salsa picante preferida— o suave. Puedes asar el pollo a la parrilla o prepararlo en el horno. Los pinchos metálicos para las brochetas son los que mejor funcionan; si los utilizas de madera, sumérgelos de antemano en agua durante 30 minutos para evitar que se quemen.

Tiempo de preparación: 40-45 minutos
Tiempo de cocción: 15-20 minutos
Raciones: 4

Pollo *satay*

900 g de muslos de pollo, cortados en piezas pequeñas

2 cucharadas de aceite de coco

2 cucharadas de jengibre pelado y rallado

4 dientes de ajo medianos picados

⅛ de cucharadita de pimienta cayena molida

El zumo de ½ lima

1 cucharada de tamari

Mezcla de verduras

1 cucharada de aceite de coco

1 cebolla mediana, en rodajas finas

¼ de cucharadita de sal marina

⅛ de cucharadita de pimienta negra molida

½ cucharadita de pimentón

1 cucharada de jengibre pelado y rallado

2 dientes de ajo picados

1 taza de guisantes capuchinos

1 pimiento rojo mediano, en rodajas finas

Salsa de mantequilla de almendra y leche de coco

4 cucharadas de mantequilla de almendra (o
de mantequilla de cacahuete natural)

½ taza de leche de coco en lata

½-2 cucharadas de salsa de pimiento picante (salsa
Tabasco, cajún o tailandesa, al gusto)

Otros ingredientes

8 hojas grandes de repollo (de una cabeza de repollo grande)

Adobar el pollo: colocar las piezas de pollo en un cuenco. Poner 1 cucharada de aceite de coco y otra de jengibre y dos dientes de ajo sobre el pollo. Añadir la pimienta cayena, el zumo de lima y la salsa tamari. Adobar 30-40 minutos, removiendo de vez en cuando.

Preparar la mezcla de verduras: calentar una sartén a fuego medio, añadir 1 cucharada de aceite de coco, la cebolla, la sal, la pimienta y el pimentón. Saltear 3-4 minutos hasta que la cebolla esté transparente. Añadir 1 cucharada de jengibre, 2 dientes de ajo, los guisantes capuchinos y el pimiento rojo y calentar otros 3-4 minutos hasta que las verduras estén tiernas pero todavía crujientes. Retirar del fuego.

Hacer la salsa: mezclar la mantequilla de almendra, la leche de coco y la salsa de pimiento picante en una cacerola pequeña. Calentar y remover a fuego medio. Añadir 2-3 cucharadas de leche, lo que se necesite para alcanzar la densidad adecuada de una salsa. Una vez esté caliente, retirarla del fuego.

Preparar las envueltas de repollo: poner unos 5 cm de agua en la parte inferior de una cacerola para hervir al vapor y llevar a ebullición. Desechar la capa exterior de las hojas de repollo (el contacto con el entorno las hace duras y sucias). Ir sacando las ocho hojas grandes siguientes, teniendo cuidado de no romperlas. Poner las hojas ya separadas holgadamente en la parte superior de la cacerola y dejarlas al vapor hasta que estén tiernas, unos 8-10 minutos.

Si se va a hacer a la parrilla, precalentarla. Ensartar el pollo en las brochetas. Asar a la parrilla 10-12 minutos, dándoles la vuelta cada 3-4 minutos, hasta que estén ligeramente dorados. Si se van a hacer al horno, situarlo en la posición parrilla y hornearlos a 15-20 cm del fuego durante 10-15 minutos, dándoles la vuelta cada 4-5 minutos, hasta que estén ligeramente dorados.

Durante los últimos 5 minutos del asado, volver a calentar las verduras y la salsa si se necesita.

Para servir: coloca en los platos las hojas del repollo, la salsa de mantequilla de almendra y coco, la mezcla de verduras y el pollo *satay* (sacar las piezas de las brochetas). Cada comensal coloca una hoja de repollo en un plato, añade una cucharada grande de verduras, a continuación el pollo satay y por último la salsa. Enrollar la hoja de repollo como para hacer una empanada. Se pueden comer con cuchillo y tenedor o con las manos (¡ofrecer servilletas extra!).

Contenido de nutrientes por ración

Calorías: 536	Proteínas: 52 g
Fibra: 5 g	Carbohidratos: 16 g
Sodio: 633 mg	Grasas: 30 g

PLATOS DE CARNE

Filete de lomo con chile

Asegúrate de que siempre escoges carne biológica para este estupendo chile. Prueba con el lomo, pero sabe igual de bien si utilizas pavo picado. De cualquiera de las maneras, el chile sabe mejor de un día para otro, una vez que todos los sabores se han fusionado.

Tiempo de preparación: 20-25 minutos
Tiempo de cocción a fuego lento: 5-10 minutos
Raciones: 4

2 cucharadas de aceite de oliva virgen

1 cebolla mediana, troceada

½ cucharadita de sal marina

¼ de cucharadita de pimienta negra molida

1 cucharada de orégano seco

1 cucharadita de pimentón

900 g de filetes de lomo biológico, cortados en dados de 1,5 cm

2 zanahorias medianas, cortadas en dados

1 tallo mediano de apio, cortado en dados

2 pimientos poblanos medianos, sin tallo y sin semillas, cortados en dados

¼-½ cucharadita de pimiento rojo machacado (al gusto)

4 dientes de ajo, cortados en dados

1 taza de agua

2 tazas de tomates frescos picados o 1 lata de 400 g de tomate picado

3 tazas (o 2 tarros de 400 g) de alubias rojas
cocidas, aclaradas y escurridas

½ taza de cilantro fresco picado

Calentar una cacerola grande a fuego medio-alto. Poner el aceite y luego la cebolla, la sal, la pimienta negra, el orégano y el pimentón. Saltear durante 1 minuto. Añadir los dados de carne, removiendo de vez en cuando otros 2-3 minutos, hasta que estén ligeramente dorados. Añadir las zanahorias y el apio y saltear otros 2 minutos, removiendo un poco.

Agregar los pimientos poblanos, el pimiento machacado, el ajo, el agua y los tomates. Cuando el chile esté burbujeando, añadir las alubias rojas, removiendo. Cuando vuelva a burbujear, reducir el fuego y cocer a fuego lento 10 minutos. Justo antes de servir, añadir el cilantro picado.

Contenido de nutrientes por ración

Calorías: 745	Proteínas: 82 g
Fibra: 14 g	Carbohidratos: 46 g
Sodio: 476 mg	Grasas: 23 g

Filete de falda en adobo sobre ensalada de verduras de hoja

Sirve este sabroso filete sobre una base de ensalada. Como siempre, debes procurar que sea carne de animales alimentados en pastos.

Steven prefiere utilizar corazones de alcachofa en aceite de oliva en tarros de vidrio, pero las alcachofas enlatadas con agua son más fáciles de encontrar.

Tiempo de preparación: 10 minutos
Tiempo de adobo: 30-60 minutos
Tiempo de horneado: 10 minutos
Raciones: 4

650 g de filetes de falda biológicos
2 cucharadas de vinagre balsámico
2 cucharadas de aceite de oliva virgen
1 cucharada de tamari
4 dientes de ajo medianos, picados
¾ de cucharadita de sal marina
½ cucharadita de pimienta negra molida
½ cucharadita de hierbas aromáticas secas
8 tazas de verduras de hoja biológicas mezcladas
1 taza de tomatitos cherry, cortados en dos
4 tazas de corazones de alcachofa, escurridos y cortados en cuatro
2 cucharadas de vinagre de vino tinto
4 cucharadas de aceite de oliva virgen extra
2 dientes de ajo medianos, picados

En un cuenco grande, mezclar con los filetes el vinagre, el aceite, el tamari y el ajo. Refrigerar de 30 a 60 minutos, volteando los filetes de vez en cuando.

Precalentar la parrilla o poner el horno en esa posición. Sacar la carne del adobo y sazonarla con la sal, la pimienta y las hierbas aromáticas. Ponerla en la parrilla o en el horno de 3 a 6 minutos por cada lado hasta que su temperatura interna alcance los 60-62°. Pasar los filetes a una tabla de cortar y dejarlos reposar cubiertos de 5 a 10 minutos para que los jugos se distribuyan homogéneamente por la carne.

Mientras tanto, preparar un aliño con 2 cucharadas de vinagre, 4 de aceite de oliva y 2 dientes de ajo picados, y rociar las verduras de hoja, tomatitos cherry y los corazones de alcachofa. Servir en platos individuales. Los filetes deben tener un grosor de entre 0,6 y 1,5 cm y servirse sobre la base de ensalada.

Contenido de nutrientes por ración

Calorías: 483   Proteínas: 44 g
Fibra: 10,6 g   Carbohidratos: 25 g
Sodio: 743 mg   Grasas: 24 g

La salsa tamari es una salsa japonesa sin gluten parecida a la salsa de soja, con un sabor suculento y característico que combina maravillosamente con otros sabores, como el ajo y las hierbas aromáticas. Si no lo has utilizado nunca, vas a descubrir un condimento maravilloso que querrás emplear una y otra vez.

Chuletas de cordero a la parrilla

Pon estas chuletas a la parrilla o cocínalas en el horno. En cualquiera de esas maneras, el cordero es una fuente deliciosa de proteínas. Se pueden encontrar varios cortes (los que tienen hueso, por lo general necesitan un poco más de cocción). Las chuletas de lomo son más tiernas que las de paletilla. Lo mismo que con la carne, escógela biológica, de animales alimentados en pastos.

Tiempo de preparación y de cocción: 30 minutos
Raciones: 2

1 cucharada de aceite de oliva virgen

1 cucharada de vinagre de vino tinto

1 cucharada de romero fresco troceado

1 cucharada de hojas de menta fresca troceadas

1 chalota mediana, picada

¼ de cucharadita de sal marina

⅛ de cucharadita de pimienta negra molida

450 g de chuletas de cordero

Mezclar el aceite, el vinagre, el romero, la menta, la chalota, la sal y la pimienta negra en un cuenco. Adobar las chuletas en la mezcla y dejar reposar entre 10 y 60 minutos. Asar a la parrilla o en el horno 4-5 minutos por cada lado hasta que estén listas.

Contenido de nutrientes por ración

Calorías: 550
Fibra: 0 g
Sodio: 488 mg

Proteínas: 68 g
Carbohidratos: 0 g
Grasas: 29 g

Kebab de carne con piña, cebolla y pimiento morrón

Utilizar carne roja, pollo o gambas biológicas para este exquisito kebab (el lomo o el solomillo funcionan muy bien en los kebabs). Sus suculentos sabores van maravillosamente con los pimientos y las cebollas y con el dulzor natural de la piña.

Tiempo de preparación: 20 minutos
Tiempo de adobo: 30 minutos
Tiempo de parrilla/horno: 10-15 minutos
Raciones: 2

450 g de filetes de lomo biológicos, cortados en dados de 2,5 cm

1 taza de piña en dados (lo bastante grandes para ensartar en brochetas)

2 pimientos medianos (1 rojo y 1 verde), cortados en dados de 2,5 cm

½ cebolla dulce, cortada en piezas de 2,5 cm

2 tazas de repollo en tiras

1 cucharada de aceite de oliva virgen extra

1 cucharada de vinagre de vino tinto

Para el adobo:

4 dientes de ajo medianos, picados

1 cucharadita de salsa de pimientos picantes

El zumo de ½ lima mediana

½ cucharadita de sal marina

¼ de cucharadita de pimienta negra molida

1 cucharadita de pimentón

1 cucharada de aceite de almendra

Mezclar los ingredientes del adobo en un cuenco pequeño y reservar. En un cuenco más grande, mezclar los dados de carne con la piña, los pimientos y la cebolla. Cubrir con el adobo, mezclarlo todo bien y dejar adobar en el refrigerador al menos 30 minutos (es preferible de 1 a 2 horas), removiendo de vez en cuando. Para los kebabs, los pinchos metálicos son los que mejor funcionan; si se utilizan de madera, sumergirlos antes en agua —mientras la carne se adoba— para evitar que se quemen.

Precalentar la parrilla o encender el horno. Ir preparando las brochetas con dados de carne, de piña, de pimiento y de cebolla. Unta el adobo extra sobre cada brocheta y desecha lo sobrante (no las untes mientras se cocinan).

En la parrilla: cocinar 10-12 minutos, volteando las brochetas dos o tres veces. En el horno: colocar los kebabs en una bandeja de asar a 10-15 cm del fuego durante 12-15 minutos. La temperatura interna de la carne debería ser de 60-65° (si se utiliza pollo, la temperatura interna debería ser de 74°).

Mezclar el repollo en tiras con el aceite de oliva y el vinagre. Servir los kebabs encima del repollo.

Contenido de nutrientes por ración

Calorías: 566
Fibra: 5,7 g
Sodio: 455 mg

Proteínas: 53 g
Carbohidratos: 27 g
Grasas: 28 g

Estofado de carne

Este estofado clásico está lleno de proteínas y de fibra. Es el plato perfecto para preparar en un fin de semana pausado y disfrutarlo toda la semana. Puedes comprar mantequilla clarificada biológica, o ghee (asegúrate de que lo compras ghee sin especias).

Tiempo de preparación: 15-20 minutos
Tiempo de cocción lenta: 2-3 horas
Raciones: 6

900 g de carne de paleta (aguja) biológica, cortada en dados

2 cucharadas de mantequilla clarificada (ghee) biológica

1 cucharadita de sal marina

½ cucharadita de pimienta negra molida

1 cebolla amarilla mediana, troceada

2 cucharadas de romero fresco troceado

2 cucharadas de tomillo fresco troceado

2 cucharadas de salvia fresca troceada

3 tazas de caldo de carne bajo en sodio

1 tarro de 400 g de tomate troceado

3 zanahorias medianas, cortadas en trozos de 1,5 cm

3 tallos de apio medianos, cortados en trozos de 1,5 cm

2 calabacines medianos, cortados en trozos

1 calabaza amarilla mediana, cortada en trozos

Calentar una cacerola a fuego medio-alto, poner mantequilla a fundir y luego saltear en ella la carne, volteándola hasta que esté dorada por todas partes. Aderezar con sal y pimienta conforme se cocina. Si es necesario, hacerlo en dos tandas para controlar que toda la carne se dore uniformemente. Poner la carne dorada en un plato y reservar.

Saltear la cebolla hasta que esté transparente, unos 3 minutos. Añadir el romero, el tomillo y la salvia y saltear otro minuto más. Agregar el caldo de carne y el tomate, llevar a ebullición suave y añadir la carne y cualquier jugo que se hubiera acumulado en el plato; reducir el fuego a bajo. Cocer tapado a fuego lento de 2 a 3 horas, removiendo de vez en cuando y eliminando la espuma que se forme en la superficie.

Cuarenta y cinco minutos antes de servir, añadir las zanahorias, el apio, los calabacines y la calabaza, cocer a fuego lento hasta que las verduras estén tiernas.

Contenido de nutrientes por ración

Calorías: 470 Proteínas: 33 g
Fibra: 3,6 g Carbohidratos: 12,5 g
Sodio: 894 mg Grasas: 32 g

Es fácil hacer uno mismo la mantequilla clarificada, o ghee: colocar mantequilla biológica en una cacerola y fundirla despacio a fuego medio. Llevar a ebullición y reducir el fuego y dejar que cueza a fuego lento 5 minutos, o hasta que la mezcla tenga un ligero color dorado (el tiempo de cocción depende de la cantidad de mantequilla que se utilice). Retirar del fuego la cacerola y dejar que la mantequilla se enfríe un poco. Retirar la espuma de la superficie y tirarla. Verter despacio el aceite que queda en un recipiente y guardar, desechando los sólidos lechosos que se formen en el fondo de la cacerola. Lo que hace tan estupenda a la mantequilla clarificada es que su punto de humeo es más alto. Se mantendrá bien en el frigorífico durante varios meses.

PESCADOS Y MARISCOS

Según dónde vivas puede ser difícil encontrar pescado y mariscos frescos. ¡Si lo pescas tú mismo sabes que es fresco! (Steven vive en Florida, donde tiene la suerte de encontrar pescado fresco en los mercados de la zona la mayoría de las veces). Pero cuando lo compres, elige con mucho cuidado. La piel debe estar húmeda; pide poder olerlo antes de que lo envuelvan. Si huele mucho a pescado, no lo compres; debería oler fresco como el mar.

Pescado blanco asado con adobo de naranja

El pescado está delicioso al horno, ¡que por casualidad es una de las maneras más fáciles de prepararlo!

Tiempo de preparación: 10 minutos
Tiempo de adobo: 5-10 minutos
Tiempo de horneado: 20 minutos
Raciones: 2

1 cucharada de mantequilla biológica

1 naranja mediana de zumo

450 g de pescado blanco firme (lenguado, bacalao, pargo o tilapia)

½ cucharadita de sal marina

¼ de cucharadita de pimienta negra molida

¼ de cucharadita de pimentón

¼ de taza de perejil, troceado

Precalentar el horno a 205°. Cubrir con una capa de mantequilla el fondo de una bandeja para horno.

Antes de extraerle el zumo a la naranja, cortar dos rodajas (para servirlas con el pescado ya cocinado) y reservarlas. Hacer el zumo con la naranja y adobar el pescado 5-10 minutos en él, volteándolo un par de veces.

Sacar el pescado del adobo y aderezarlo por ambos lados con la sal, la pimienta negra y el pimentón. Ponerlo en la bandeja para horno y añadirle el perejil troceado. Hornear unos 20 minutos. El pescado debe estar tierno y desmigarse fácilmente. Servir con las rodajas de naranja.

Contenido de nutrientes por ración

Calorías: 343

Fibra: 0 g

Sodio: 751 mg

Proteínas: 56 g

Carbohidratos: 0 g

Grasas: 12 g

Pasteles de cangrejo con quinoa

Ya verás cuando pruebes estos pasteles de cangrejo con quinoa en lugar de pan rallado, ¡alucinante!

Tiempo de preparación: 20 minutos

Tiempo de horneado: 20 minutos

Raciones: 4

⅓ de taza de quinoa sin cocer

⅔ de taza de agua o de caldo de verduras bajo en sodio

2 cucharadas de aceite de oliva virgen

1 taza de cebolla en dados (aproximadamente ½ cebolla mediana)

¼ de cucharadita de sal marina

2 tallos medianos de apio, cortados en dados

1 zanahoria mediana, rallada

1 cucharadita de tomillo seco

1 cucharadita de pimentón

450 g de cangrejo, escurridos (refrigerados)

2 huevos grandes biológicos, batidos

La cáscara de ½ limón biológico, rallada

El zumo de ½ limón

2 cucharadas de mantequilla salada, divididas en 8 porciones

Aclarar la quinoa en un colador, escurrir y luego mezclarla con el agua o el caldo en una cacerola y llevar a ebullición. Reducir el fuego a bajo, tapar y cocinar 10 minutos. Apagar el fuego y mantener con la tapa. Tras unos 10 minutos la quinoa debe estar tierna (al dente) con un pequeño brote blanco surgiendo de la mitad de los granos. Escurrir y reservar.

Precalentar el horno a 190º. Untar de mantequilla una bandeja para horno y reservar.

Calentar una cacerola a fuego medio-alto, añadir el aceite de oliva y luego la cebolla y la sal; saltear 2-3 minutos, removiendo de vez en cuando, hasta que la cebolla se ponga transparente. Reducir el fuego a medio, añadir el apio, la zanahoria, el tomillo seco y el pimentón; cocinar 3-4 minutos hasta que la zanahoria y el apio se hayan ablandado y estén al dente (¡no los cuezas de más!).

En un cuenco grande, mezclar suavemente la quinoa, las verduras salteadas, el cangrejo, los huevos batidos, la cáscara del limón (rallar la cáscara de la mitad del limón antes de extraer el zumo) y el zumo de limón. Dividir y formar 8 pastelitos, de aproximadamente 1,5-2,5 cm de grosor. Colocar los pastelitos de cangrejo en la bandeja para horno, cubrir cada uno con ¼ de cucharada de mantequilla y hornear 20 minutos. Si se desea, poner a la parrilla del horno los últimos 3 minutos para dorarlos ligeramente.

Contenido de nutrientes por ración

Calorías: 297
Fibra: 1,7 g
Sodio: 795 mg

Proteínas: 26 g
Carbohidratos: 12 g
Grasas: 16 g

Cuando una receta pide cáscara de cítrico (naranja o limón, por ejemplo) rallada o troceada, es fundamental utilizar frutas biológicas para evitar los pesticidas, que se acumulan en la piel o en la cáscara.

Curry de leche de coco con gambas y brécol

El curry de coco es muy habitual en la casa de Steven, y no solamente porque contenga tantos ingredientes sanos. Los sabores indios son estupendos; además, se puede utilizar cualquier fuente de proteínas (gambas, pescado, carne roja o blanca o tofu) y emparejarla con tu combinación preferida de verduras, como la coliflor o los pimientos.

Si lo preparas con carne, dora las piezas por todas partes con las cebollas durante 4-5 minutos y a continuación ve añadiendo a la sartén los demás ingredientes.

Tiempo de preparación y de cocción: 25-30 minutos
Raciones: 3

1 ½ taza de agua caliente

¾ de taza de arroz integral

1 cucharada de aceite de coco

1 cebolla mediana, troceada

¼ de cucharadita de sal marina

¼ de cucharadita de pimienta negra molida

1 cucharada de jengibre pelado y rallado

1 cucharada de curry en polvo

1 cucharada de pimentón

⅛-½ cucharadita de pimienta cayena molida (suave o picante, al gusto)

2 tazas de brécol en trozos

450 g de gambas grandes o tamaño jumbo, peladas y limpias

2 dientes de ajo medianos, cortados en daditos

350 cc de leche de coco en lata

2 cucharadas de cilantro fresco o de perejil, troceado

Mezclar el agua y el arroz en una cacerola, llevar a ebullición y dejar a fuego lento 25-35 minutos, hasta que se cueza el arroz (el tiempo de cocción varía según la marca, así que se deben seguir las instrucciones del paquete).

Calentar una sartén grande a fuego medio, añadir el aceite de coco y luego la cebolla, la sal y la pimienta negra, y cocinar 3-4 minutos hasta que la cebolla se ponga transparente. Agregar el jengibre, el curry, el pimentón y la pimienta cayena molida, remover y calentar otros 2-3 minutos. Añadir el brécol, las gambas y el ajo, removiendo de vez en cuando, hasta que las gambas tomen un color rosado, 3-5 minutos. Reducir el fuego a bajo, incorporar la leche de coco (removiendo), cubrir y cocer a fuego lento 5 minutos. Incorporar el cilantro fresco y servir sobre el arroz.

Contenido de nutrientes por ración

Calorías: 663	Proteínas: 39 g
Fibra: 5,5 g	Carbohidratos: 56 g
Sodio: 710 mg	Grasas: 29 g

Ceviche

Para el ceviche, es fundamental que el pescado esté muy fresco: pargo, lubina, mero o platija. El ceviche no se cocina con calor, pero tampoco es pescado crudo. Se cura conforme se adoba con los ácidos naturales del zumo de lima o de limón. Steven prefiere adobarlo durante 4 horas, pero puede ser entre 1 y 8 horas, dependiendo de si se prefiere el pescado ligera o completamente curado («cocinado»).

Tiempo de preparación: 20 minutos
Tiempo de adobo: de 1a 8 horas
Raciones: 4

450 g de pargo u otro pescado fresco, sin espinas
y sin piel, cortado en dados de 1,5 cm

½ taza de zumo de lima recién exprimido (lo bastante
como para cubrir el pescado en un cuenco)

½ cucharadita de sal marina

1 aguacate mediano, cortado en dados de 1,5 cm

2 cebolletas medianas, cortadas en dados

½ pimiento amarillo o rojo mediano, cortado en daditos

1 tomate biológico mediano

¼ de taza de cilantro fresco troceado

¼ de cucharadita de sal marina

¼ de cucharadita de pimienta negra molida

⅛ de cucharadita de pimienta cayena molida

3-4 cucharadas de zumo de mandarina recién
exprimido o de zumo de limón

1 cucharada de aceite de oliva virgen extra

1 jícama mediana, pelada y cortada en rodajas de
unos 0,5 cm (o pepino y pimiento en rodajas)

Adobar las piezas de pargo en zumo de lima y sal hasta que esté opaco cuando se corta la pieza más gruesa, unas 4 horas. Veinte minutos antes de servir, mezclar el aguacate, la cebolleta, el pimiento, el tomate, el cilantro, la sal, la pimienta negra, la pimienta cayena, el zumo de mandarina recién exprimido y el aceite de oliva en un cuenco de servir. Remover con cuidado para mezclar bien.

Escurrir el pescado y añadirlo a la mezcla de aguacate. Mojar la jícama en la salsa.

Contenido de nutrientes por ración

Calorías: 291
Fibra: 11 g
Sodio: 379 mg

Proteínas: 25,5 g
Carbohidratos: 0,5 g
Grasas: 12 g

Ostras asadas con rebozado de nueces, queso parmesano y perejil

Si puedes conseguir ostras recién pescadas, esta receta sacará todo el partido a su notable sabor. O bien, cómpralas refrigeradas. Lo mismo que con el cangrejo refrigerado, comprueba la fecha de caducidad y adquiere las más frescas que puedas encontrar.

Tiempo de preparación: 10-15 minutos
Tiempo de cocción: 10 minutos
Raciones: 2

1 cucharadita de aceite de almendra o de avellana

500 g de ostras frescas refrigeradas

½ taza de nueces

¼ de taza de queso parmesano

¼ de taza de perejil

1 huevo grande biológico

Salsa de chile picante (optativo)

Preparar el horno en la posición parrilla con el estante colocado a 10-15 cm del calor. Aceitar una fuente para horno con el aceite de almendra o de avellana (*evitar el de nuez porque puede humear cuando se ase*).

Escurrir las ostras y secarlas dándoles pequeños toques con una servilleta de papel (si no están completamente frescas, adobar en zumo de cítrico durante 5 minutos, escurrir y secar).

Batir las nueces en un procesador de alimentos o en una batidora hasta que se obtenga una pasta con trocitos. Añadir el queso y el perejil y batir lo suficiente para que se liguen. Pasar el rebozado a un plato grande.

Batir el huevo en un cuenco. Bañar las ostras una a una en el huevo para rebozarlas y moverlas suavemente en el rebozado para cubrir bien cada lado. Colocar en la fuente preparada y añadir el rebozado sobrante por encima.

Asar durante unos 10 minutos, hasta que las ostras y el rebozado estén ligeramente dorados.

Contenido de nutrientes por ración

Calorías: 367
Fibra: 2 g
Sodio: 601 mg

Proteínas: 21 g
Carbohidratos: 16 g
Grasas: 25 g

Salmón con salsa inteligente de limón y mantequilla

¡Ya es hora de una salsa *inteligente* de mantequilla! Esta se concibió para servir con salmón, pero puedes utilizarla con muchos platos diferentes, variando las hierbas aromáticas frescas o secas para complementar el plato. Emplea la mantequilla biológica de mejor calidad que puedas encontrar.

Tiempo de preparación: 10 minutos
Tiempo de horneado: 10 minutos
Raciones: 4

650-900 g de salmón real, plateado o rojo en filetes
2 cucharadas de zumo de limón o de naranja recién exprimido
½ cucharadita de sal marina
¼ de cucharadita de pimienta negra molida

Salsa inteligente de limón y mantequilla
1 cucharada de mantequilla salada biológica
1 cucharada de aceite de oliva virgen
½ cucharada de cáscara de limón biológico rallada
½ cucharada de zumo de limón
1 diente de ajo mediano, picado

¼ de cucharadita de eneldo seco (o la hierba
aromática o especia que se elija)

Para la salsa de limón y mantequilla: mezclar todos los ingredientes en una sartén y calentar a fuego medio hasta que burbujee. Retirar del fuego.

Para el salmón: precalentar la parrilla o el horno. Adobar el salmón en el zumo de limón o naranja 5-10 minutos, volteándolo de vez en cuando, y luego escurrir. Aderezarlo con sal y pimienta y untarle dos cucharadas de salsa inteligente de limón y mantequilla. Poner el horno en posición parrilla a 10-15 cm del calor, o bien asarlo en la parrilla 8-12 minutos, hasta que el pescado se desmigue (unos 10 minutos para una pieza de salmón de 3 cm de grosor). No cocinar de más.

Contenido de nutrientes por ración

Calorías: 382
Fibra: 0 g
Sodio: 419 mg

Proteínas: 45 g
Carbohidratos: 1,2 g
Grasas: 21 g

Fletán asado con rebozado de almendras

El pescado rebozado con frutos secos está delicioso y lleno de grasas inteligentes. Si no puedes encontrar fletán fresco, busca filetes congelados empaquetados al vacío. Después de descongelarlos, adóbalos en 1 taza de zumo de naranja y 1 cucharadita de sal durante 10 minutos.

Tiempo de preparación: 10 minutos
Tiempo de asado: 20 minutos
Raciones: 2

3 cucharaditas de mantequilla biológica
2 filetes de fletán de 250 g
⅓ de taza de almendras
⅓ de cucharadita de sal marina

¼ de cucharadita de pimienta negra molida

1 huevo biológico

Precalentar el horno a 205°. Untar ligeramente una bandeja para horno con 1 cucharadita de mantequilla.

En un procesador de alimentos, mezclar las almendras, la sal y la pimienta negra hasta alcanzar una textura de harina basta. Poner la mitad de la mezcla en un plato.

Batir el huevo en un cuenco que no sea hondo. Remojar los filetes de fletán en el huevo y después rebozar cada lado con la mezcla de almendras. Colocar en la bandeja para horno. Poner 1 cucharada de mantequilla sobre cada filete. Hornear 20 minutos hasta que se desmigue.

Contenido de nutrientes por ración

Calorías: 448

Fibra: 2,5 g

Sodio: 512 mg

Proteínas: 54 g

Carbohidratos: 5 g

Grasas: 23 g

Platos vegetarianos

Paté de setas y frutos secos

Este plato es increíblemente apetitoso, gracias a los frutos secos y las setas. Es estupendo con shiitake, pero los champiñones también son muy buenos. Sírvelo con verdura ligeramente hervida al vapor, con una ensalada o con las dos cosas.

Tiempo de preparación: 25–30 minutos

Tiempo de horneado: 25–30 minutos

Raciones: 4

3 cucharaditas de aceite de oliva

1 cucharadita de aceite de nuez pacana

1 cebolla dulce mediana, cortada en dados

4 tazas de setas shiitake o de champiñones cortados en dados

1 taza de espinacas hervidas y troceadas (descongelar si
están congeladas, o utilizar 7 tazas de espinacas crudas)

¼ de cucharadita de pimienta negra molida

½ cucharadita de sal marina

1 cucharadita de tomillo seco

½ taza de vino de Oporto

6 huevos grandes biológicos

1 taza de frutos secos picados finos (almendras,
nueces pacanas, avellanas)

½ taza de queso gruyer o parmesano rallado

Precalentar el horno a 205°. Engrasar un molde con aceite de oliva o forrarlo con papel para hornear.

En una sartén para salteados, calentar el aceite de nuez pacana a fuego medio-alto, añadir la cebolla y cocinarla 1 minuto. Agregar las setas, las espinacas, la pimienta negra, la sal y el tomillo y saltear 5 minutos removiendo de vez en cuando, hasta que las setas estén blandas. Reducir el fuego a bajo, añadir el vino de Oporto y remover. Calentar hasta que el fondo de la sartén siga húmedo pero la mayor parte del vino se haya evaporado.

En un cuenco, mezclar los huevos, el queso y los frutos secos y añadir a las setas. Después poner la mezcla en el molde preparado. Hornear 25-30 minutos hasta que un palillo insertado en el centro salga limpio. Retirar del horno y dejar reposar 5-10 minutos antes de servir. Cortar en lonchas y servir.

Contenido de nutrientes por ración

Calorías: 482	Proteínas: 26 g
Fibra: 6 g	Carbohidratos: 19,5 g
Sodio: 641 mg	Grasas: 32,5 g

Curry de lentejas

Para un festín fabuloso inspirado en la India, sirve estas lentejas al curry junto a las dos recetas siguientes: *korma* de verduras y *raita*. Si puedes encontrar papadam (obleas de pasta de legumbres) en una tienda de alimentación especializada, son un acompañamiento excelente.

Tiempo de preparación y de cocción: 30 minutos
Raciones: 4

1 taza de lentejas rojas

1 taza de agua

1 taza de caldo de verduras biológico y bajo en sodio

2 cucharadas de aceite de coco

1 cebolla dulce mediana, cortada en dados

2 tallos medianos de apio, cortados en dados

1 cucharada de jengibre fresco, pelado y rallado

1 cucharada de curry en polvo

½ cucharadita de pimentón

⅛ de cucharadita de pimienta cayena

2 dientes de ajo medianos, cortados en daditos

¼ de taza de leche de coco en lata sin edulcorar

Aclarar las lentejas y escurrirlas. Ponerlas junto con el agua y el caldo en una cacerola mediana y llevar a ebullición. Reducir el fuego a bajo y cocer a fuego lento 20-25 minutos, hasta que las lentejas estén cocidas, pero no blandas. Reservar (es posible que no haya que escurrirlas otra vez si han absorbido todo el líquido).

Mientras tanto, calentar el aceite en una sartén a fuego medio. Poner la cebolla y saltear 2-3 minutos hasta que esté blanda, removiendo de vez en cuando. Añadir el apio, el jengibre, el curry en polvo, el pimentón y la pimienta cayena y saltear 5 minutos más, removiendo. Reducir el fuego a bajo, añadir el ajo, las lentejas y la leche de coco, remover y cocer a fuego lento otros 5 minutos.

Las lentejas son una legumbre de cocción rápida; son extraordinariamente nutritivas y tienen gran variedad de colores: amarillo, rojo, marrón y negro. Las rojas son las de cocción más rápida y son estupendas con platos de curry. Las marrones son las que mejor se mantienen firmes y funcionan muy bien en las ensaladas.

Contenido de nutrientes por ración

Calorías: 286
Fibra: 8,3 g
Sodio: 180 mg

Proteínas: 14,5 g
Carbohidratos: 34 g
Grasas: 11 g

Korma de verduras

El *korma* es curry espesado con yogur o con nata. Debes añadir el yogur después de quitar el plato del fuego porque de lo contrario se cortará. Los platos de curry están llenos de nutrientes, de compuestos antienvejecimiento y de sabor.

Tiempo de preparación y de cocción: 30 minutos
Raciones: 4

2 cucharadas de aceite de nuez pacana (o de
cualquier otro aceite de fruto seco)

1 cebolla mediana, cortada en dados

1 cucharada de jengibre fresco pelado y picado

½ cucharadita de sal marina

2 tazas de coliflor troceada

2 tazas de ocra (fresca o congelada) cortada en dados

1 tarro o lata de 220 g de salsa de tomate (o 1 taza de tomates troceados)

2 cucharadas de curry en polvo

¼ de cucharadita de pimienta cayena molida
(utilizar menos o más al gusto)

4 dientes de ajo medianos, picados

1 taza de guisantes verdes congelados

1 pimiento rojo, troceado

1 taza de yogur básico biológico

¼ de taza de cilantro fresco troceado (para adornar)

¼ de taza de pistachos tostados y troceados (para adornar)

Calentar una sartén a fuego medio-alto. Poner el aceite, luego la cebolla, el jengibre y la sal y remover de vez en cuando hasta que la cebolla esté blanda, unos 3 minutos. Añadir la coliflor, la ocra, la salsa de tomate, el curry en polvo y la pimienta cayena; reducir el fuego a medio y cocinar unos 5 minutos. Añadir el ajo, los guisantes y el pimiento rojo.

Reducir el fuego a bajo, tapar y cocer a fuego lento 10 minutos. Retirar del fuego, añadir removiendo el yogur y servir, adornado con el cilantro y los pistachos.

Contenido de nutrientes por ración

Calorías: 256	Proteínas: 10 g
Fibra: 7,8 g	Carbohidratos: 28 g
Sodio: 657 mg	Grasas: 13 g

Raita

La *raita* es un plato maravilloso y refrescante de pepino y yogur que se sirve con curry o con cualquier otro alimento especiado.

Tiempo de preparación: 5-10 minutos
Raciones: 4

1 taza de yogur biológico (desnatado o entero)

½ pepino mediano, cortado en dados

¼ de taza de cebolla roja en dados pequeños

2 cucharadas de cilantro fresco troceado

¼ de cucharadita de sal marina

¼ de cucharadita de cilantro molido

¼ de cucharadita de cominos (o de comino molido)

Mezclar todos los ingredientes en un cuenco de servir. Adornar con unos cuantos ramitos de cilantro.

Contenido de nutrientes por ración

Calorías: 36	Proteínas: 3 g
Fibra: 0,5 g	Carbohidratos: 6 g
Sodio: 39 mg	Grasas: 1 g

Suflé de setas silvestres

Que nadie se atemorice al ver la palabra *suflé*: no hay nada de complicado en esta receta, sencillísima y a la vez sustanciosa, de la cocina vegetariana. Utiliza cualquier variedad o combinación de setas silvestres, como las *shiitake* o las *gírgola*. Consejo: cuando prepares un suflé, colócalo en el centro del horno y comprueba que no haya nada encima que impida que suba.

Tiempo de preparación: 20 minutos
Tiempo de horneado: 30 minutos
Raciones: 4

2 cucharadas de aceite de oliva virgen

3 tazas de setas silvestres, cortadas en dados (330 g sin los tallos)

½ taza de chalotas picadas

1 cucharadita de finas hierbas secas

¼ de cucharadita de sal marina

¼ de cucharadita de pimienta negra molida

¼ de taza de vino blanco

2 cucharadas de perejil troceado

⅔ de taza de queso de gruyer rallado

8 huevos grandes biológicos (separar la yema de la clara)

1 cucharada de perejil troceado

2 cucharadas de queso parmesano rallado

2 cucharadas de almendras laminadas

Precalentar el horno a 205°. Untar ligeramente con mantequilla el molde para el suflé (de 22 cm de ancho por 12 cm de alto), o bien una bandeja para horno de 1,5 l.

Calentar la sartén a fuego medio-alto y añadir el aceite y luego las setas, las chalotas, las finas hierbas, la sal y la pimienta negra. Saltear removiendo de vez en cuando hasta que las setas estén suaves y tiernas, unos 4-5 minutos; añadir el vino blanco para hacer salsa con lo que queda en la sartén y remover 30 segundos. Agregar el perejil, retirar del fuego y añadir ⅔ de taza de queso gruyer rallado, removiendo.

En un cuenco grande, batir las yemas de los huevos. Añadir la mezcla de las setas a las yemas batidas.

En un cuenco aparte, batir las claras hasta que estén firmes. A continuación, incorporar cuidadosamente la mezcla de las setas (no mezclar de más, o el suflé no subirá) y verter en el molde o la bandeja preparada. Cubrir con perejil, el resto del queso y las almendras. Hornear a 205° durante 30-35 minutos, comprobar el punto de cocción insertando un palillo; cuando salga limpio, apagar el horno y servir inmediatamente.

Contenido de nutrientes por ración

Calorías: 322
Fibra: 1 g
Sodio: 560 mg

Proteínas: 21 g
Carbohidratos: 5.5 g
Grasas: 23 g

Guarniciones

Patatas rojas con ajo, perejil y hierbas aromáticas

Esta es una guarnición estupenda que puede utilizarse en muchos menús.

Tiempo de preparación: 10 minutos
Tiempo de cocción: 6-8 minutos
Raciones: 4

3 l de agua

1 cucharadita de sal

650 g de patatas rojas, cortadas en cuartos

2 cucharadas de aceite de oliva virgen extra

1 cucharadita de hierbas aromáticas secas

1 diente de ajo mediano, cortado en daditos

½ taza de perejil troceado (guardar unas
cuantas cucharadas para adornar)

Llevar a ebullición el agua y la sal; añadir las patatas y hervir 6-8 minutos, o hasta que se puedan pinchar con un tenedor. No hervir de más.

Mientras tanto, calentar el aceite de oliva en una sartén a fuego medio-bajo y agregar las hierbas aromáticas, el ajo y el perejil. Saltear brevemente, vigilando con cuidado para que el ajo no se ponga marrón (¡amarga!). Retirar del fuego.

Cuando estén listas las patatas, escurrirlas y ponerlas en un cuenco de servir. Añadir la mezcla de hierbas aromáticas, remover suavemente, adornar con el perejil restante y servir.

Contenido de nutrientes por ración

Calorías: 197	Proteínas: 3,8 g
Fibra: 4 g	Carbohidratos: 3 g
Sodio: 15 mg	Grasas: 7,2 g

En lo que se refiere a las patatas, guiarse siempre por el color. Las patatas rojas, por ejemplo, tienen muchísimos más nutrientes y una carga glucémica mucho más baja que las blancas. Las patatas con color están llenas de saludables carotenoides (y de algunos flavonoides), que no tienen las blancas.

Col rizada salteada con ajo y limón

Esta guarnición sencilla se puede preparar rápidamente.

Tiempo de preparación y de cocción: 7-10 minutos
Raciones: 2

1 cucharada de aceite de almendra (o cualquier otro aceite de fruto seco)

4 tazas de col rizada picada

2 rodajas de limón, cortadas en daditos

¼ de cucharadita de sal marina

¼ de cucharadita de pimienta negra molida

2 dientes de ajo medianos, cortados en daditos

Calentar una sartén a fuego medio. Añadir el aceite y a continuación la col rizada, el limón, la sal y la pimienta. Saltear durante 2 minutos, removiendo de vez en cuando. Agregar el ajo y saltear otros 2 minutos, removiendo. Servir inmediatamente.

Contenido de nutrientes por ración

Calorías: 132
Fibra: 3 g
Sodio: 353 mg

Proteínas: 4,6 g
Carbohidratos: 14,5 g
Grasas: 8 g

La col rizada es una superestrella: una gran fuente de vitamina K, fibra, potasio, calcio y muchos otros nutrientes. Su merece la etiqueta de «superalimento».

Coles de Bruselas con salsa inteligente de limón y mantequilla

La salsa inteligente de limón y mantequilla es excelente como acompañamiento de muchas verduras y una manera deliciosa de añadir grasas inteligentes y un extra de nutrientes a la tradicional salsa de mantequilla. En esta receta se utiliza con coles de Bruselas.

Tiempo de preparación: 10 minutos
Tiempo de cocinado: -10 minutos
Raciones: 2

900 g de coles de Bruselas, limpias y cortadas por la mitad

1 cucharada de mantequilla con sal biológica

1 cucharada de aceite de oliva virgen

½ cucharada de cáscara de limón biológico rallada

½ cucharada de zumo de limón

1 diente de ajo mediano, picado

¼ de cucharadita de tomillo seco

Hervir al vapor las coles de Bruselas partidas en dos durante 6-8 minutos, hasta que estén tiernas, pero al dente. Mezclar la mantequilla, el aceite, la cáscara y el zumo de limón, el ajo y el tomillo. Cocinar brevemente a fuego medio, teniendo cuidado de que el ajo no se ponga marrón. Retirar del fuego. Mezclar con las coles de Bruselas y servir.

Contenido de nutrientes por ración

Calorías: 308
Fibra: 17 g
Sodio: 155 mg

Proteínas: 15,5 g
Carbohidratos: 41 g
Grasas: 14 g

Acelgas salteadas con ajo y hierbas aromáticas

Otra guarnición fácil y deliciosa que se puede preparar en unos minutos.

Tiempo de preparación y de cocción: 7-10 minutos
Raciones: 2

1 cucharada de aceite de oliva virgen

4 tazas de acelgas troceadas

¼ de cucharadita de sal marina

¼ de cucharadita de pimienta negra molida

1 cucharadita de hierbas aromáticas

4 dientes de ajo medianos, picados

Calentar una sartén a fuego medio; poner el aceite, las acelgas, la sal, la pimienta, las hierbas aromáticas y el ajo y remover de vez en cuando durante 3-4 minutos, hasta que las acelgas estén lacias. Retirar del fuego y servir.

Contenido de nutrientes por ración

Calorías: 83   Proteínas: 2 g
Fibra: 1,5 g   Carbohidratos: 5 g
Sodio: 449 mg   Grasas: 7 g

Arroz salvaje y quinoa con col rizada y almendras

Esta combinación llena de sabor está cargada de nutrientes. Añádele cualquier tipo de legumbres o de verduras a tu gusto, y se transforma en un almuerzo estupendo, en una guarnición o incluso en una cena ligera.

Tiempo de preparación: 30 minutos
Tiempo de cocción lenta: 20 minutos
Raciones: 4

½ taza de arroz salvaje, aclarado y escurrido

½ taza de quinoa, aclarada y escurrida

3 tazas de caldo de verduras o de pollo, biológico y bajo en sodio

1 ½ cucharada de aceite de nuez pacana (o de almendras)

½ cebolla dulce, cortada en rodajas de 2,5 a 5 cm

½ cucharadita de sal marina

¼ de cucharadita de pimienta negra molida

1 cucharadita de hierbas aromáticas secas

½ cucharadita de pimentón

4 tazas de col rizada troceada (4-6 hojas grandes)

1 tarro de 400 g de garbanzos, aclarados y escurridos

½ taza de almendras laminadas (o de nueces pacanas troceadas)
½ taza de queso parmesano rallado

Mezclar el arroz salvaje aclarado y escurrido con 2 tazas de caldo en una cacerola mediana, llevar a ebullición, tapar y reducir el fuego a medio-bajo durante 45-55 minutos, hasta que el arroz se pueda masticar y algunos granos se hayan abierto. Escurrir en un colador y reservar.

Mientras tanto, mezclar en una cacerola mediana la quinoa lavada y escurrida con la taza de caldo restante. Llevar a ebullición y rebajar a fuego lento 10-15 minutos. Cuando la quinoa esté tierna y con un pequeño brote blanco surgiendo de la mitad de los granos, ya está lista (tener cuidado para no cocerla de más). Escurrir y reservar.

Seguidamente, calentar una sartén a fuego medio-alto, poner el aceite, luego la cebolla, la sal, la pimienta negra y las hierbas aromáticas. Cocinar unos 3 minutos, hasta que la cebolla esté transparente. Agregar el pimentón y la col rizada, reducir el fuego a medio y cocinar otros 2 minutos hasta que la col se ablande. Incorporar los garbanzos, tapar y reducir el fuego a bajo durante 2 minutos, removiendo de vez en cuando.

En una sartén, calentar las almendras a fuego medio-bajo durante 1-2 minutos hasta que se tuesten, pero evitar que se pongan marrones. Mezclar el arroz salvaje con la quinoa y añadir la mezcal de verduras y de almendras, removiendo. Adornar con queso parmesano. Servir caliente o frío.

Contenido de nutrientes por ración

Calorías: 457	Proteínas: 19,5 g
Fibra: 12 g	Carbohidratos: 62 g
Sodio: 747 mg	Grasas: 17,7 g

Postres

Remolino de cerezas y requesón

Estamos seguros de que te encantará este postre lleno de calcio. Puedes prepararlo con antelación y mantenerlo refrigerado unos días.

Tiempo de preparación: 10 minutos
Raciones: 2

2 tazas de cerezas congeladas (sin edulcorar)
1 taza de requesón biológico (semidesnatado o entero)
1 cáscara de limón biológico rallada
1 cucharada de zumo de limón
1 pellizco de sal marina
2 cucharadas de vino de oporto
1 cucharada de sirope de arce o de miel (optativo)
2 cucharadas de almendras laminadas (para adornar)

Mezclar los ingredientes en un procesador de alimentos o en una batidora hasta que la mezcla esté suave. Si te gusta que haya algunos trozos de cereza, guarda unas pocas para añadirlas al final. Adornar con almendras laminadas y servir.

Contenido de nutrientes por ración

Calorías: 339
Fibra: 4 g
Sodio: 195 mg

Proteínas: 16,5 g
Carbohidratos: 37 g
Grasas: 13 g

Pudin de calabaza

La calabaza tiene una carga glucémica muy baja y los huevos y la leche la rebajan aún más, así que, incluso con el sirope de arce, este sigue siendo un plato de carga glucémica baja que se merece que nos acordemos de él en una ocasión especial. ¡Échate a un lado, tarta de calabaza, esto sabe mucho mejor!

Tiempo de preparación: 10 minutos
Tiempo de horneado: 60 minutos
Raciones: 6

400 g de puré de calabaza en lata, sin edulcorar
½ taza de sirope de arce
1 cucharadita de canela molida
1 cucharada de jengibre picado y caramelizado
¼ de cucharadita de clavo molido
Una pizca de pimienta cayena molida
6 huevos grandes biológicos
1 taza de leche entera biológica
½ taza de nata biológica, montada (optativo)

Precalentar el horno a 205°. Untar ligeramente con mantequilla una sartén o una bandeja para horno. Mezclar los ingredientes en una batidora o un procesador de alimentos y hacerlos puré. Verter en la bandeja y hornear 10 minutos; después reducir a 175° durante 50 minutos. Sacar del horno, dejar enfriar y a continuación refrigerar 2-3 minutos para que se solidifique. Servir adornada con nata montada.

Contenido de nutrientes por ración

Calorías: 285
Fibra: 3 g
Sodio: 215 mg

Proteínas: 9,2 g
Carbohidratos: 26 g
Grasas: 8 g

Rociado de chocolate negro

Las frutas están riquísimas, pero saben aún mejor con este rociado especial.

Raciones: 2

60 gramos de chocolate negro

1 cucharada de mantequilla biológica

2 tazas de fruta (manzana, naranja, cerezas sin
hueso, fresas), cortada en trozos pequeños

2 cucharadas de los frutos secos troceados que se prefiera

Fundir el chocolate al baño maría, añadir la mantequilla y remover. Como alternativa, fundirlos juntos despacio en un tarro de vidrio en el microondas. Distribuir los trozos de fruta sobre un plato y añadir el chocolate y los frutos secos troceados. Servir inmediatamente o bien enfriar y guardar para después.

Contenido de nutrientes por ración

Calorías: 260
Fibra: 5 g
Sodio: 2 mg

Proteínas: 3,5 g
Carbohidratos: 33 g
Grasas: 16 g

Ensalada de frutas con menta, cáscara de limón y yogur griego

Esta deliciosa y sencilla ensalada de frutas está en la parte dedicada a los postres, pero también puede ser un excelente desayuno o tentempié. Utiliza yogur biológico entero, semidesnatado o desnatado, lo que prefieras, y cualquier fruta que te guste. Steven escoge dos o tres tipos de frutas del bosque, o bien manzana, peras, kiwis, uvas, melón o granada.

Tiempo de preparación: 5-10 minutos
Raciones: 2

1 taza de yogur griego biológico

2 tazas de frutas mezcladas

1 cucharada de cáscara de limón biológico rallada

1 cucharada de zumo de limón

¼ de taza de menta fresca troceada

2 cucharadas de nueces o de pistachos,
troceados y tostados

Mezclar todos los ingredientes en un cuenco para servir. Cubrir con los frutos secos.

Contenido de nutrientes por ración

Calorías: 193
Fibra: 4,2 g
Sodio: 155 mg

Proteínas: 6,8 g
Carbohidratos: 26,5 g
Grasas: 8 g

Frutas con crujiente de frutos secos

Se puede variar la fruta y los frutos secos con lo que se encuentre en la despensa, ¡y el resultado será siempre satisfactorio!

Tiempo de preparación: 15 minutos
Tiempo de horneado: 15 minutos
Raciones: 6

1 cucharadita de aceite de almendra (para la sartén para tartas)

2 cucharadas de mantequilla de almendra

2 cucharadas de mantequilla salada biológica

¼ de taza de sirope de arce

2 peras medianas, cortadas en dados de 1,5 cm

2 manzanas medianas, cortadas en dados de 1,5 cm

⅛ de cucharadita de sal

½ cucharadita de canela molida

½ naranja biológica mediana (el zumo y la cáscara rallada)

¼ de taza de vino de Oporto

1 taza de frambuesas frescas o de moras

¼ de taza de gachas de avena

½ taza de almendras laminadas

½ taza de nueces pacanas troceadas

½ taza de nata biológica, montada (optativo)

Precalentar el horno a 190°. Untar la sartén para tartas ligeramente con el aceite de almendra.

Calentar una cacerola mediana a fuego medio e incorporar la mantequilla de almendra, la mantequilla salada, el sirope de arce, las peras, las manzanas, la sal y la canela; cuando burbujee, añadir el zumo y la cáscara de la naranja. Reducir el fuego a bajo y añadir el vino de Oporto. Cocer a fuego lento 5 minutos; añadir las frambuesas y retirar del fuego.

Mientras tanto, calentar una sartén a fuego medio-bajo; tostar la avena 3-4 minutos, removiendo de vez en cuando, hasta que esté ligeramente dorada; añadir las almendras y las nueces pacanas, tostar otros 2 minutos hasta que estén calientes y retirar del fuego.

Verter la mezcla en la sartén para tartas; añadir la avena y los frutos secos por encima. Hornear 15 minutos y servir. Si se desea, cubrir cada ración con un poco de nata montada.

Contenido de nutrientes por ración

Calorías: 313	Proteínas: 5 g
Fibra: 7 g	Carbohidratos: 33 g
Sodio: 33 mg	Grasas: 19 g

REFERENCIAS

Las referencias siguientes se suministran para los lectores que estén interesados en obtener más información y en investigar más.

Capítulo 1. Una dieta rica en grasas para un cuerpo bajo en ellas

Astrup, A., et al. «Atkins and other low-carbohydrate diets: Hoax or an effective tool for weight loss?». *Lancet*. 2004; 364: 897-899.

Aude, Y. W., et al. «The National Cholesterol Education Program diet vs. a diet lower in carbohydrates and higher in protein and monounsaturated fat: A randomized trial». *Arch Intern Med*. 2004; 164 (19): 2141-2146.

Brehm, B. J., et al. «A randomized trial comparing a very low carbohydrate diet and a calorie-restricted low fat diet on body weight and cardiovascular risk factors in healthy women». *J Clin Endocrinol Metab*. 2003; 88: 1617-1623.

Foster, G. D., et al. «Randomized trial of a low-carb diet for obesity». *N Engl J Med*. 2003; 348: 2082-2090.

Kolasa, K. M. y Deen, D., ed., de Society of Teachers of Family Medicine Group on Nutrition. *Physician's Curriculum in Clinical Nutrition: Primary Care*. 2.ª ed. (Society of Teachers of Family Medicine, 2005).

Masley, S. C. «Dietary therapy for preventing and treating coronary artery disease». *Am Fam Physician*.1998; 57: 1299-1306.

———— . «Enhancing dietary adherence». *Permanente Forum*. Septiembre de 1998.

———— . «Group visits for chronic illness care». *Fam Pract Manag*. 2006; 13: 21-22.

————— . «Improving dietary compliance, how can we do a better job?». *Group Health Forum*. Octubre de 1996.

————— . «Measuring Physical Fitness». Capítulo 16 en Evans, C. H y White, R. D., eds. *Exercise Testing for Primary Care and Sports Medicine* (primavera de 2009).

————— . «Top five nutritional deficiencies, and how to correct them». *Cortlandt Forum*. Octubre/noviembre de 2008.

Masley, S. C. et al. «Aerobic exercise enhances cognitive flexibility». *J Clinical Psychol*. 2009; 16: 186-193.

————— . «Blood pressure as a predictor of CVD events in the elderly: The William E. Hale research program». *J Hum Hypertens*. 2006; 20 (6): 392-397.

————— . «Cardiovascular biomarkers and carotid IMT scores as predictors of cognitive function». *J Am Coll Nutr*. 2014; 33 (1): 63-69.

————— . «Effect of mercury levels and seafood intake on cognitive function in middle-aged adults». *Int Med*. 2012; 11: 32-40.

————— . «Efficacy of exercise and diet to modify markers of fitness and wellness». *Altern Ther Health Med*. 2008; 14: 24-29.

————— . «Emerging lifestyle factors predict carotid intimal media thickness scores». *Circulation*. 2014; 129: AP433.

————— . «Emerging risk factors as predictors of carotid intima media thickness scores». *J Am Coll Nutr*. 201534 (2): 100-107.

————— . «Group office visits change dietary habits of patients with coronary artery disease: The dietary intervention and evaluation trial (D.I.E.T.)». *J Fam Pract*. 2001; 50 (3): 235-239.

————— . «High-fiber, low-saturated fat diet combined with exercise enhances VO2max and lipid profiles». *Circulation*. 2006; 113: e380 (extracto).

————— . «Impact of an exercise and dietary program on weight loss». *J Am Coll Nutr*. 2005; 24: 431(extracto).

————— . «Planning group visits for high-risk patients». *Fam Pract Manag*. 2000: 7 (6): 33-36.

Samaha, F. F. et al. «A low-carb as compared with a low-fat diet in severe obesity». *N Engl J Med*. 2003; 348: 2074-2087.

Stern, L. et al. «The effects of low-carb versus conventional weight loss diets in severely obese adults: One-year follow up of a randomized trial». *Ann Intern Med*. 2004; 140: 778-885.

Theobold, M. y Masley, S. C. *A Guide to Group Visits for Chronic Condition Affected by Overweight and Obesity*. American Academy of Family Physicians, Americans in Motion (AIM) Monograph, 2008.

————— . *A Guide to Tobacco Cessation Group Visits. Ask and Act, a Tobacco Cessation Program*. American Academy of Family Physicians Monograph, 2007.

Willi, S. M. et al. «The effects of a high-protein, low-fat ketogenic diet on adolescents with morbid obesity: Body composition, blood chemistries, and sleep abnormalities». *Pediatrics*. 1998; 101: 61-67.

Capítulo 2. Por qué te pondrá delgado y sano la *fórmula de las grasas inteligentes*

Afshin, A. et al. «Consumption of nuts and legumes and risk of incident ischemic heart disease, stroke, and diabetes: A systematic review and meta-analysis». *Am J Clin Nutr*. 2014; 100: 278-288.

Akduman, B. et al. «Effect of statins on serum prostate-specific antigen levels». *Urology*. 2010; 76: 1048-1051.

Azadbakht, L. et al. «The dietary approaches to stop hypertension eating plan affects C-reactive protein, coagulation abnormalities, and hepatic function tests among type 2 diabetic patients». *J Nutr* 2011; 141: 1083-1088.

Bazzano, L. A. et al. «Effects of low-carb and low-fat diets». *Ann Intern Med*. 2014; 161: 309-318.

Berthold, H. K. et al. «Effect of a garlic oil preparation on serum lipoproteins and cholesterol metabolism (deodorized garlic)». *JAMA*. 1998; 279: 1900-1902.

Buil-Cosiales, P. et al. «Fiber intake and all-cause mortality in the Prevencion con Dieta Mediterranea (PREDIMED) study». *Am J Clin Nutr*. 2014; 100: 1498-1507.

Chait, A. y Kim, F. «Saturated fatty acids and inflammation: Who pays the toll?». *Arterioscler Thromb Vasc Biol*. 2010; 30: 692-693.

Chandalia, M. et al. «Beneficial effects of high dietary fiber intake in patients with type 2 diabetes mellitus». *N Engl J Med*. 2000; 342: 1392-1398.

Chowdhury, R. et al. «Association of dietary, circulating, and supplement fatty acids with coronary risk: A systematic review and meta-analysis». *Ann Intern Med*. 2014; 160 (6): 398-406.

Corona, G. «The effect of statin therapy on testosterone levels in subjects consulting for erectile dysfunction». *J Sex Med*. 2010; 7: 1547-1556.

Dansinger, M. L. et al. «Comparison of the Atkins, Ornish, Weight Watchers, and Zone diets for weight loss and heart disease risk reduction: A randomized trial». *JAMA*. 2005; 293 (1): 43-53.

Deopurkar, R. et al. «Differential effects of cream, glucose, and orange juice on inflammation, endotoxin, and the expression of toll-like receptor-4 and suppressor of cytokine signaling–3». *Diabetes Care*. 2010; 33: 991-997.

Dobs, A. et al. «Effects of high-dose simvastatin on adrenal and gonadal steroidogenesis in men with hypercholesterolemia». *Metabolism*. 2000; 29: 1234-1238.

Donnelly, J. E. et al. «Effects of a 16-month randomized controlled exercise trial on body weight and composition in young, overweight, men and women». *Arch Intern Med*. 2003; 163: 1343-1350.

Estruch, R. et al. «Primary prevention of cardiovascular disease with a Mediterranean diet». *N Engl J Med*. 2013; 368: 1279-1290.

Forsythe, C. E. et al. «Limited effect of dietary saturated fat on plasma saturated fat in the context of a low carbohydrate diet». *Lipids*. 2010; 45: 947-962.

Foster, G. D. et al. «A randomized trial of the effects of an almond-enriched, hypocaloric diet in the treatment of obesity». *Am J Clin Nutr.* 2012; 96 (2): 249-254.

Funaki, M. «Saturated fatty acids and insulin resistance». *J Med Invest.* 2009; 56: 88-92.

Grosso, G. et al. «Nut consumption on all-cause cardiovascular, and cancer mortality risk: A systematic review and meta-analysis of epidemiologic studies». *Am J Clin Nutr.* 2015; 101: 783-793.

Halton, T. L. y Hu, F. B. «The effects of high protein diets on thermogensis, satiety, and weight loss». *J Am Coll Nutr.* 2004; 23: 373-383.

Harcombe, Z. et al. «Evidence from randomized controlled trials did not support the introduction of dietary fat guidelines in 1977 and 1983: A systemic review and meta-analysis». *Open Heart.* 2015; 2: e000196. doi:10.1136/openhrt-2014-000196.

Harman, D. «Free radical theory of aging». *Mutat Res.* 1992; 275 (3-6): 257-266.

Himaya, A. et al. «Satiety power of dietary fat: A new appraisal». *Am J Clin Nutr.* 1997; 65 (5): 1410-1418.

Holt, S. H. A. et al. «A satiety index of common foods». *Eur J Clin Nutr.* 1995; 49: 675-690.

Hshieh, T. T. et al. «Nut consumption and risk of mortality in the Physicians' Health Study». *Am J Clin Nutr.* 2015; 101: 407-412.

Hu, F. B. «The Mediterranean diet and mortality: Olive oil and beyond». *N Engl J Med.* 2003; 108: 1554-1559.

Hu, F. B. et al. «Frequent nut consumption and risk of coronary heart disease in women». *BMJ.* 1998; 17: 1341-1345.

Kris-Etherton, P. M. et al. «The effects of nuts on coronary heart disease risk». *Nutr Rev.* 2001; 59: 103-111.

———— . «High-monounsaturated fatty acid diets lower both plasma cholesterol and triacylglycerol concentrations». *Am J Clin Nutr.* 1999; 70: 1009-1015.

Kuipers, R. S. et al. «Saturated fat, carbohydrates, and cardiovascular disease». *J Med.* 2011; 69: 372-378.

Larsen, L. F. et al. «Are olive oil diets antithrombotic? Diets enriched with olive, rapeseed, or sunflower oil affect postprandial factor VII differently». *Am J Clin Nutr.* 1999; 70: 976-982.

Lawrence, G. D. «Dietary fats and health: Dietary recommendations in the context of scientific evidence». *Adv Nutr.* 2013; 4: 294-302.

López-García, E. et al. «Consumption of trans fatty acids is related to plasma biomarkers of inflammation and endothelial dysfunction». *J Nutr.* 2005; 135: 562-566.

Messina, M. «Soy foods, isoflavones, and the health of postmenopausal women». *Am J Clin Nutr.* 2014; 100 (supl.): 423S-30S.

Muller, H. et al. «A diet rich in coconut oil reduces diurnal postprandial variations in circulating tissue plasminogen activator antigen and fasting lipoprotein (a) compared with a diet rich in unsaturated fat in women». *J Nutr*. 2003; 133: 3422-3427.

Nielsen, S. J. y Popkin, B. M. «Patterns and trends in food portion sizes, 1977-1998». *JAMA*. 2003; 289: 450-453.

Olshansky, S. J. et al. «A potential decline in life expectancy in the US in the 21st century». *N Engl J Med*. 2005; 352: 1138-1145.

Rajaram, S. «Health benefits of plant-derived alpha-linolenic acid». *Am J Clin Nutr*. 2014; 100 (supl.): 443S-448S.

Renaud, S. et al. «Cretan Mediterranean diet for prevention of coronary heart disease». *Am J Clin Nutr*. 1995; 61: 1360S-1367S.

Ridker, P. M. et al. «C-reactive protein and other markers of inflammation in the prediction of cardiovascular disease in women». *N Engl J Med*. 2000; 342: 836-843.

Rolls, B. J. et al. «What can intervention studies tell us about the relationship between fruit and vegetable consumption and weight management?». *Nutr Rev*. 2004; 62: 1-17.

Sabate, J. et al. «Effects of walnuts on serum lipid levels and blood pressure in men». *N Engl J Med*. 1993; 328: 603-607.

Sanders, T. A. B. «Plant compared with marine n-3 fatty acid effects on cardiovascular risk factors and outcomes: What is the verdict?». *Am J Clin Nutr*. 2014; 100 (supl.): 453S-458S.

Schwartz, E. A. et al. «Nutrient modification and the innate immune response: A novel mechanism by which saturated fatty acids greatly amplify monocyte inflammation». *Arterioscler Thromb Vasc Biol*. 2010; 30 (4): 802-808.

Sesso, H. D. et al. «C-reactive protein and the risk of developing hypertension». *JAMA*. 2003; 290: 2945-2951.

Silagy, C. A. y Neil, H. A. «A meta-analysis of the effect of garlic on blood pressure». *J Hypertens*. 1994; 12: 463-468.

Simopoulos, A. P. y De Meester, F., eds. *A Balanced Omega-6/Omega-3 Fatty Acid Ratio, Cholesterol and Coronary Heart Disease* (Karger, 2008).

Skender, M. L. et al. «Comparison of 2-year weight loss trends in behavioral treatments of obesity: Diet, exercise, and combination interventions». *J Am Diet Assoc*. 1996; 96: 342-346.

Smith, S. C. «Need for a paradigm shift: The importance of risk factor reduction therapy in treating patients with cardiovascular disease». *Am J Cardiol*. 1998; 82: 10-13.

Solà, R. et al. «Cocoa, hazelnuts, sterols, and soluble fiber cream reduce lipids and inflammation biomarkers in hypertensive patients». *PLoS ONE*. 2012; 7 (2): e31103.doi: 10.1371/journal.pone.0031103.

Spiller, G. A. et al. «Effects of plant-based diets high in raw or roasted almonds or almond butter on serum lipoproteins in humans». *J Am Coll Nutr*. 2003; 22: 195-200.

Srivastava, K. C. et al. «Effects of a garlic-derived principle on aggregation and arachidonic acid metabolism in human blood platelets». *Prostaglandins Leukot Essent Fatty Acids*. 1993; 49: 587-595.

Steiner, M. et al. «A double-blind crossover study in moderately hypercholesterolemic men that compared the effect of aged garlic extract and placebo administration on blood lipids». *Am J Clin Nutr*. 1996; 64: 866-870.

St-Onge, M. P. «Dietary fats, teas, dairy and nuts: Potential functional foods for weight control?». *Am J Clin Nutr.* 2005; 81: 7-15.

Streppel, M. T. et al. «Dietary fiber and blood pressure». *Arch Intern Med*. 2005; 165: 150-156.

Tan, S. Y. et al. «A review of the effects of nuts on appetite, food intake, metabolism, and body weight». *Am J Clin Nutr*. 2014; 100 (supl.): 412S-422S.

Tattelman, E. «Health effects of garlic». *Am Fam Physician*. 2005; 72: 103-106.

U.S. Department of Health and Human Services, Agency for Healthcare Research and Quality. «Health effects of omega-3 fatty acids on cardiovascular risk factors and intermediate markers of cardiovascular disease». Marzo de 2004. http://archive.ahrq.gov/clinic/tp/o3cardrisktp.htm.

Van de Laar, R. J. J. et al. «Lower lifetime dietary fiber intake is associated with carotid artery stiffness». *Am J Clin Nutr.* 2012; 96: 14-23.

Willett, W. C. «Dietary fat and obesity: An unconvincing relation». *Am J Clin Nutr.* 1998; 68: 1149-1150.

Wing, R. R. y Hill, J. O. «Successful weight loss maintenance». *Ann Rev Nutr.* 2001; 21: 323-341.

Yakoob, M. Y. et al. «Circulating biomarkers of dairy fat and risk of incident stroke in US men and women in 2 large prospective cohorts». *Am J Clin Nutr.* 2014; 100: 1437-1447.

Yaqoob, P. et al. «Effect of olive oil on immune function in middle-aged men». *Am J Clin Nutr.* 1998; 67: 129-135.

Yusuf, S. et al. «Effect of potentially modifiable risk factors associated with myocardial infarction in 52 countries (the INTERHEART study)». *Lancet*. 2004; 364: 937-952.

Zhao, G. et al. «Dietary alpha-linolenic acid inhibits proinflammatory cytokine production by peripheral blood mononuclear cells in hypercholesterolemic subjects». *Am J Clin Nutr.* 2007; 85: 385-391.

Capítulo 3. Qué no comer

Bellavia, A. et al. «Differences in survival associated with processed and with nonprocessed red meat consumption». *Am J Clin Nutr.* 2014; 100: 924-929.

Byers, T. «Hardened fats, hardened arteries?». *N Engl J Med.* 1997; 337: 1544-1545.

Daley, C. A. et al. «A review of fatty acid profiles and antioxidant content in grass-fed and grain-fed beef». *Nutrition Journal.* 2010; 9: 10.

Di Nicolantonio, J. J. et al. «The wrong white crystals: Not salt but sugar as aetiological in hypertension and cardiometabolic disease». *Open Heart.* 2014; 1e000167.doi: 10.1136/openhrt-2014-000167.

Fuller, N. R. et al. «The effect of a high-egg diet on cardiovascular risk factors in people with type 2 diabetes: The Diabetes and Egg (DIABEGG) study». *Am J Clin Nutr.* 2015; 101: 705-713.

Judd, J. T. et al. «Effects of margarine compared with those of butter on blood lipid profiles related to cardiovascular disease risk factors in normolipemic adults fed controlled diets». *Am J Clin Nutr.* 1998; 68: 768-777.

King, I. B. et al. «Serum trans-fatty acids are associated with risk of prostate cancer in beta-carotene and retinol efficacy trial». *Cancer Epidemiol Biomarkers Prev.* 2005; 14: 988-992.

Kris-Etherton, P. M. y Nicolosi, R. J. «Trans fatty acids and coronary heart disease risk: Report of the expert panel on trans fatty acids and coronary heart disease». *Am J Clin Nutr.* 1995; 62 (3): 655S-708S.

Pesatori, A. C. et al. «Cancer incidence in the population exposed to dioxin after the Seveso accident». *Environ Health.* 2009; 8: 39.

Raloff, J. «Hormones: Here's the Beef». *Science News Online.* http://www.phschool.com/science/science_news/articles/hormones_beef.html.

Ramsden, C. E. et al. «Lowering dietary linoleic acid reduces bioactive oxidized linoleic acid metabolites in humans». *Prostaglandins Leukot Essent Fatty Acids.* 2012; 87 (4-5): 135-141.

Ramsden, C. E. et al. «Use of dietary linoleic acid for secondary prevention of coronary heart disease and death: Evaluation of recovered data from the Sydney Diet Heart Study and updated meta-analysis». *BMJ.* 2013; 346: e8707.

Simopoulos, A. P. «The importance of the ratio of omega-6/omega-3 fatty acids». *Biomed Pharmacother.* 2002; 56: 365-379.

Vega, C. P. «Is Sugar the Real Culprit Behind Hypertension?». *Medscape.* http://www.medscape.org/viewarticle/837050.

White, S. S. y Birnbaum, L. S. «An overview of the effects of dioxins and dioxin-like compounds on vertebrates, as documented in human and ecological epidemiology». *J Environ Sci Health C Environ Carcinog Ecotoxicol Rev.* Octubre de 2009; 27 (4): 197-211.

Capítulo 4. Desaprende todo lo que sabes sobre los alimentos

«About Metabolic Syndrome». American Heart Association. http://www.heart.org/HEARTORG/Conditions/More/MetabolicSyndrome/About-Metabolic-Syndrome_UCM_301920_Article.jsp.

Albu, J. B. et al. «Metabolic changes following a 1-year diet and exercise intervention in patients with type 2 diabetes». *Diabetes.* 2010; 59 (3): 627-633.

American Heart Association. «Heart Disease and Stroke Continue to Threaten U.S. Health: American Heart Association Annual Statistical Update». http://newsroom.heart.org/news/heart-disease-and-stroke-continue-to-threaten-u-s-health.

Anderson, G. H. y Woodend, D. «Effect of glycemic carbohydrates on short-term satiety and food intake». *Nutr Rev.* 2003; 61: S17-S26.

Aude, Y. W. et al. «The National Cholesterol Education Program diet vs. a diet lower in carbohydrates and higher in protein and monounsaturated fat: A randomized trial». *Arch Intern Med*. 2004; 164 (19): 2141-2146.

Aune, D. et al. «Carbohydrates, glycemic index, glycemic load, and colorectal cancer risk». *Cancer Causes Control*. 2012; 23: 521-535.

Brand-Miller, J. C. et al. «Glycemic index and obesity». *Am J Clin Nutr.* 2002; 76: 281S-285S.

——— . «Glycemic load and chronic disease». *Nutr Rev.* 2003; 61: S49-S55.

——— . *The New Glucose Revolution* (Marlowe, 2003).

Bray, G. A. «How bad is fructose?». *Am J Clin Nutr.* 2007; 86: 895-896.

Bruce, W. R. et al. «Mechanisms linking diet and colorectal cancer». *Nutr Cancer.* 2000; 37: 19-26.

Chowdhury, R. et al. «Association of dietary, circulating, and supplement fatty acids with coronary risk: A systematic review and meta-analysis». *Ann Intern Med.* 2014; 160 (6): 398-406.

Dong, J. Y. y Qin, L. Q. «Dietary glycemic index, glycemic load, and risk of breast cancer». *Breast Cancer Res Treat.* 2011; 126: 287-294.

Eckel, R. H. et al. «The metabolic syndrome». *Lancet*. 2005; 365: 1415-1428.

Frost, G. «Glycaemic index as a determinant of serum HDL-cholesterol concentration». *Lancet*. 1999; 353: 1045-1048.

Giacco, R. et al. «Long-term dietary treatment with increased amounts of fibre-rich low-glycemic index natural foods improves blood glucose control and reduces the number of hypoglycemic events in type 1 diabetic patients». *Diabetes Care*. 2000; 23: 1461-1466.

Grundy, S. M. «Inflammation, hypertension, and the metabolic syndrome». *JAMA*. 2003; 290: 3000-3002.

Grundy, S. M. et al. «AHA/NHLBI Scientific Statement: Diagnosis and management of the metabolic syndrome». *Circulation*. 2005; 112: 2735-2752.

Henry, F. I. et al. «The metabolic syndrome, cardiopulmonary fitness, and subcutaneous trunk fat as independent determinants of arterial stiffness: The Amsterdam Growth and Health Longitudinal Study». *Arch Intern Med.* 2005; 165: 875-882.

Hu, J. et al. «Glycemic index, glycemic load and cancer risk». *Ann Oncol*. 2013; 24: 245-251.

«IDF Worldwide Definition of the Metabolic Syndrome». *International Diabetes Federation*. http://www.idf.org/metabolic-syndrome.

Jessup, A. et al. «Metabolic syndrome: Look for it in children and adolescents, too!». *Clin Diabetes*. 2005; 23: 26-32.

Johnson, R. J. et al. «Potential role of sugar (fructose) in the epidemic of hypertension, obesity and the metabolic syndrome, diabetes, kidney disease, and cardiovascular disease». *Am J Clin Nutr.* 2007; 86 (4): 899-906.

Kumari, M. et al. «Minireview: Mechanisms by which the metabolic syndrome and diabetes impair memory». *J Gerontol A Biol Sci Med Sci*. 2000; 55 (5): B228-B232.

Laukkanen, J. A. et al. «Metabolic syndrome and the risk of prostate cancer in Finnish men: A population based study». *Cancer Epidemiol Biomarkers Prev.* 2004; 13: 1646-1650.

Mancini, M. C. «Metabolic syndrome in children and adolescents: Criteria for diagnosis». *Diabetol Metab Syndr.* 2009; 1: 20.

McKeown, N. M. et al. «Carbohydrate nutrition, insulin resistance, and the prevalence of the metabolic syndrome in the Framingham Offspring Cohort». *Diabetes Care.* 2004; 27: 538-546.

Ness, K. K. et al. «Prevalence of the metabolic syndrome in relation to self-reported cancer history». *Ann Epidemiol.* 2005; 15: 202-206.

Orchard, T. J. et al. «The effect of Metformin and intensive lifestyle intervention on the metabolic syndrome: The Diabetes Prevention Program randomized trial». *Ann Intern Med.* 2005; 142: 611-619.

Reaven, G. M. «Diet and Syndrome X». *Curr Atheroscler Rep.* 2000; 2: 503-507.
———— . «Metabolic syndrome: Pathophysiology and implications for management of cardiovascular disease». *Circulation.* 2002; 106: 286-288.

Salmeron, J. et al. «Dietary fiber, glycemic load, and risk of non-insulin-dependent diabetes in women». *JAMA.* 1997; 277: 472-477.

Salonen, J. T. et al. «HDL, HDL2, and HDL3 subfractions, and the risk of acute myocardial infarction: A prospective population study in eastern Finnish men». *Circulation.* 1991; 84: 129-139.

Samaha, F. F. et al. «A low-carbohydrate as compared with a low-fat diet in severe obesity». *N Engl J Med.* 2003; 348: 2074-2081.

Saris, W. H. M. «Glycemic carbohydrate and body weight regulation». *Nutr Rev.* 2003; 61: S10-S16.

Siri-Tarino, P. W. et al. «Meta-analysis of prospective cohort studies evaluating the association of saturated fat with cardiovascular disease». *Am J Clin Nutr.* 2010; 91 (3): 535-546.

Sondike, S. B. et al. «Effects of a low-carbohydrate diet on weight loss and cardiovascular risk factor in overweight adolescents». *J Pediatrics.* 2003; 142 (3): 253-258.

Spies, C. et al. «Association of metabolic syndrome with exercise capacity and heart rate recovery in patients with coronary heart disease in the heart and soul study». *Am J Cardiol.* 2005; 95: 1175-1179.

Staff of the Select Committee on Nutrition and Human Needs. «Dietary Goals for the United States», presentado al Senado de los Estados Unidos, congreso 95, primera sesión, febrero de1977 (USGPO, 1977).

U.S. Department of Agriculture. «Profiling Food Consumption in America». Capítulo 2 de *Agriculture Fact Book 2001-2002* (USGPO, 2003), 13-21. http://www.usda.gov/factbook/2002factbook.pdf.

Volek, J. S. et al. «Carbohydrate restriction has a more favorable impact on the metabolic syndrome than a low fat diet». *Lipids.* 2009; 44 (4): 297-309.

Willett, W. et al. «Glycemic index, glycemic load, and risk of type 2 diabetes». *Am J Clin Nutr.* 2002; 76: 274S-280S.

9

Wolever, T. M. S. «The glycemic index». *World Rev Nutr Diet*. 1990; 62: 120-185.

Capítulo 5. La *fórmula de las grasas inteligentes*

Baer, D. J. et al. «Whey protein but not soy protein supplementation alters body weight and composition in free-living overweight and obese adults». *J Nutr.* 2011; 141 (8): 1489-1494.

Claesson, A. L. et al. «Two weeks of overfeeding with candy, but not peanuts, increases insulin levels and body weight. Only peanuts raise TMB». *Clin Lab Invest*. 2009; 69 (5): 598-605.

Coker, R. H. et al. «Whey protein and essential amino acids promote the reduction of adipose tissue and increased muscle protein synthesis during caloric restriction–induced weight loss in elderly, obese individuals». *Nutr J*. 2012; 11: 105.

Cruz-Neto, A. P. y Bozinovic, F. «The relationship between diet quality and basal metabolic rate in endotherms: Insights from intraspecific analysis». *Physiol Biochem Zool*. 2004; 77 (6): 877-889.

Fontvieille, A. M. et al. «Twenty-four-hour energy expenditure in Pima Indians with type 2 (non-insulin-dependent) diabetes mellitus». *Diabetologia*. 1992; 35 (8): 753-759.

Hall, W. L. «Dietary saturated and unsaturated fats as determinants of blood pressure and vascular function». *Nutr Res Rev.* 2009; 22: 18-38.

Halton, T. L. y Hu, F. B. «The effects of high protein diets on thermogenesis, satiety, and weight loss». *J Am Coll Nutr*. 2004; 23: 373-383.

Hermsdorff, H. H. et al. «Macronutrient profile affects diet-induced thermogenesis and energy intake» (artículo en portugués). *Arch Latinoam Nutr*. 2007; 57 (1): 33-42.

Kantor, E. D. et al. «Lifestyle factors and inflammation: Associations by body mass index». *PLoS One*. 2013; 8 (7): e67833. doi: 10.1371/journal.pone.0067833.

Nicholls, S. J. et al. «Consumption of saturated fat impairs the anti-inflammatory properties of HDL lipoproteins and endothelial function». *J Am Coll Cardiol*. 2006; 48: 715-720.

Phillips, C. M. et al. «Obesity and body fat classification in the metabolic syndrome: Impact on cardiometabolic risk metabotype». *Obesity*. 2013; 21: E154-E161.

Sousa, G. T. D. et al. «Dietary whey protein lessens several risk factors for metabolic diseases: A review». *Lipids Health Dis*. 2012; 11: 67.

Wareham, N. J. et al. «Glucose intolerance and physical inactivity: The relative importance of low habitual energy expenditure and cardiorespiratory fitness». *Am J Epidemiol*. 2000; 152 (2): 132-139.

Capítulo 6. El plan de treinta días comidas grasa-inteligentes

Ahmed, N. et al. «Green tea polyphenols and cancer: Biologic mechanisms and practical implications». *Nutr Rev*. 1999; 57: 78-83.

Bell, S. J. et al. «A functional food product for the management of weight». *Crit Rev Food Sci Nutr*. 2002; 42: 163-178.

Geleijnse, J. M. et al. «Inverse association of tea and flavonoid intakes with incident myocardial infarction: The Rotterdam Study». *Am J Clin Nutr*. 2002; 75: 880-886.

Ishikawa, T. et al. «Effect of tea flavonoid supplementation on the susceptibility of low-density lipoprotein to oxidative modification». *Am J Clin Nutr*. 1997; 66: 261-266.

Weinreb, O. et al. «Neurological mechanisms of green tea polyphenols in Alzheimer's and Parkinson's diseases». *J Nutr Biochem*. 2004; 15: 506-516.

Capítulo 7. Guía del usuario de las Grasas Inteligentes

Abou-Donia, M. B. et al. «Splenda alters gut microflora and increases intestinal p-glycoprotein and cytochrome p-450 in male rats». *J Toxicol Environ Health A*. 2008; 71 (21): 1415-1429.

Arkadianos, I. et al. «Improved weight management using genetic information to personalize a calorie controlled diet». *Nutr J*. 2007; 18: 6-29.

Astrup, A. «A changing view on saturated fatty acids and dairy: From enemy to friend». *Am J Clin Nutr*. 2014; 100: 1407-1408.

Bagnardi, V. et al. «Alcohol consumption and the risk of cancer: A meta-analysis». *Alcohol Research and Health*. 2001; 25 (4): 263-270. http://pubs.niaaa.nih.gov/publications/arh25-4/263-270.pdf. «Beer and spirits, but not wine, raise the risk of upper digestive tract cancer». *BMJ*. 1998; 317: c.

Berger, K. et al. «Light to moderate alcohol consumption and the risk of stroke among US male physicians». *N Engl J Med*. 1999; 341: 1557-1564.

Burke, L. E. et al. «Self-monitoring in weight loss: A systematic review of the literature». *J Am Diet Assoc*. 2011; 111 (1): 92-102.

Bush, N. C. et al. «Dietary calcium intake is associated with less gain in intra-abdominal adipose tissue over 1 year». *Obesity*. 2010; 18 (11): 2101-2104.

Djousse, L. y Gaziano, J. M. «Egg consumption and risk of heart failure in the Physicians' Health Study». *Circulation*. 2008; 117: 512-516.

Drehmer, M. et al. «Associations of dairy intake with glycemia and insulinemia independent of obesity in Brazilian adults». *Am J Clin Nutr*. 2015; 101: 775-782.

Dreon, D. M. et al. «Change in dietary saturated fat intake is correlated with change in mass of large low-density-lipoprotein particles in men». *Am J Clin Nutr*. 1998; 67 (5): 828-836.

Druggan, C. et al. «Protective nutrients and functional foods for the gastrointestinal tract». *Am J Clin Nutr*. 2002; 75: 789-808.

Faridi, Z. et al. «Acute dark chocolate and cocoa ingestion and endothelial function». *Am J Clin Nutr*. 2008; 88: 58-63.

Fernández, M. L. «Dietary cholesterol provided by eggs and plasma lipoproteins in healthy populations». *Curr Opin Clin Nutr Metab Care*. 2006; 9: 8-12.

Fraga, C. G. «Cocoa, diabetes, and hypertension: Should we eat more chocolate?». *Am J Clin Nutr*. 2005; 81: 541-542.

Gilbert, J. A. et al. «Milk supplementation facilitates appetite control in obese women during weight loss: A randomised, single-blind, placebo-controlled trial». *Br J Nutr*. 2011; 105 (1): 133-143.

Grassi, D. et al. «Short term administration of dark chocolate is followed by a significant increase in insulin sensitivity and a decrease in blood pressure in healthy persons». *Am J Clin Nutr*. 2005; 81: 611-614.

Hainer, V. et al. «Role of hereditary factors in weight loss and its maintenance». *Physiol Res*. 2008; 57 (supl. 1): S1-15.

Hardy, D. S. et al. «Macronutrient intake as a mediator with FTO to increase body mass index». *J Am Coll Nutr*. 2014; 33 (4): 256-266.

Harvard, T. H. Chan School of Public Health. «Eggs and Heart Disease». *Nutrition Source*. http://www.hsph.harvard.edu/nutritionsource/eggs/#1.

Holahan, C. J. et al. «Wine consumption and 20-year mortality among late life moderate drinkers». *Ann Intern Med*. 2000; 133: 411-419.

Hollis, J. F. et al. «Weight loss during the intensive intervention phase of the Weight-Loss Maintenance Trial». *Am J Preventive Med*. 2008; 35 (2): 118-126.

Hu, F. B. et al. «A prospective study of egg consumption and risk of cardiovascular disease in men and women». *JAMA*. 1999; 281: 1387-1394.

Jenkins, D. J. A. et al. «Effect of legumes as part of a low glycemic index diet on glycemic control and cardiovascular risk factors in type 2 diabetes mellitus». *Arch Intern Med*. 2012; 172: 1653-1660.

Jill, J. O. «What do you say when your patients ask whether low-calorie sweeteners help with weight management?». *Am J Clin Nutr*. 2014; 100: 739-740.

Josse, A. R. et al. «Increased consumption of dairy foods and protein during diet-and exercise-induced weight loss promotes fat mass loss and lean mass gain in overweight and obese premenopausal women». *J Nutr*. 2011; 141 (9): 1626-1634.

Klatsky, A. L. et al. «Alcohol and mortality». *Ann Intern Med*. 1992; 117: 646-654.

Kligler, B. y Cohrssen, A. «Probiotics». *Am Fam Physician*. 2008; 78: 1073-1078.

Leonard, M. M. y Vasgar, B. «US perspective on gluten-related diseases». *Clin Experiment Gastroenterol*. 2014; 7: 25-37.

Major, G. C. et al. «Calcium plus vitamin D supplementation and fat mass loss in female very low-calcium consumers: Potential link with a calcium-specific appetite control». *Br J Nutr*. 2009; 101 (5): 659-663.

———. «Supplementation with calcium + vitamin D enhances the beneficial effect of weight loss on plasma lipid and lipoprotein concentrations». *Am J Clin Nutr*. 2007; 85 (1): 54-59.

Matroiacovo, D. et al. «Cocoa flavanol consumption improves cognitive function, blood pressure control, and metabolic profile in elderly subjects». *Am J Clin Nutr*. 2015; 101: 538-548.

Matsumoto, C. et al. «Chocolate consumption and risk of diabetes mellitus in the Physicians' Health Study». *Am J Clin Nutr*. 2015; 101: 362-367.

Merino, J. et al. «Is complying with the recommendations of sodium intake beneficial for health in individuals at high cardiovascular risk? Findings from the PREDIMED study». *Am J Clin Nutr*. 2015: 101 (3): 440-448.

Messina, V. «Nutritional and health benefits of dried beans». *Am J Clin Nutr*. 2014; 100 (supl. 1): 437S-42S.

Miller, P. E. et al. «Low-calorie sweeteners and body weight and composition: A meta-analysis of randomized controlled trials and prospective cohort studies». *Am J Clin Nutr*. 2014; 100: 765-777.

Moreno-Aliaga, M. J., et al. «Does weight loss prognosis depend on genetic make-up?». *Obes Rev.* 2004; 6 (2): 155-168.

Razquin, C. et al. «A 3-year intervention with a Mediterranean diet modified the association between the rs9939609 gene variant in FTO and body weight changes». *International Journal of Obesity,* 2010; 34: 266-272.

Rein, D. et al. «Cocoa inhibits platelet activation and function». *Am J Clin Nutr*. 2000; 72: 30-35.

Rimm, E. B. y Ellison, R. C. «Alcohol in the Mediterranean diet». *Am J Clin Nutr*. 1995; 61: 1378-1382.

Rodríguez-Rodríguez, E. et al. «An adequate calcium intake could help achieve weight loss in overweight/obese women following hypocaloric diets». *Ann Nutr Metab*. 2010; 57 (2): 95-102.

Saavedra, J. M. «Clinical applications of probiotic agents». *Am J Clin Nutr*. 2001; 73: 1147S-51S.

Sacks, F. M. et al. «Effects of high vs. low glycemic index of dietary carbohydrate on cardiovascular disease risk factors and insulin sensitivity». *JAMA*. 2014; 312: 2531-2541.

Shahar, D. R. et al. «Does dairy calcium intake enhance weight loss among overweight diabetic patients?». *Diabetes Care*. 2007; 30 (3): 485-489.

Solomon, C. G. et al. «Moderate alcohol consumption and risk of coronary heart disease among women with type 2 diabetes». *Circulation*. 2000; 102: 494-499.

Taubert, D. et al. «Effects of low habitual cocoa intake on blood pressure and bioactive nitric oxide». *JAMA*. 2007; 298: 49-60.

Thun, M. J. et al. «Alcohol consumption and mortality among middle aged and elderly US adults». *N Engl J Med*. 1997; 337: 1705-1714.

Wan, Y. et al. «Effects of cocoa powder and dark chocolate on LDL oxidative susceptibility and prostaglandin concentrations in humans». *Am J Clin Nutr*. 2001; 74: 596-602.

Yanovski, J. A. et al. «Effects of calcium supplementation on body weight and adiposity in overweight and obese adults: A randomized trial». *Ann Intern Med*. 2009; 150 (12): 821-829, W145-46.

Zemel, M. B. y Miller, S. L. «Dietary calcium and dairy modulation of adiposity and obesity risk». *Nutr Rev*. 2004; 62: 125-131.

Zhang, Z. et al. «A high legume low glycemic index diet improves serum lipid profiles in men». *Lipids*. 2010; 45: 765-775.

Capítulo 8. Suplementos inteligentes

Adams, J. et al. «Vitamin K in the treatment and prevention of osteoporosis and arterial calcification». *Am J Health Syst Pharm*. 2005; 62: 1574-1581.

Albert, B. B. et al. «Fish oil supplements in New Zealand are highly oxidized and do not meet label content of n–3 PUFA». *Sci Rep*. 2015; 5: 7928. doi: 10.1038/srep07928.

Ascherio, A. et al. «Dietary intake of marine n-3 fatty acids, fish intake, and the risk of coronary disease among men». *N Engl J Med*. 1995; 332: 977-982.

Avogaro, P. et al. «Acute effects of L-carnitine on FFA and beta-OH-butyrate in man». *Pharmacol Res Commun*. 1981; 13 (5): 443-450.

Backes, J. M. y Howard, P. A. «Association of HMG-Coreductase inhibitors with neuropathy». *Ann Pharmacother*. 2003; 37: 274-278.

Basu, A. «Green tea supplementation affects body weight, lipids, and lipid peroxidation in obese subjects with metabolic syndrome». *J Am Coll Nutr*. 2010; 29 (1): 31-40.

Bayet-Rober, M. et al. «Phase I dose escalation trial of docetaxel plus curcumin in patients with advanced and metastatic breast cancer». *Cancer Biol Ther*. 2010; 9 (1): 8-14.

Belluzzi, A. et al. «Effect of an enteric-coated fish oil preparation on relapses in Crohn's disease». *N Engl J Med*. 1996; 334: 1557-1560.

Bischoff-Ferrari, H. A. et al. «Estimation of optimal serum concentrations of 25-hydroxyvitamin D for multiple health outcomes». *Am J Clin Nutr*. 2006; 84: 18-28.

Bo, S. y Pisu, E. «Role of dietary magnesium in cardiovascular disease prevention, insulin sensitivity and diabetes». *Curr Opin Lipidol*. Febrero de 2008; 19 (1): 50-56.

Bordelon, P. et al. «Vitamin D deficiency». *Am Fam Physician*. 2009; 80: 840-846.

Boschmann, M. y Thielecke, F. «The effects of epigallocatechin–3-gallate on thermogenesis and fat oxidation in obese men: A pilot study». *J Am Coll Nutr*. 2007; 26 (4): 389S-395S.

Bowden, R. G. et al. «Fish oil supplementation lowers CRP levels independent of triglyceride reductions in patients with end stage renal disease». *Nutr Clin Pract*. 2009; 24 (4): 508-512.

Chapuy, M. C. et al. «Vitamin D3 and calcium to prevent hip fractures in elderly women». *N Engl J Med*. 1992; 327: 1637-1642.

Chiuve, S. E. et al. «Plasma and dietary magnesium and risk of sudden cardiac death in women». *Am J Clin Nutr*. 2011; 93: 253-260.

Cockayne, S. et al. «Vitamin K and the prevention of fractures». *Arch Intern Med*. 2006; 166: 1256-1261.

Covington, M. B. «Omega–3 fatty acids». *Am Fam Physician*. 2004; 70 (1): 133-140.

Darlington, L. G. et al. «Review of dietary therapy for rheumatoid arthritis». *Br J Rheum*. 1993; 32: 507-514.

Davis, C. D. «Vitamin D and cancer: Current dilemmas and future research needs». *Am J Clin Nutr*. 2008; 88: 565S-569S.

De Lorgeril, M. et al. «Mediterranean alpha-linolenic acid rich diet in secondary prevention of coronary heart disease». *Lancet*. 1994; 343: 1454-1459.

Dulloo, A. G. et al. «Efficacy of a green tea extract rich in catechin polyphenols and caffeine in increasing 24-h energy expenditure and fat oxidation in humans». *Am J Clin Nutr*. 1999; 70 (6): 1040-1045.

Ebbing, M. et al. «Cancer incidence and mortality after treatment with folic acid and vitamin B12». *JAMA*. 2009; 302: 2119-2126.

Farzaneh-Far, R. et al. «Association of marine omega–3 fatty acid levels with telomeric aging in patients with coronary heart disease». *JAMA*. 2010; 303: 250-257.

Freemont, L. «Biological effects of resveratrol». *Life Sci*. 2000; 66 (8): 663-673.

Garg, S. et al. «Evaluation of vitamin D medicines and dietary supplements and the physicochemical analysis of selected formulations». *J Nutr Health Aging*. 2013; 17: 158-161.

Garland, C. F. et al. «Can colon cancer incidence and death rates be reduced with calcium and vitamin D?». *Am J Clin Nutr*. 1991; 54: 193S-203S.

————— . «Vitamin D for cancer prevention: Global perspective». *Ann Epidemiol*. 2009; 19: 468-483.

Gaziano, J. M. et al. «Multivitamins in the prevention of cancer in men». *JAMA*. 2012; 308: 1871-1880.

Geleijnse, J. M. et al. «Inverse association of tea and flavonoid intakes with incident myocardial infarction: The Rotterdam Study». *Am J Clin Nutr*. 2002; 75: 880-886.

GISSI-Prevenzione Investigators. «Vitamin E and fish oil for cardiovascular disease». *Lancet*. 1999; 354: 471.

Heaney, R. P. «Vitamin D and calcium interactions: Functional outcomes». *Am J Clin Nutr*. 2008; 88: 541S-544S.

Heaney, R. P. et al. «Vitamin D3 distribution and status in the body». *J Am Coll Nutr*. 2009; 28: 252-256.

Heaney, R. P. et al. «Vitamin D(3) is more potent than vitamin D(2) in humans». *J Clin Endocrinol Metab*. 2011; 96 (3): E447-E452.

Hendler, S. *PDR for Nutritional Supplements*. 2ª ed. (PDR Network, 2008), 152.

Hill, A. M. et al. «Can EGCG reduce abdominal fat in obese subjects?». *J Am Coll Nutr*. 2007; 26 (4): 396S-402S.

Hininger-Favier, I. «Green tea extract decreases oxidative stress and improves insulin sensitivity in an animal model of insulin resistance, the fructose-fed rat». *J Am Coll Nutr*. Agosto de 2009; 28 (4): 355-361.

Hodis, H. N. et al. «Alpha-tocopherol supplementation in healthy individuals reduces low-density lipoprotein oxidation but not atherosclerosis: VEAPS». *Circulation*. 2002; 106: 1453-1459.

Holick, M. F. «The sunlight "D"ilemma: Risk of skin cancer or bone disease and muscle weakness». *Lancet*. 2001; 358: 1500-1503.

———— . «Vitamin D deficiency». *New Engl J Med*. 2007; 357: 266-281.

———— . «Vitamin D: Importance in the prevention of cancers, type 1 diabetes, heart disease, and osteoporosis». *Am J Clin Nutr*. 2004; 79: 362-371.

Holick, M. F. y Jenkins, M. *The UV Advantage* (iBooks, 2004).

Hu, F. B. et al. «Dietary intake of alpha linolenic acid and risk of fatal ischemic heart disease among women». *Am J Clin Nutr*. 1999; 69: 890-897.

———— . «Fish and omega–3 fatty acid intake and risk of coronary heart disease in women». *JAMA*. 2002; 287: 1815-1821.

Jiao, J. «Effect of n-3 PUFA supplementation on cognitive function throughout the life span from infancy to old age: a systematic review and meta-analysis of randomized controlled trials». *Am J Clin Nutr*. 2014; 100 (6):1422-1436. doi: 10.3945/ajcn.114.095315. Epub del 15 de octubre de 2014.

Kim, Y. A. et al. «Antiproliferative effect of resveratrol in human prostate carcinoma cells». *J Med Food*. 2003; 6 (4): 273-280.

Kimball, S. M. et al. «Safety of vitamin D3 in adults with multiple sclerosis». *Am J Clin Nutr*. 2007; 86: 645-651.

Kuehn, B. M. «High calcium intake linked to heart disease, death». *JAMA*. 2013; 309 (10): 972.

Lappe, J. M. et al. «Vitamin D and calcium supplementation reduces cancer risk: Results of a randomized trial». *Am J Clin Nutr*. 2007; 85: 1586-1591.

Larsson, S. C. et al. «Dietary magnesium intake and risk of stroke». *Am J Clin Nutr*. 2012; 95: 362-366.

Lichtenstein, A. H. y Russell, R. M. «Essential nutrients: Food or supplements?». *JAMA*. 2005; 294: 351-358.

Lieberman, S. *Dare to Lose: 4 Simple Steps to a Better Body* (Avery/Penguin, 2002).

Liu, K. et al. «Effect of resveratrol on glucose control and insulin sensitivity: A meta-analysis of 11randomized controlled trials». *Am J Clin Nutr*. 2014; 99 (6): 1510-1519.

Lin, Y. F. et al. «Curcumin inhibits tumor growth and angiogenesis in ovarian carcinoma by targeting the nuclear factor-kappa pathway». *Clin Cancer Res*. 2007; 12: 3423-3430.

Logan, A. C. «Omega-3 fatty acids and major depression: A primer for the mental health professional». *Lipids Health Dis*. 2004; 3: 25. Publicado *online* el 9 de noviembre de 2004. doi: 10.1186/1476-511X-3-25.

Lucock, M. et al. «Folic acid fortification: A double-edged sword». *Curr Opin Clin Nutr Metab Care*. 2009; 12: 555-564.

Luscombe, C. J. et al. «Exposure to ultraviolet radiation: Association with susceptibility and age at presentation with prostate cancer». *Lancet*. 2001; 358: 641-642.

Matthews, R. T. et al. «Coenzyme Q10 administration increases brain mitochondrial concentrations and exerts neuroprotective effects». *Proc Natl Acad Sci USA*. 1998; 95 (15): 8802-8887.

McCann, J. C. y Ames, B. N. «Vitamin K, an example of triage theory: Is micronutrient inadequacy linked to diseases of aging?». *Am J Clin Nutr.* 2009; 90: 889-907.

Melamed, M. L. et al. «25-Hydroxyvitamin D levels and the risk of mortality in the general population». *Arch Intern Med.* 2008; 168: 1629-1637.

Merlino, L. A. et al. «Vitamin D intake is inversely associated with rheumatoid arthritis: Results from the Iowa Women's Health Study». *Arthritis Rheum.* 2004; 50 (1): 72-77.

Milano, F. et al. «Nano-curcumin inhibits proliferation of esophageal adeno-carcinoma cells and enhances the T cell mediated immune response». *Front Oncol.* 2013; 3: 137.

Mischoulon, D. y Fava, M. «Docosahexanoic acid and omega–3 fatty acids in depression». *Psychiatr Clin North Am.* 2000; 23: 785-794.

Mori, T. A. et al. «Effect of omega-3 fatty acids on oxidative stress in humans». *Redox Report.* 2000; 5: 45-46.

Morris, M. C. y Tangney, C. «C. A potential design flaw of randomized trials of vitamin supplements». *JAMA.* 2011; 305: 1348-1349.

Muhammad, K. I. et al. «Treatment with omega-3 fatty acids reduces serum C-reactive protein concentration». *Clin Lipidol.* 2011; 6: 723-729.

Narendran, R. et al. «Improved Working Memory but No Effect on Striatal Vesicular Monoamine Transporter Type 2 after Omega-3 Polyunsaturated Fatty Acid Supplementation, PLoS», 2012: 7 (10). Publicado online el 3 de octubre de 2012. doi: 10.1371/journal.pone.0046832.

Paul, C. «Vitamin K». Capítulo 136 en Pizzorno, J. E. y Murray, M. T., eds. *Textbook of Natural Medicine.* 4ª ed. (Churchill Livingstone, 2012).

Pfister, R. et al. «Plasma vitamin C predicts incident heart failure in men and women in European Prospective Investigation into Cancer and Nutrition-Norfolk prospective study». *Am Heart J.* 2011; 162 (2): 246-253.

Raffield, L. M. et al. «Cross-sectional analysis of calcium intake for associations with vascular calcification and mortality in individuals with type 2 diabetes from the Diabetes Heart Study». *Am J Clin Nutr.* 2014; 100: 1029-1035.

Rasmussen, H. S., et al. «Magnesium deficiency in patients with ischemic heart disease with and without myocardial infarction uncovered by an intravenous loading test». *Arch Inter Med* 1988; 148 (2): 329-332.

Rebouche, C. J. y Paulson, D J. «Carnitine metabolism and function in humans». *Ann Rev Nutr.* 1986; 6: 41-66.

Richards, J. C. et al. «Epigallocatechin-3-gallate increases maximal oxygen uptake in adult humans». *Med Sci Sports Exerc.* 2010; 42 (4): 739-744.

Rondanelli, M. et al. «Administration of a dietary supplement (N-oleyl-phosphatidylethanolamine and epigallocatechin–3-gallate formula) enhances compliance with diet in healthy overweight subjects: A randomized controlled trial». *Br J Nutr.* 2009; 101 (3): 457-464.

Rosenfeldt, F. L. et al. «Coenzyme Q10 in the treatment of hypertension: A meta-analysis of the clinical trials. J Human Hypertens. 2007; 21 (4): 297-306.

Sahlin, K. «Boosting fat burning with carnitine: An old friend comes out from the shadow». *J Physiol.* 2010; 589 (7): 1509-1510.

Sanders, T. A. B. et al. «Triglyceride-lowering effect of marine polyunsaturates in patients with hypertriglyceridemia». *Arteriosclerosis.* 1985; 5: 459-465.

Schults, C. V. et al. «Absorption, tolerability and effects on mitochondrial activity of oral coenzyme Q10 in Parkinsonian patients». *Neurology.* 1998; 50: 793-795.

————— . «Effects of coenzyme Q10 in early Parkinson disease». *Arch Neurol.* 2002; 59: 1541-1550.

Shea, M. K. et al. «Vitamin K supplementation and progression of coronary artery calcium in older men and women». *Am J Clin Nutr.* 2009; 89: 1799-1807.

Smith, D. et al. «Is folic acid good for everyone?». *Am J Clin Nutr.* 2008; 87: 517-533.

Thielecke, F. et al. «Epigallocatechin-3-gallate and postprandial fat oxidation in overweight/obese male volunteers: A pilot study». *Eur J Clin Nutr.* 2010; 64 (7): 704-713.

Tsugawa, N. et al. «Vitamin K status of healthy Japanese women». *Am J Clin Nutr.* 2006; 83: 380-386.

Ueshima, K. «Magnesium and ischemic heart disease: A review of epidemiological, experimental, and clinical evidence». *Magnes Res.* 2005; 18 (4): 275-284.

Ulrich, C. M. y Potter, J. D. «Folate and cancer: Timing is everything». *JAMA.* 2007; 297: 2408-2409.

Venables, M. C. «Green tea extract ingestion, fat oxidation, and glucose tolerance in healthy humans». *Am J Clin Nutr.* 2008; 87 (3): 778-784.

Vieth, R. «Why the optimal requirement for vitamin D3 is probably much higher than what is officially recommended for adults». *J Steroid Biochem Mol Biol.* 2004; 89: 575-579.

Wade, L. et al. «Alpha-tocopherol induces proantherogenic changes to HDL2 and HDL3: An in vitro and ex vivo investigation». *Atherosclerosis.* 2013; 226: 392-397.

Wainwright, P. E. «Nutrition and behaviour: The role of n-3 fatty acids in cognitive function». *Br J Nutr.* 2000; 83: 337-339.

Wang, N. P. et al. «Curcumin promotes cardiac repair and ameliorates cardiac dysfunction following myocardial infarction». *Br J Pharmacol.* 2012; 167 (7): 1550-1562.

Wolfram, S. «Anti-obesity effects of green tea: From bedside to bench». *Mol Nutr Food Res.* 2006; 50 (2): 176-187.

Xiao, Q. et al. «Dietary and supplemental calcium intake and cardiovascular disease mortality: the National Institutes of Health-AARP diet and health study». *JAMA Intern Med* 2013; 173 (8): 639-646.

Capítulo 9. Vivir inteligentemente

Ayas, N. T. et al. «A prospective study of sleep duration and coronary heart disease in women». *Arch Intern Med*. 2003; 163: 205-209.

«Blue Light Has a Dark Side». *Harvard Health Publications*, Harvard Medical School. http://www.health.harvard.edu/staying-healthy/blue-light-has-a-dark-side.

Broussard, J. L. et al. «Impaired insulin signaling in human adipocytes after experimental sleep restriction: A randomized, crossover study». *Ann Intern Med*. 2012; 157 (5): 549-557.

Buettner, D. «The Blue Zones: Lessons for Living Longer from the People Who've Lived the Longest». *National Geographic*; reedición del 19 de octubre de 2010.

Bulkeley, K. «Why Sleep Deprivation Is Torture». 15 de diciembre de 2014. *Psychology Today*. https://www.psychologytoday.com/blog/dreaming-in-the-digital-age/201412/why-sleep-deprivation-is-torture.

Castillo-Richmond, A. et al. «Effects of stress reduction on carotid atherosclerosis in hypertensive African Americans». *Stroke*. 2000; 31: 568-573.

Chaput, J. P. «Sleeping more to improve appetite and body weight control: Dream or reality?». *Am J Clin Nutr*. 2015; 101: 5-6.

Dashti, H. S. et al. «Habitual sleep duration is associated with BMI and macronutrient intake and may be modified by CLOCK genetic variants». *Am J Clin Nutr*. 2015; 101: 35-43.

Dement, W. C. *The Promise of Sleep* (Delacorte, 1999), 274.

Elzinga, B. M. y Roelofs, K. «Cortisol-induced impairments of working memory require acute sympathetic activation». *Behav Neurosci*. 2005; 119: 98-103.

Erickson, K. I. y Kramer, A. F. «Aerobic exercise effects on cognitive and neural plasticity in older adults». *Br J Sports Med*. 2009; 43 (1): 22-24.

Evans, W. J. «Effects of exercise on body composition and functional capacity of the elderly». *J Gerontol A Biol Sci Med Sci*. 1995; 50: 14-50.

Ewbank, P. P. et al. «Physical activity as a predictor of weight maintenance in previously obese subjects». *Obesity Research*. 1995; 3: 257-262.

Gallagher, D. et al. «Healthy percentage body fat ranges: An approach for developing guidelines based on body mass index». *Am J Clin Nutr*. 2000; 72: 694-701.

Gregg, E. W. et al. «Association of an intensive lifestyle intervention with remission of type 2 diabetes». *JAMA*. 2012; 308: 2489-2496.

Hambrecht, R. et al. «Effect of exercise on coronary endothelial function in patients with coronary artery disease». *N Engl J Med*. 2000; 342: 454-460.

Irwin, M. L. et al. «Effect of exercise on total and intra-abdominal body fat in postmenopausal women». *JAMA*. 2003; 289: 323-330.

Janssen, I. et al. «Waist circumference and not body mass index explains obesity-related health risk». *Am J Clin Nutr*. 2004; 79: 379-384.

Kramer, A. F. et al. «Ageing, fitness and neurocognitive function». *Nature*. 1999; 400 (6743): 418-419.

Langer, E. y Rodin, J. «The effects of choice and enhanced personal responsibility for the aged: A field experiment in an institutional setting». *J Pers Soc Psychol*. 1976; 45 (2): 191-198.

Lee, I. M. et al. «Physical activity and weight gain prevention». *JAMA*. 2010; 303: 1173-1179.

Lillberg, K. et al. «Stressful life events and risk of breast cancer in 10,808 women: A cohort study». *Am J Epidemiol*. 2003; 157 (5): 415-423.

«Married People Less Likely to Have Cardiovascular Problems, According to Large-Scale Study by Researchers at NYU Langone». *Newswise*, NYU Langone Medical Center. 28 de marzo de 2014. http://www.newswise.com/articles/married-people-less-likely-to-have-cardiovascular-problems-according-to-large-scale-study-by-researchers-at-nyu-langone.

Myers, J. et al. «Exercise capacity and mortality among men referred for exercise testing». *N Engl J Med*. 2002; 346: 793-780.

Parker-Pope, T. «Is Marriage Good for Your Health?». *New York Times Magazine*. 14 de abril de 2010. http://www.nytimes.com/2010/04/18/magazine/18marriage-t.html?_r=0.

Patel, S. R. et al. «Association between reduced sleep and weight gain in women». *Am J Epidemiol*. 2006; 164 (10): 947-954.

Rantanen, T. et al. «Muscle strength and body mass index as long-term predictors of mortality in initially healthy men». *J Gerontol A Biol Sci Med Sci*. 2000; 55: 168-173.

Rowe, J. y Kahn, R. *Successful Aging* (Dell, 1998).

Schnid, S. M. et al. «A single night of sleep deprivation increases ghrelin levels and feelings of hunger in normal-weight healthy men». *J Sleep Res*. 2008; 17(3): 331-334.

Siegler, I. C. et al. «Consistency and timing of marital transitions and survival during midlife: The role of personality and health risk behaviors». *Ann Behav Med*. 2013; 45 (3): 338-347.

Spiegel, K. et al. «Effect of sleep deprivation on response to immunization». *JAMA*. 2002; 288 (12): 1471-1472.

Sun, S. S. et al. «Development of bioelectrical impedance analysis prediction equations for body composition with the use of a multicomponent model for use in epidemiologic surveys». *Am J Clin Nutr*. 2003; 77: 331-340.

Taheri, S. et al. «Short sleep duration is associated with reduced leptin, elevated ghrelin, and increased body mass index». *PLoS Med*. 2004; 1 (3): e62. doi: 10.1371/journal.pmed.0010062.

Traustadottir, T. et al. The HPA axis response to stress in women: Effects of aging and fitness. *Psychoneuroendocrinology*. 2005; 30: 392-402.

Vaillant, G. E. *Aging Well* (Little Brown, 2002).

Watson, N. F. et al. «A twin study of sleep duration and body mass index». *J Clin Sleep Med*. 2010; 6 (1): 11-17.

Weinstein, A. R. et al. «Relationship of physical activity versus body mass index with type 2 diabetes in women». *JAMA*. 2004; 292: 1188-1194.

Williams, R. B. et al. «Psychosocial risk factors for cardiovascular disease: More than one culprit at work». *JAMA*. 2003; 290: 2190-2192.

Wing, R. R. y Phelan, S. Long-term weight loss maintenance. *Am J Clin Nutr*. 2005; 82 (1): 2225-2255.

Capítulo 10: Recetas Inteligentes

Brown, L. G. et al. «Frequency of inadequate chicken cross-contamination prevention and cooking practices in restaurants». *J Food Protection*. 2013; 76 (12): 2141-2145.

AGRADECIMIENTOS

Es un placer desplegar un agradecimiento sincero a todos los que han ayudado a crear este libro. Lo primero y principal, estoy agradecido a mi esposa, Nicole, por su infinito apoyo de tiempo y energía empleados en crear este libro, por probar todas mis recetas y por su amor y devoción. Un enorme gracias también a mis hijos, Lucas y Marcos, por su apoyo constante creando y probando recetas y analizando los datos de nuestra clínica.

Estoy muy agradecido a mi nuevo colega y amigo Jonny Bowden, de tanto talento. Ha sido un compañero de escritura extraordinario y una gran fuente de creatividad a la hora de ajustar y unificar perfectamente nuestro mensaje, de manera que pudiera llegar, y dar fuerza, a millones de personas. Debo un gracias especial a mi agente literaria, Celeste Fine, que ha sido muy inspiradora y activa a lo largo de la producción del libro con la compañía de su equipo, sobre todo John Mass. Me siento muy afortunado por haber trabajado con Becky Cabaza, escritora de talento que nos ha aportado una guía soberbia y ha mezclado ingeniosamente mi voz con la de Jonny de manera clara y única. Debo un gracias especial a todo el equipo de HarperOne, en concreto a nuestro estupendo editor, Gideon Weil, que ha trabajado para asegurarse de que nuestro mensaje sea claro y poderoso.

Mi grupo de organización, liderado por J. J. Virgin, ha sido decisivo al animarme a crear este libro. Estoy agradecido a J. J. por impulsarme a establecer una diferencia a gran escala, y gracias a todos los miembros de Sappire, pasados y presentes, que han compartido sus propios recursos para ayudarme a crear este material: Anna Cabeca, Alan Christianson, Leanne Ely, Sara Gottfried y Marcelle Pick. También estoy agradecido a Ellyne Lonergan por sintonizar mi mensaje en la PBS (radiotelevisión pública norteamericana), lo que ha repercutido en este libro de muchas maneras.

Mi equipo médico actual en el Centro Masley para la Salud Óptima me ha ofrecido un gran apoyo; gracias especiales a Nicole Masley, Angie Presby, Katherine Reay y James Porcelli; además de a la coordinadora de mi oficina, Kim Escarraz, que ha tenido un papel valiosísimo al apoyar todo lo que hago. Gracias a varios médicos colegas que me han ayudado en las investigaciones para este libro, más concretamente Douglas Schocken y Richard Roetzheim, y a mi equipo de documentación médica del hospital Morton Plant: Karen Roth y Rachelle Benzarti. Además, gracias a mis guías en la medicina funcional, que me proporcionaron la columna vertebral de mi formación clínica: Jeffrey Bland, Mark Hyman y David Perlmutter.

Muchas gracias a quienes probaron mis recetas por ayudarme a hacerlas deliciosas y fáciles de seguir: Gordon Wheat, Megan Hubbard, Julia Sokoloff y Michelle y Gary Crosby; además de los miembros de mi familia que las probaron, Brooke Masley, Evelyn Odegaard, Peggy y Arp Masley y Susan Thomas.

STEVEN MASLEY

Mi parte preferida a la hora de escribir un libro es la de los agradecimientos, porque es una oportunidad excepcional de decirle a la gente que forma parte de mi vida cómo me hacen sentir y cuánto los aprecio.

Me siento más que bendecido por haber tenido la oportunidad de trabajar con el doctor Steven Masley, un ejemplo de libro del verdadero sanador: genial, solícito y entregado. Y por haber tenido desde hace casi quince años la suerte de ser representado por la agente más maravillosa y entregada que se pueda pedir: Coleen O'Shea, de Allen O'Shea. Y por tener un editor tan apasionado, comprensivo y diestro como Gideon Weil.

Con los años he tenido la fortuna de trabajar con empresas maravillosas, sobre todo Barleans (y Bruce Barlean en concreto), Reserveage (Naomi Whittel), Europharma (Terry Lemerond, Cheryl Meyers y Kathy Arendt), VRP (Kelly Cleary, Kevin O'Donohue y Kimberly Day) y Natural Health Sherpa (Marc Stockman, Jeff Radich y el doctor Dean Raffelock).

Gracias a J. J. Virgin —cuya visión ha creado el mejor grupo de organización del planeta, el Mindshare Summit— y gracias especiales a todos los miembros del Sapphire Group, pasados y presentes, por toda vuestra inspiración y apoyo.

Mi agradecimiento a:

Mi genial y visionaria estratega de redes sociales (y amiga) Mary Agnes Antonpoulos, su colaborador Tommy y su empresa, Viral Integrity.

Mike Danielson y su equipo de Media Relations: Heather Stetler, Heather Arre, Heather Champine, Gail Brandt, Krista Wignall y Robin Miller.

Los tres escritores que más me han influenciado: Ed McBain, William Goldman y Robert Sapolsky.

Dean Draznin y su equipo de Dean Draznin Communications (¡gracias, Diane!).

Becky Cabaza: este libro podríamos haberlo escrito sin Becky, pero no habría sido así de bueno ni de lejos. Gracias por tu paciencia, tus sabios consejos y tu enorme talento como escritora, editora y terapeuta a tiempo parcial.

Mi absolutamente incansable ayudante (y amiga), que hace que mi vida funcione: Amber Linder. Y a los demás que la han ayudado en el desagradecido trabajo de mantenerme por buen camino y organizado, una tarea que se ha dicho que tiene una semejanza perturbadora con arrear un grupo de perros terrier: Brooke Baird, Gabriella Periera, Chad Ellington, Jeannette Boudreau, Robert Kernochan, Scott Nelson y Pamela Kostas. Os lo agradezco muchísimo

Mi familia de Los Ángeles: Sky London, Doug Monas, Bootsie, Zack, Sage y Luke Grakal. Os quiero a todos.

Y para las siguientes personas, cada una de las cuales me ha dado un don por el que estoy profunda y eternamente agradecido: Oliver Becault, Jeannette Bessinger, Cadence Bowden, Jeffrey Bowden, Pace Bowden, Peter Breger, Anja Christy, Drew Christy, Christopher Crabb, Lauree Dash, Glen y Dawn Depke, Christopher Duncan, Taryn Sena Dunivant, Scott Ellis, Oz Garcia, Nancy Feidler, Jared Gilmore, Randy Graff, Pam Hendrikson, Jade Hochanadel, Zoe Hochanadel, Kevin Hogan, Harlan y Sandy Kleiman, Mike Koenigs, el doctor Dave Leonardi, el doctor Richard Lewis, Amber Linder, Sky London, Liz Neporent, Marianna Riccio, Ed Rush, Billy Stritch, la doctora Beth Traylor, Danny Troob, Lauren Trotter, Al Waxman, Anita Waxman, Susan Wood y Ketura Worthen.

Y, por supuesto, a Michelle, el gran amor de mi vida, siempre mi *beschert*, mi regalo. Te quiero.

Jonny Bowden

ÍNDICE DE RECETAS

ÍNDICE TEMÁTICO

G

H

I

K

L

ÍNDICE